KB215572

젊으니까
입 닥치라고?

청년세대를 비판하는
이들에게 고함

| 저자 | 살로메 사케
| 번역 | 이재형

SALOMÉ SAQUÉ

Sois-jeune et tais-toi

RÉPONSE À CEUX
QUI CRITIQUENT
LA JEUNESSE

CONTENTS

*

우리는 혁명을 꿈꾸지는 않는다, 단지 실현할 뿐이다.

성일권 | 〈르몽드 디플로마티크〉 한국어판 발행인

프랑스의 젊은 언론인 살로메 사케(Salomé Saqué)의 『젊으니까 입닥치라고?』는 단순한 사회 비판서를 넘어선다. 미래로부터 추방당할 위기에 처한 젊은이들에게 보내는 예언서로 읽히는 이 작품은 현대 청년들이 마주한 구조적 불평등과 세대 갈등의 심층을 예리하게 파헤친 통찰로 빛난다. 1995년생 저자가 불과 27세에 이 책을 세상에 내놓았다는 사실은, 그 문제의식의 날카로움과 설득력을 더욱 돋보이게 한다.

*

기성세대의 '라테 시리즈'에 도전하라

사케는 청년들이 지겨울 정도로 듣는 기성세대의 '라테 시리즈'를 통렬히 비판한다. "우리 때는 더 열심히 일했지", "근무 환경이 열악해도 불평하지 않았다", "옛날이 더 좋았다"는 식의 훈계는 시대를 초월해 반복되어 왔다. 기원전 729년 헤시오도스가 "오늘날 청년들은 건방지고 희망이 없다"고 한탄했듯이, 소크라테스도 "요즘 젊은이들은 사치스럽고 예의가 없다"고 개탄했던 역사가 있다.

그러나 도덕적 훈계와 표면적 비교로는 해명할 수 없는 냉혹한 현실이 존재한다. 1975년에는 최저임금을 받는 노동자도 내 집 마련이 가능했으나, 현재 프랑스 청년들은 최저임금으로 단칸방조차 구하기 어렵다. 기후 위기, 불안정한 고용시장, 학위 인플레이션의 삼중고 속에서 청년 세대는 부모 세대보다 현저히 열악한 환경에 놓여 있다.

사케는 특히 "뜻이 있는 곳에 길이 있다"는 사회의 무책임한 조언이 얼마나 폭력적이고 현실과 괴리되어 있는지 강조한다. 프랑스의 교육 체계는 '공화주의적 능력주의'를 표방하지만, 실상은 사회적 배경에 따른 불평등을 그대로 재생산하는 장치에 불과하다. 부모의 사회경제적 지위가 자녀의 미래를 결정짓는 구조 속에서, 부유층 자녀들은 경제적 뒷받침을 받으며 학업에 정진할 수 있지만, 그렇지 못한 이들은 생존과 학업 사이에서 갈등하며 좌절한다.

청년들에게 자립을 요구하면서도, 사회는 그에 걸맞은 기회를 제공하지 않는 모순적 현실이 존재한다. 학위는 점차 가치가 하락하고 있으며, 대학 졸업장은 더 이상 안정적인 직장을 보장하지 않는다. 사회학자들은 이를 '학위 인플레이션' 현상이라 규정하며, 현 교육체계가 더 이상 공정한 기회의 장이 아님을 경고한다.

✳

미디어 환경과 청년 세대의 불안

현대 청년들은 또 다른 도전에 직면해 있다. 급변하는 미디어 환경에서 뉴스는 점점 더 즉각적이고 자극적인 방식으로 소비되며, 그 결과 깊이 있는 사고보다는 파편화된 정보에 휘둘리기 쉬운 상황이다. 사케는 기자들이 스마트폰 하나만으로 현장을 종횡무진하는 현실을 비판하며, 정보의 속도 경쟁이 궁극적으로 저널리즘의 품질을 훼손하고 있음을 경고한다.

이러한 미디어 환경 속에서 청년들은 끊임없이 불안감에 시달리고 있다. 경제위기, 기후위기, AI 발전에 따른 일자리 변화, 팬데믹 위협 등은 청년들의 미래를 더욱 불투명하게 만든다. 그 결과, 일부 청년들은 환경적 이유로 출산을 포기하는 결정을 내리기도 한다. 이는 단순한 유행이 아닌, 구조적 불안감이 투영된 심각한 사회현상이다.

세대 간 연대: 미래로 가는 유일한 길

사케는 세대 간 갈등을 단순히 '청년 대(對) 기성세대'라는 이분법적 구도로 환원해서는 안 된다고 역설한다. 청년 세대의 좌절은 개인의 문제가 아닌 구조적 문제이며, 이를 해결하기 위해서는 세대 간 연대와 협력이 필수적이다. 특히 기후위기와 같은 글로벌 과제는 특정 세대의 책임이 아닌, 전 세대가 공동으로 해결해야 할 과제다.

사케는 "중요한 것은 과거에 무엇을 하지 못했느냐가 아니라, 앞으로 무엇을 할 것인가"라고 강조한다. 오늘날의 젊은 세대는 더 이상 '침묵하는 세대'가 아니다. 그들은 자신의 목소리를 내며, 더 나은 미래를 향한 투쟁의 선봉에 서 있다. 그녀는 단순한 세대 갈등을 넘어, 우리 모두가 함께 구축해야 할 사회적 연대의 청사진을 제시한다.

이 책은 기성세대와 청년세대를 막론하고 모두가 읽어야 할 필독서라 할 만하다. 청년들의 현실을 외면하는 이들에게는 일종의 각성제가 되고, 변화를 갈망하는 이들에게는 가치 있는 지침서가 될 것이다. 살로메 사케의 통찰은 세대를 초월한 대화와 연대의 시작점이 될 수 있다.

당신은
왜 가만히 있는가?

당신은
왜 가만히 있는가?

- 저자 : 살로메 사케 -

"이 멍청아! 질질 짜지 말고 그냥 죽어버려!"

2022년 5월 25일, 토탈에너지스 회사의 한 60대 주주가 한 젊은 여성에게 이렇게 욕했다. **기후를 파괴하는 이 회사의 사업**[1]을 비난하고자 주주총회장 입구를 가로막다가 욕설을 들은 그 여성은 환경운동가였다. 이 장면을 찍은 동영상이 인터넷에 유포되자, 엇갈린 반응들이 나왔다. 그녀가 흘리는 눈물에 공감하는 이들이 있는 반면, 그녀를 범법자로 취급하거나 '징징댄다'라며 비난하는 이들도 있었다. 나는 그녀가 모욕당하는 모습에 분노가 치밀어 올랐고, 그녀가 절망하는 모습에 마음이 아팠다. 나는 즉시 목격자들과의 접촉을 시도했다. 혹시 이 동영상의 일부가 편집된 건 아닌지 확인하기 위해서였다. 혹시 토탈에너지스의 주주가 그녀에게 욕을 퍼붓기 전에 두 사람 사이에 언쟁이 벌어졌던 건 아닌가? 아니면 활동가들도 주주들에게 욕을 한 건 아닌가? 이 충격적인 장면 앞뒤로 빠진 장면들이 있는 건 아닐까?

놀랍게도, 내가 접촉한 목격자들의 대답은 한결같았다. 토탈에너지스의 주주가 그 여성에게 일방적으로 욕설을 퍼부었다는 것이다. 그 주주는 **청년 몇 명**[2]이 찾아와 "이기적인 세계관을 가진 주주들이 자신들만의 이익을 위해 환경을 파괴한다"라고 하자, 이에 흥분해 그 여성에게 욕을 한 것이었다. 그를 포함해, 주주들은 자신들의 자유는 "신성불가침한 것"이라고 주장하며, 환경보호단체가 토탈에너지스 사옥의 출입구를 점거하는 것에 대해 항의했다. 나는 그 활동가들과 함께, 무책임한 주주들에게 묻고 싶었다. 다음과 같이 말이다.

"그럼, 좋은 환경에서 살아갈 우리의 자유는요?"

나는 '청년들과 베이비붐 세대의 대결'을 상징하는 이 장면과, 이 장면이 내게 불러일으킨 생각에 대해 이야기하면서 이 책을 시작한다. 물론, 젊은 세대를 다루는 이 책은 수치화된 데이터와 과학적 연구의 도움을 받아 최대한 근거를 제시하고 객관성을 유지하고자 하지만, 세상에 대한 어떤 불안감, 즉 나 자신의 불안감을 표현하기 때문이다.

나는 우리가 개인적 체험과 감정, 공감으로부터 스스로 완전히 분리시킬 수 있다고는 생각하지 않으며, 바로 이것이 내가 저널리즘에 대해 가지고 있는 관점이다. 물론 방법론을 존중하고 직업윤리를 준수해야 하지만 나는 저널리즘의 '중립'이라는 것이 하나의 환상이라고 확신한다. 그래서 나는 내가 주관적이라는 사실을 인정하는 동시에 정직한 사람이라고 주장하고 싶다. 그리하여 나는 투명성을 유지하기 위해 내가 어떤 입장에서 이 책을 쓰는지를, 즉 내가 어떤 사람인지를 우선 명확히 밝힌 다음 계속 글을 써 나가려고 한다.

나는 1995년생이고, 언론인이다. 생계에 지장 없는 수준의 급여를 받으며 파리의 아파트에 살고 있다. 내가 누리고 있는 것들이 당연한 것은 아니다. 나는 파리에서 태어나지 않았고 언론인이 될 법한 환경에서 성장했다고 하기도 어렵다. 내가 태어난 곳은 프랑스에서 드물게 기차역도, 고속도로도 없는 시골이다. 아르데슈 지방에서 인구 수백 명에 불과한 마을에서 태어난 나의 부모님은 두 분 다 공무원이셨다. 딱히 어렵지도 않았지만 엘리트 계층은 전혀 아니었다. 겨울에는 자동차 한 대 보이지 않는 원형교차로를 보며 성장한 나는 이 권태로운 마을에서 탈출하면 삶이 완성될 것이라고 믿었다. 10대 때 나는 계급 불평등의 현실이나, **그랑제콜(Grandes Écoles, 국립대학과 구분되는 특수한 고등교육 시스템으로 수준 높은 교육을 제공한다-역주)** 같은 교육기관은 전혀 알지 못했다. 고립으로 인해 '큰' 꿈을 꿀 수 없었던 것이었다.

그러나 그런 촌구석에서 성장한 덕택에, 도시 사람들보다 더 잘 알 수 있는 것도 있었다. 그것은 다름 아닌 기후위기다. 일상 속에서 기후위기를 생생하고 구체적으로 느낄 수 있었던 것이다. 아르데슈 지방은 급수를 제한해야 할 만큼 가뭄이 심각해지고 있다. 2022년 여름 아르데슈 지방 일부에서는 세차도, 정원이나 텃밭에 물을 주는 것도 엄격히 금지됐다. 이 지역을 흐르는 많은 강들은 대부분 말라붙었기에, 강물에 몸을 담그는 즐거움을 누리기가 어려워졌다.

2022년 여름, 강들의 수위는 평년보다 15cm나 낮았다. 어린 시절의 추억이 담긴 이곳에서는 봄이 시작되면서부터 물이 흐르지 않고 고이기 시작했다. 같은 해 여름, 세 차례의 폭염과 기록적인 가뭄이 닥쳤다. 그리고 대규모 화재가 발생했다. 결국, 내가 태어나고 성장한 지역은 폐허가 됐다.

청년들은 무능력자들일까?

이 책을 시작하면서 나는 내가 아직도 '청년'인지 생각했다. 나는 아직 젊지만, 어리지도 않다. 그러나 **시니어들은**[3] 나를 깎아내리고자 항상 내 나이를 언급한다. 나는 한 매체의 경제부 팀장으로 일하면서도 종종 수습 직원으로 오해를 받았다. 피곤해진 나는, 나이에 대한 언급을 피하기 위해 여러 전략을 개발했다.

이따금 내가 초대한 경제인들이나 정치인들이 내가 자기보다 젊다는 이유로[4] 내가 진행하는 방송에서 내 말을 끊고 내게 훈계하면, 나는 무척 피곤해진다. 나는 정치나 경제처럼 매우 중요하고 결정적인 주제를 다루기에는 '너무 어리다'는 비난을 오랫동안 받아왔다. 나의 분석은 "너무 이상적이다"라는 비난을 받는데, 그 이유도 내가 젊기 때문이라고 주장하는 이들이 있다. 실제로 **한 언론 기사**[5]는 나에 대해 "신참이 주요 이슈에 대한 의견을 제시하지 못하게 막는, 유리벽을 깨는 젊은 언론인"이라고 평하기도 했다. 이 기사를 쓴 기자는 내가 항상 겪는 문제를 잘 파악하고 있었다.

나는 젊다. 그래서 내 의견은 종종 무시된다. 그럼에도 나는 사람들에게 인정받으려고 애쓴다. 그래서 나는 잘하면 대담한 여자로, 못하면 무례한 여자로 비친다. TV나 실생활에서 사람들은 "몇 년만 지나면 당신도 그런 이야기를 하지 않을걸요"라면서 나의 발언을 폄하하곤 했다. 그것은 나의 확신이 '아직 어려서, 말만 많고 실속도 없이 순진하기만 해서' 생긴 것이라고 비하하기 위한 방법이었다. 사람들은 툭하면 내가 젊어서 그러는 거라고 말했다. 그게 마치 무슨 흠이라도 된다는 듯 말이다. 나는 결국 프랑스 사람들은 청년들을 신뢰하지 않는다고 생각하게 됐다. 여러분은 청년들의 주장이 프랑스에서, 특히 언론에서 주목을 받는 것이 쉽지 않다는 사실을 금방 이해할 수 있을 것이다.

청년들에 대한 이 같은 차별은 극복될 수 있을까? 짧은 인생 경험이 꼭 약점으로 작용할까? 인생 경험이 짧으면 건설적이고 창의적인 생각을 꽃 피울 수 없는 것일까? 나는 내가 순진하다거나 이상주의적이라는 생각은 단 한순간도 해본 적이 없다. 반대로 나는 나의 세대가 전반적으로 현실적이고 많은 정보를 가지고 있으며 용기가 있다고 믿는다. 나는 우리 청년들이 인류를 구원할 것이라고 굳게 믿고 있다. 그리고 '인류를 구원할 것'이라고 말할 때 나는 혹자는 진부한 표현이라고 생각할 이 '인류'와 '구원'이라는 단어에 대해 숙고한다. 그것이 우리 모두에게 주어진 과업이기 때문이다. 다시 일어설 것인가, 아니면 침몰할 것인가. 청년들이 이렇게 거대한 벽 앞에 서 있었던 적은 결코 없었다.

지금 나는 우리가 더 큰 고통을 겪고 있다고 말하는 것도 아니고, 이 세상이 생긴 이후로 각 세대가 짊어져야만 했던 짐에 터무니없는 등급을 매기려는 것(이것이야말로 쓸데없는 짓이다)도 아니다. 우리 앞 세대들이 훨씬 더 큰 고통을 받은 것은 분명한 사실이지만, 우리는 그들이 겪어보지 못한 새로운 상황에 처해있다. 즉 우리 인류는 우리에게 다가오는 재난에 책임이 있으며, 일단 재난이 일어나면 영영 돌이킬 수 없다는 것이다. 이 같은 책임은 우리 세대에게 의무를 지우는데, 이것은 이전 세대에서는 결코 없었던 일이다.

1972년 과학자들이 **작성한 미도우즈 보고서(Rapport Meadows)**는 이미 인류에게 지구의 상태가 우려할 만한 수준에 도달했다며 경고하는 한편 성장률을 제한하고 적극적인 정책을 추진할 것을 촉구했다. 행성계가 붕괴될지도 모른다는 우려가 이미 제기됐다. 1990년, 지구온난화와 그 결과에 대해 분명하게 경고하는 GIEC[6] 1차 보고서가 발표됐다. 그렇다면 그 사이에 지구온난화에 대처하기 위해 어떤 대책을 세웠을까? 의미 있는 대책은 단 한 가지도 세워지지 않았다. 그 이후로 **프랑스에서는 SUV(Sport Utility Vehicle)**[7] **판매, 항공 운송**[8], **상품 수입**[9]이 폭발적으로 증가하면서 탄소 배출량도 엄청나게 늘어났다.

　수십 년 동안 지구 온도는 0.8℃ 상승했고 생물 다양성은 붕괴됐으며 공기와 물은 더욱 오염됐다. 인류에 대한 가장 큰 위협인 생태비상사태는 그 어느 곳에서도 심각하게 받아들여지지 않았다. 결정을 내려야 했을 때, 우리 세대와 다음 세대는 그 자리에 없었다. 우리는 그때 태어나지 않았기 때문에 투표도, 소비도, 시위도 할 수 없었다. 그러나 이전 세대의 결정이 낳은 최악의 결과를 감내해야 하는 것은 우리 세대와 다음 세대다. 환경에 관한 한, 이전으로 돌아갈 수는 없다. **행성 한계(planetary boumdaries)** [10] 9개 중 이미 6개가 초과됐기 때문이다.

　이런 상황에서 순진함이나 이상주의가 끼어들 자리는 없다. 우리가 겪는 환경적, 경제적, 지정학적 위기를 보면, 과거에도 순진했고 지금도 매우 순진하며 심지어 무책임하고 이기적인(흔히 '청년세대'와 결합되는 수식어들) 세대는, 기성세대다. 이제 우리는 과거로 돌아갈 수 없다. 우리가 할 수 있는 것은 이 치명적인 궤도를 돌린 다음, 이 궤도의 영향을 최소화하고 이 궤도에 적응하는 것뿐이다. 실로 엄청난 일이다. 우리는 외롭게, 비난을 받으며 이 일을 해내야 한다.

　언론에서는 우리를 '**현실을 모르고**'[11] 코로나 팬데믹 시기에 '**분별없이 행동한**' '**자기중심적**'이고 [12], '**심약한**'[13] 세대로 취급하며 훈계를 늘어놓는다. 언론의 입장에서 더 고약한 것은 우리들 중 일부가 환경보호단체의 활동가라는 사실이다. 즉 '**공포심 확산에 비열하게 몰두하는**'[14] '**양떼**'[15]라는 **것이다. 또한 우리는 '무식하다'.**[16] 〈르 푸앙〉지에 **따르면, 우리는 이전 세**

대의 청년들보다 더 '멍청하다'.[17] 많은 책에서 청년들은 이기적이고 어리석다며 신랄하게 비판받는다. 그리고 우리는 이런 배경 속에서 성장하며, 이 배경 속에서 우리의 연장자들(영향력이 큰 사람들 중에서)은 결국 '젊으니까 입 다물고 있으라고?'라는 68혁명의 구호(그 당시 일부 사람들은 68혁명을 일으킨 청년들에게 "너희들은 젊으니까 입 다물고 있어!"라고 말하며 비난했다)를 우리에게 상기시킨다.

청년들은 일부 여론이 비난하는 것처럼 무능력자들일까? 지난 몇 년 동안 사람들은 청년들을 비하하고 깎아내렸다. 과연 그들은 그렇게까지 비난받아야 하는가? 청년들은 인구 피라미드에서 소수에 속한다. 그런데 오직 이 사실 한 가지 때문에 사람들이 그들의 말을 믿지 않는 것일까? 이전 세대들의 일부, 특히 '베이비붐' 세대의 일부는 대체 왜 이렇게 청년세대를 비난하는 것일까?

본론에 앞서 몇 가지 어휘를 설명해야겠다. 2022년 현재 '침묵하는' 세대(1928~1945년생)와 베이비붐 세대(1946~1964년생), X세대(1965~1980년생), Y세대(혹은 밀레니엄 세대. 1981~1996년생), Z세대(혹은 '젠 Z'. 사회학자들에 따라 1995년이나 1997년 이후에 출생)의 다섯 세대가 공존한다.[18] 이런 범주는 흔히 문화현상을 기술하기 위해 사용된다. 그러나 어떤 '세대'에 대해 말한다는 것은, 명확하게 정의되지 않는 집단에 대해 말한다는 것을 의미한다. 즉 우리가 어떤 특정 세대에 속한다고 해서 정의되는 것은 아니다.

'세대'란, 개인들의 범주를 탄생한 시점별로 지칭하기 위한 용어일 뿐이다. 1981년에 태어난 Y세대는 1980년에 태어난 X세대와 크게 다르지 않을 것이다. 마찬가지로 젊음은 '하나의 단어에 지나지 않으며', 나이는 '사회적으로 조작할 수 있고 조작된 생물학적 여건'[19](피에르 부르디외 선생님, 감사합니다!)에 불과하다.[20] 장년세대와 마찬가지로, 청년세대도 명확하게 구분돼 있지 않다. 세대에 대한 정의는 연구기관, 국가, 문화 그리고 시대에 따라 달라진다. 즉, 세대란 하나의 사회적 구성물이다. 우리는 종종 '청년'에 대한 명확한 정의가 있다고 믿고 이야기한다. 그래서 이것이 하나의 단어에 불과하다는 사실은 잊고 만다.

내가 이 책에서 굳이 '세대'라는 범주를 말하는 것은, 청년세대에 대해 이야기하기 위해 불가피한 과정이기 때문이다. 편의상, **나는 프랑스 전체 인구의 13.7%를 차지하는 18~29세의 사람들(밀레니얼 세대와 Z세대 포함)을 '청년세대'로 규정하는 국립 통계경제 연구소(INSEE)의 정의에 의존했다.**[21] 이 책은 어느 정도 자유롭게 이 900만 명에 대해 이야기한다. 사물이 고정돼 있지 않을 때는 초점을 약간 확대해 촬영할 필요가 있다. **17세라고 해서 진지하지 않을까?**[22], 29세라고 해서 젊지 않을까? 그렇지는 않다. **이 책의 목표는 연령을 경계로 세우고 세대들을 대립시키는 것이 아니라**[23] 장년세대가 청년세대를 어떻게 다루는지 분석하는 것이다.

나는 청년들을 이해하려고 하지 않은 채, 그들을 멀리서 보며 판단하는 사람들을 '늙은이'라고 부른다. 이 같은 관점에서 보면 누구나 '늙은이'가 될 수 있다. 그 반대의 경우도 가능하다. 게다가 연령별 집단은 몇 가지 측면에서는 공통적인 성향이 있지만, 공통점을 찾을 수 없는 측면도 많다. 연령별 집단은 다시 정치적, 사회적, 문화적으로 나뉜다. 예를 들어 백만장자 베르나르 아르노의 자식들 중 두 명도 '청년'이고, 식량 지원으로 겨우 살아가는 청년도 '청년'이다. **그러니, '청년'이라고 하지 말고 '청년들'이라 해야 할 것이다.**[24]

그렇지만 나는 모든 연령대를 세분화해 참고자료를 길게 나열할 생각은 없다. 나는 청년들에게 발언 기회를 최대한 제공함으로써 독자들이 청년세대를 더 잘 이해할 수 있도록 애쓸 것이다. **프랑스 청년세대에 영향을 미치는 사회현상과 트렌드를 강조할 것이다.**[25] 그리고 프랑스 청년세대의 트렌드가, 이전 세대들의 트렌드와 다르다고 해서 비난하고 공격하는 것은 옳지 않다고 생각한다. 나는 기성세대를 공격할 생각이 전혀 없다. 나의 목표는 청년세대에 대한 진부한 편견을 타파함으로써, 환경과 사회가 위기에 처한 이 초유의 상황에서 우리 모두를 위험에 빠트리는 '세대 전쟁'을 완전히 종식시키는 것이다.

"우리 때는 젊은 사람들이 일을 더 많이 했지요."

"내가 젊었을 때는 근무 조건이 안 좋아도 아무런 불평불만이 없었는데..."

"옛날이 차라리 나았는데..."

저널리스트인 나는 이런 말을 참 오랫동안 귀가 닳도록 들었다. 물론 모든 관점에서 두 시대를 비교할 수는 없지만 적어도 사회적 지표는 살펴볼 수 있다. 그래서 나는 반박할 수 없는 몇 가지 사실을 강조하기 위해 우리의 부모, 조부모 세대의 상황에 비춰 2020년대의 프랑스 청년세대는 어떤 상황에 처해 있는지를 설명하고자 했다. 한 번 더 강조하지만, 사회계층과 각 세대 내에서 개인은 특정한 사회문화적 요인에 따라 다르다. 오늘날의 청년들은 구조적 실업과 증가하는 사회적 불평등, 복지를 축소시키는 국가에 살 수밖에 없다.

청년세대(15~29세)의 실업률은 1975년에는 6%에 불과했던 반면,[26] **2016년에는 19%로 증가했다.**[27] **일자리가 더 적어지고 취약해진 것이다. 청년들은 1980년대에는 청년들의 17%만 취약한 일자리의 영향을 받았던 반면 2016년에는 무려 60%가 그 영향을 받았던 것이다!**[28] **1960~1970년대에 성장한 세대는 그들이 믿는 능력주의 사회가 이제 가능하지 않다는 사실을 믿지 못한다.**[29] 전후 호황기에 노동시장에 진입한 그들은, 양질의 일자리가 넘쳐나는 예외적인 경제성장의 혜택을 받았다. 즉 이것은 몇 가지 측면에서 능력주의의 한 형태다.

청년들은 이기적일까?

하지만, 이후 세대들은 이 황금기의 혜택을 받지 못했다. **여러 차례의 경제위기로 인해 사회적 계층 상승의 기회가 크게 줄었기 때문이다.**[30] 자립도 어려워졌다. 1975년에는 최저임금을 받는 노동자도 집을 구할 수 있었고, 자동차 등도 장만할 수 있었다. 그러나, 최저임금을 받는 오늘의 노동자는 방 한 칸 구하기 어렵다. 게다가 테러와 핵 위협, 식량난, 기후위기는 끊임없이 암울한 미래를 예고하고 있다. 이런 불안한 상황은 미디어의 명령문으로 유지되고 심화된다.

"올 여름에는 아프지 마세요. 응급실이 문을 닫을지 모릅니다."[31]

인력 부족으로 응급서비스가 종료될 것이고, 국가채무를 상환하려다가 국가재정이 붕괴될 수도 있으며, 가스와 전기, 식료품 부족에 직면해야 하고, **여름에 식수 소비를 제한해야 한다.**[32] 이제, 풍요의 시대는 끝났다. 나는 청년들의 현실을 그대로 보여주려 한다. 그들을 향한 부당한 비난을 더 이상 참을 수 없어, 맞서고자 한다. 이 Y세대와 Z세대가 유약하고, 게으르고, 일을 하지 않고, 움직이기 싫어하며, 쓸데없는 두려움에 젖어 걱정이나 하고, 정치의식이 없고, 공익에 무관심한 이기적인 집단이라는 주장을 반박하고자 한다. 우선, 내가 이 책을 쓰게 된 이유이며, 미디어에서 자주 보도되는 '세대 간 갈등'에 대해 살펴본다. 그다음, 지금의 청년들이 성인생활을 시작할 수 있는 실제 조건을 분석하면서 이 책을 시작하려 한다.

우리 청년들이 일자리를 얻고 자립하려면 움직여야 하는데, 게으르고 나약해서 미동도 하지 않는다고 믿는 사람들이 있다. 과연 그럴까? 나는 이들의 이런 멸시와 비난이 사실인지 아닌지를 따져볼 것이다. 이를 위해 나는 지금 청년들의 생활 조건과 고용 조건을 '베이비붐 세대'의 그것과 경제적, 사회적으로 비교할 것이다. 즉 내 목표는 비교할 수 있는 것을, 즉 수치와 통계를 비교해 논란을 종식시키는 것이다.

그런데 실업률과 부동산 가격, 일자리의 질, 교육 등의 수치는 분명하다. 1970년대 이후 경제 상황은 악화됐고 우리 세대는 그 대가를 치르고 있어서 경제적 독립은 매우 힘든 일이 됐다. 나는 현 프랑스에서의 교육 상황과 기회의 평등, 정치가들의 약속에 대한 청년들의 환멸, 그리고 마지막으로 인터넷과 소셜 네트워크(인터넷과 소셜 네트워크가 청년들에게는 이 위태로운 상황에서의 피난처로, 꽉 막혀 있는 제도의 변두리에서 손쉬운 성공을 거둘 수 있다는 착각을 불러일으키는 신기루로 보일 수도 있다)의 복잡한 문제에 대해 기술함으로써 프랑스 경제가 '호황을 누리던' 시대와의 비교를 마무리할 것이다. 이 책의 1부 마지막 부분에서 나는 오늘날의 청년들이 처해 있는 경제사회적 상황을 설명할 것이며, 이 같은 상황은 그들이 깊은 절망에 빠진 이유를 일부나마 **밝혀낼 것이다.**

하지만 우리 청년세대는 비난을 받는다. 우리가 근거 없는 비관론에 빠져 있고, 그래서 건설적인 미래를 계획할 수 없다는 것이다. 이 책의 제2부는 지금 청년들이 불안해하는 이유를 자세히 설명할 것이다. 하지만 이전 세대는 청년들의 불안함에 그다지 신경을 쓰지 않는다. 나는 청년들이 왜 비관적인지 그 이유(이 문제들은 매우 특별하며, 계속 누적돼 왔다)를 밝히고, 또한 그들이 (자신들을 비관에 빠뜨리는) 정치적 상황, 팬데믹, 기후위기, 지정학적 악화 등 시급한 문제들에 대해 무관심한 이유에 대해서도 살펴볼 것이다.

마지막으로 청년들에게 쏟아지는, "이기적이고 시민으로서의 의무를 충실히 행하지 않는다"라는 비난에 대해 말하고자 한다. 나는 이런 비난을 들으며, 청년들의 참여라는 문제에 대해 다시 한 번 생각하게 됐다. 특히 나는 왜 투표가 그들을 더 이상 꿈꾸게 하지 않는지, 그들이 사회에 참여하는 새로운 방식은 무엇인지 밝히고자 한다. 이 책의 제3부는 청년세대의 탈정치화(지난 몇 차례의 선거에서 청년들의 기권표가 늘어났고, 언론은 이를 두고 수많은 기사를 쏟아냈다)에 대해 다시 생각할 기회가 될 것이다.

나는 나의 세대, 즉 청년세대의 도덕적 우월성을 증명하거나, 현재 청년들이 입고 있는 피해에 대한 책임을 특정 세대에 전가할 생각이 없다. 이 책의 목적이 베이비붐 세대를 공격하는 것은 아니다. 나는 단순히 청년세대에게 쏟아지는 비판에 근거가 없다는 사실을 밝히고자 한다. 또한, 우리 청년세대가 처한 현실을 분석하고, 우리가 오늘날 직면한 위기를 극복하려면, 세대를 초월한 연대가 필요하다는 사실을 보여주고 싶을 뿐이다.

이를 위해 나는 내가 수집한 청년들의 증언 100여 건과 교육기관에서 가졌던 만남, 그들 중 일부와 대면이나 전화로 진행한 10여 건의 대담, 사회학자 카미유 푀니(Camille Peugny), 세바스티앙 로셰(Sebastian Roché), 벵상 티베리(Vincent Tiberj), 정치학자 톰 슈발리에(Tom Chevalier), 카리 드 프릭크(Kari De Pryck), 기후학자 크리스토프 카수(Christophe Cassou), 경제학자 다비드 카일라(David Cayla), 다니 랑(Dany Lang)과의 인터뷰, 그리고 내가 이 주제에 관해 참고한 수많은 기사와 연구에 의존할 것이다. 독자 여러분이 이미 이해한 것처럼 이 책은 최대한 정확하고 객관적인 조사와 나의 개인적인 느낌을 결합한 책이다. 나는 하나의 관점을 옹호한다. 그리고 그 관점은 근거를 갖추고 있다.

청년들의 목소리를 담아

문제의 핵심에 도달하기 전에 말하고 싶은 것이 있다. 증언을 모으는 것이 이렇게 쉬웠던 적은 없었다는 것이다. 2년 전 SNS(당시만 해도 나를 팔로우하는 사람은 몇 명 되지 않았다)에 조심스럽게 증언을 요청한 나는, 며칠 만에 100통이 넘는 이메일을 받았다. 나는 가장 기본적인 질문을 던졌다. "당신의 관심사는 무엇인가요? 당신이 가장 우려하는 사회 문제는 무엇인가요? 코비드(Covid-19)로 인한 격리를 어떻게 경험했나요? 소셜 네트워크에서 어떻게 정보를 얻나요?"

대부분의 청년들은 이메일에서 그들에게 이런 질문을 해준 데 대해 감사했고, 그중 일부는 논리를 갖춘 문서를 수십 페이지나 꼼꼼하게 작성해 보내오기까지 했다. 어떤 청년들은 18세 미만이었지만 "나이가 어려도 내 생각을 표현하기를 원한다"라고 했고, 또 어떤 청년들은 "맞춤법이 틀려서 미안하다"라고 사과했으며, 또 다른 청년들은 "내 답변이 별로 흥미롭지 못해 미안하다"라고 말했다.

코비드로 인한 격리가 풀리고 날씨도 화창할 때였는데도 100명 이상의 청년들이 시간과 정성을 들여 내게 답장을 보내온 것이다. 자신들의 삶에 대해 이야기하기 위해서 말이다. 몇몇은 친구들에게 이 이야기를 했고, 이번에는 이 친구들이 내게 연락을 해 왔다. 그러고 나서 나는 입소문이나 SNS를 통해, 혹은 우연히 만나 대면이나 전화로 인터뷰를 하게 됐다. 청년들을 만날 때마다 나는 그들의 수용성과 가용성, 시간 엄수, 증언 욕구(내가 무슨 일을 하는지를 사전에 알았든 알지 못했든)에 놀랐다.

일 년 반 동안 내가 대화할 수 있었던 청년들(그가 18세인지 29세인지, 부유층인지 서민층인지, 누구에게 표를 줬는지, 아예 투표를 하지 않았는지 등과 무관하게)은 모두 내게 시간을 내줬고, 나름대로 노력해서 자신들의 메시지를 전달했다. 그들은 자신들이 말한 어색한 문장이 기억나면 내가 자기 말을 제대로 이해했는지 확인했고, 내가 인터뷰한 다른 청년들에 대해, 그리고 책이 진행되는 방식에 대해 물었다. 그들은 자주, 매우 자주 내게 "바보 같은 소리를 한다고 생각하실지 모르겠지만...", "이렇게 하는 게 옳지 않다는 건 알지만...", "나를 판단하지 마세요, 하지만 가끔은..." 등의 발언에 대해 사과했다. 그들 중 많은 수는 부끄럽거나, 평가받는 것이 두렵거나, 주변 어른들이 이해하지 못할까봐 인터뷰를 익명으로 해달라고 부탁했다.

나는 이들과 교류할수록, 우리 청년세대에 더 큰 애정을 느꼈다. 나는 프랑스의 모든 청년들을 만나보지는 못했고, 완벽한 책을 쓰겠다는 야심도 없다. 그러나, 그들이 겸손하게 행동하고 나를 너그럽게 받아주는 것에 감동받았다. 청년들은 각기 다른 사람들이지만, 하나의 커다란 욕구에 의해 움직였기 때문이다. 다름이 아니라, 사람들이 자기 이야기를 들어주기를 원했던 것이다.

"애송이들은 입 다물어!"

2020년대에 독립이란,
쉬운 일이 아니다

"애송이들은 입 다물어!"
2020년대에 독립이란, 쉬운 일이 아니다

미래는 잊어버려 그건 예전이야
예전의 미래는 잊어버려
우리가 여기 있는 게 맞을까
내게 용서와 인내를 가르쳐줘
우리는 부모님보다 나아야 해
잊는 법을 배워야 해

- 프랑스 래퍼 오렐산(Orelsan)의 랩송 〈문명(Civilisation)〉중에서 -

세대 간 갈등은 어제오늘의 일이 아니다. 각종 서적과 연설, 언론기사 등에서 갈등의 흔적을 발견할 수 있다. 이 '세대전쟁'은 획일적이지는 않지만, 그 예는 널려있다. 시대는 달라도, 청년들에 대한 비난은 달라진 게 별로 없기 때문이다. 게으르다, 퇴폐적이다, 이기적이다 등등.

"옛날 청년들이 훨씬 나았어"

기원전 729년, 그리스 시인 헤시오도스가 말했다.

"만일 오늘의 청년들이 내일의 이 나라를 이끈다면, 나는 이 나라의 미래에 희망을 품지 않을 것이다. 이 청년들은 참아줄 수 없을 만큼 건방진 쓰레기다."

2세기 후, 소크라테스가 말했다.

"우리 청년들은 사치스럽고, 권위를 무시하고, 연장자들을 전혀 존경하지 않고 예의가 없다. 우리 시대의 청년들은 폭군이다." [33]

기성세대는 청년세대를 보며 "예전이 더 좋았다"라는 말을 반복한다. 좀 더 거슬러 올라가면, 1611년 초연된 〈겨울 이야기〉[34]에도 이런 대사가 나온다.

"10세와 23세는 차이가 없어. 나이라는 게 의미가 없다고. 그 나이의 젊은 놈들은 잠만 퍼 자는 게 나아. 그놈들이 눈만 뜨면 하는 일이라곤 노인들을 모욕하고 약탈하고 싸우는 것뿐이거든."

거만하다, 부도덕하다, 게으르다. 자칭 '현명한 사람들(대개 중년 이상 남성들)'이 청년들을 묘사하는 형용사들이다. 1815년 〈르 메르퀴르 드 프랑스(Le Mercure de France)〉는 '무질서에 빠진 나머지 정직을 부끄러워하는' 타락한 청년들을 묘사한다. 1824년 〈르 메모리알 카톨리크(Le Memorial Catholique)〉[35]는 '불경한' 신세대, '불만투성이' 세대에 대해 언급한다. 1843년 영불해협 건너편의 영국에서 앤서니 애슐리 쿠퍼가 하원에서 한 연설은 또 어떤가?

"청년들은 무식하고 겁 많은 야만인들입니다. 남자들은 개를 데리고 다니며 온갖 방탕한 짓을 합니다. 여자들은 석탄차를 몰고, 말을 타고, 술을 마시고, 싸우고, 담배를 피우고, 휘파람을 불어댑니다. 그들은 자신 외에는 관심이 없습니다. 청년들은 도덕적으로 예전보다 열 배는 타락했습니다."

19세기 이후 언론이 비약적으로 발전하면서, 보수적인(선동적이기까지 한) 신문들은 종종 반(反) 청년 십자군운동을 벌였다. 1860년 〈르 주르날 아뮈장(Le Journal Amusant)〉은 "요즘 청년들은 우둔하고 인정이 없다"라고 보도했다. 1925년 〈헐 데일리 메일(Hull Daily Mail)〉지는 분노에 차 다음과 같이 썼다. **"청년들은 이례적으로 경솔하고 무례하며, 대단히 이기적이다."** [36]

1951년, 스코틀랜드에서 〈폴커크 헤럴드〉가 흥분해서 이렇게 말했다. "지금 청년들은 너무 응석받이로 자랐다. 제 발로 걸어서 다닐 수 있다는 간단한 사실조차 잊고 있다."[37]

그밖에도 많은 예들이 있다. 퇴폐와 이기심, 어리석음, 게으름은 반(反)청년 담론에 주기적으로 등장한다. **캘리포니아 대학 심리학자 존 프로츠코와 조나단 W. 스쿨러는 이런 역사적 현상에 '요즘 젊은 놈들'이라는 이름을 붙이고 연구해 〈사이언스 어드밴시스(Science Advances)〉지에 발표했다.** 이 연구는 나이 든 사람들이 자기들이 젊었을 때(추억에 불과한) 가졌던 관점으로 젊은 사람들을 판단한다는 사실을 보여준다. 그런데 기억은 결코 객관적이지 않기에, 인지 편향을 초래함으로써 **"우리는 우리의 어린 시절을 이상화하듯 과거의 아이들을 이상화하게 된다."**[38] 그리고 이런 이상화를 통해, 기성세대 중 일부는 결코 자신의 기억대로 살지 못할 청년들을 비난한다. 이 오래된 적대감은 이렇게 생겨난다.

프랑스 청년들의 저항, 1968년 5월과 그 이후

세대 갈등의 역사를 해석할 때, 1968년 5월 혁명은 매우 중요하다. 낡은 세계, 즉 기성세대에 대해 청년세대가 가진 반항의 상징인 한편, 승리를 위해 두 세대가 최초로 협력한 사건이기도 하기 때문이다. 첫날(5월 13일)의 총파업은 폭력에 의해 진압된 학생 시위를 지지하고자 조직됐다. 내가 1968년 5월의 포스터 중 하나에서 영감을 받아 이 책의 제목을 정한 것은, 이 제목이 희망의 전달자가 되기를 원했기 때문이다.

베이비붐 이후 1968년 프랑스의 청년세대는 전체 인구의 1/3을 차지했다. 여전히 매우 종교적이고 보수적인 프랑스에서[39] 그들은 자신들을 위한 출판물(〈친구들 안녕〉, 〈사춘기 소녀〉, 〈우리 남녀청년들〉, 〈청년 댄

스모임〉,〈주크박스〉등)과 라디오방송 (〈친구들 안녕〉 방송은 다니엘 필리파치가 진행하며, 매거진 〈친구들 안녕〉은 이 방송의 연장이라 할 수 있다)의 확산에 힘입어 독자적 문화를 발전시켰다. 그들은 라디오 방송에서 롤링 스톤즈나 비틀즈를 들으며 열광하고 성 해방(토론에서 다뤄지기까지 긴 시간이 필요했던 주제)을 요구하기 시작했다. 그러나 당시 청년들 중 기존 질서에 저항해 사회 운동을 일으킨 이들은 일부다. 어제는 전 세대의 보수주의에 맞서 싸웠던 이들이, 오늘은 내가 비판하는 반(反)청년의 입장을 취한다는 것은 역사의 아이러니다.

'68세대'로 불리는 소수의 청년들이 일으킨 저항운동은 편협한 관습과 시대에 뒤떨어진 제국주의의 천장을 과연 깼을까? 68혁명 이후 우리는 세대 결합에 희망을 가졌겠지만, 청년들이 자신의 의견을 경청한다고 느끼는 사회의 토대를 마련하지는 못했다. 1980년, 28세의 가수 다니엘 발라브완은 청 바지와 가죽 점퍼 차림에 어수선한 머리를 한 채 TV 생방송에서 그 당시 대통령 후보였던 프랑수아 미테랑을 격렬히 비난했다.

"후보께서는 아무도 신경을 안 쓰는 조르주 마르셰(27세에 프랑스공산당에 투신해 22년 동안 당을 이끈 철저한 공산주의자-역주)에 대해서 10분 동안이나 말씀하셨습니다! 하지만 저는 프랑스 청년들은 마르셰 씨가 전쟁 중에 뭘 했든 털끝만큼도 관심이 없다는 말을 하고 싶네요!"

현장에 있던 기자들과 정치인들이 당황스러운 표정을 지었지만 발라브완은 아랑곳하지 않고 말을 계속 이어나갔다.

"저는 여기 이렇게 나와 있는 게 자랑스럽다고 말씀드릴 수 있습니다. 후보님께서는 단 1분이라도 자기 의견을 말할 수 있다는 게 청년에게 어떤 것인지 상상할 수 없을 겁니다. 저는 말을 할 수 없게 될까 봐 두려웠습니다. 왜냐하면 그런 일은 절대 일어나지 않기 때문입니다! 후보님께서는 기억해야 합니다. 그런 일은 결코 일어나지 않는다는 사실을요!"

기자들이 발라브완의 말을 중단시키려고 여러 차례 시도했다. 그러나 발라브완은 주눅들지 않고 진지한 표정으로 미테랑 후보를 손으로 가리키며, 하고 싶은 말을 끝까지 마쳤다. 그는 흥분된 목소리로 빠르게 말했다.

"제가 이렇게 하려면 용기가 필요합니다. 하지만 저는 이렇게 하지 않으면 안 됩니다. 빨리 해야 하니까요! 제가 후보님께 말씀드릴 수 있는 건 청년들이 지금 절망하고 있다는 사실입니다. 그들은 더 이상 도움을 받을 수 없기 때문에 깊은 절망에 빠져 있어요. 절망은 사람들을 모읍니다. 만일 절망이 청년들을 모으면 위험한 일이 벌어질 겁니다!"

지금보다 훨씬 더 규범화된 그 당시의 미디어 환경에서, 발라브완의 이런 말투는 시청자들에게 큰 충격을 안겨줬다. 12년 뒤인 1992년, 자신을 대학생이라고 소개한 한 젊은 남성이 대학에서 직면하는 문제에 대해 발언하고 싶다며 〈부이용 드 퀼튀르(Bouillon de Culture)〉 [40] **방송이 진행되는 스튜디오 플로어에 난입했다.** [41] 그는 안전요원들에게 둘러싸이자 칼을 목에 갖다 대고 자기 말을 들어주지 않으면 자살하겠다고 위협했다. 사회자 베르나르 피보가 "2분 동안 발언해보라"고 제안하자, 출연자들은 당황했고 스튜디오는 불안에 휩싸였다. 이 청년은 흥분해서 소리쳤다.

"사람들은 교육에 대해 전혀 아무런 관심이 없어요! 그래서 저는 교육에 대해 말하려고 여기 이렇게 올라왔습니다!"

그가 무척 동요된 표정으로 대학의 열악한 교육 환경을 두서없이 비난하기 시작하자 베르나르 피보는 칼을 내려놓으라고 그를 설득했다.

"어떻게 칼로 위협하며 당신 생각을 전하겠다는 생각을 할 수 있습니까?"

"난 아무것도 할 수가 없어요! 이 민주주의 국가에서 내 생각을 표현할 수 있는 방법이 단 한 가지도 없단 말입니다! (...) 당신들은 학생들에게 발언권을 주지 않았어요! 학생들이 그들의 생각을 표현해야 하는데도 말입니다!"

결국 그는 칼을 테이블에 던진 다음 요란하게 스튜디오를 떠났고, 50세 이상의 남자 6명의 토론은 베르나르 피보가 "사람들은 이것을 악마의 눈이라고 부른다"라고 말한 후에야 다시 시작됐다.

이렇게, 반항하는 청년세대는 '악마의 눈'을 가질 수밖에 없었던 것이다.

'베이비붐 세대'의 복수

청년들을 공격하는 것은, 오늘날 많은 미디어에서 일종의 국민 스포츠로 자리 잡았다. 이런 분위기 속에서, 청년들에게 그다지 우호적이지 않은 반응들이 계속된다. 나는 이 책에서, 특히 1970년에 사회에 진출할 수 있는 조건을 오늘날 사회에 진출할 수 있는 조건과 비교함으로써 청년세대에 대한 관점을 바꾸려 한다. 내가 이 책에 대해 언급할 때마다, 기성세대는 대개 공격적으로 반응했다.

"뭐라고? 넌 네가 살아보지도 않은 시대에 대해 말하려는 거야? 넌 지금 아무것도 아는 게 없는 세대의 발언권을 옹호하겠다는 거야? 그리고 너는 노인들보다 경험이 적은데도 네 의견을 밝히겠다는 거야?"

나는 이 책을 쓸 계획을 나이 많은 사람들과 의논하면 할수록, 이 책이 필요하다는 사실을 더욱 절실하게 느꼈다.

우선, 지난 10년간 청년들에 대한 공격이 한층 더 심해졌다는 말을 해야 한다. 미디어와 책, 심지어는 일부 노래에서도 청년세대는 평판이 안 좋다. **이미 2011년에 〈르몽드〉에서 IPSOS[42]에 의뢰한 설문조사에 따르면,**[43] 프랑스인들은 청년들이 '이기적'(응답자의 63%)이고, '게으르며'(응답자의 53%) '너그럽지 못하다'(응답자의 53%)라고 답변했다.

4년 후 음악그룹 '레장푸아레'는 그해의 노래 〈평생동안〉을 발표했다.

당시에 나는 몹시 궁금했다. 도대체 무슨 일이 있었기에 장자크 골드만은 상반된 내용의 두 노래를 작사했을까? 한편으로는 청년들의 목소리("당신들은 자유와 완전고용 등 모든 것을 가지고 있었지. 반면 우리가 가지고 있는 건 실업과 폭력, 에이즈가 전부")를, 다른 한편으로는 기성세대의 목소리("우리는 우리가 가진 모든 것을 노력으로 얻어내야 했지. 자, 이제 너희들 차례야. 하지만 너희들은 움직여야만 할 거야!")를 묘사했을까? 프랑스 가요계에서 가장 인기 있는 스타들이 유튜브에서 900만 회 이상 조회된 뮤직비디오에 모여 청년들에게 '움직이라'고 독려하는 것이다. 젊은 세대에 대한 경멸과 사회적 성공에 대한 숭배, 자비가 결여된 가부장주의 등 모든 것이 이 뮤직비디오에 들어 있다.

언론도 배놓을 수 없다. 〈렉스프레스〉는 이렇게 단언한다. "젊은 직원들은 개인주의적이고 덜 효율적이다."[44] 라디오 방송 〈RMC〉는 청년들이 과연 일에 대한 의욕을 가지고 있는지 의문을 제기한다. "청년들이 게을러서 노동력이 부족한 것인가?"[45] 다른 기사들은 청년들이 비디오게임과 SNS에 빠져 있으며,[46] 미래에 대한 꿈이 없다고 한탄한다. 〈허핑턴 포스트〉는 "지금 청년들이 되고 싶어하는 것은 우주비행사보다는 유튜버"라며 절망스러워 한다.[47]

시민생활의 측면에서도 청년들에 대한 평가는 나쁘다. 2010년 〈챌린지〉는 청년들을 '민주주의 붕괴의 책임자'라고 단정짓는다. "청년들의 기권은 우리의 민주주의를 훼손한다." 10년 후, 〈마리안〉은 직설적으로 청년세대를 비난한다. "악화된 나르시시즘, 감정조절 능력 부족, 개인주의는 '연약한' 세대의 증상."[48]

팬데믹 기간, 많은 미디어들은 청년들을 '바이러스 전파자'로 낙인찍었다. 〈프랑스 앵포(France Info)〉 라디오방송은 "코비드-19가 유행하는 상황에서 청년들은 파티를 하며 긴장을 풀고 있다"[49]라고 보도했으며, 기자들은 청년들의 저녁 시간을 세세하게 추적해 수십 개의 기사를 쏟아 냈다. 〈20미뉘트(20Miuites)〉지는 "무려 35명의 청년들이 고작 20제곱미터 크기의 원룸에 모여 파티를 했다"[50]라고 보도했으며, 〈TF1 TV〉도 "이 청년들은 무슨 일이 있어도 파티를 하려 한다"라고 비난했다.[51]

이 '분별없는 청년들'에 대한 정치언론계의 집착은 2021년 새해를 맞이해 브르타뉴 지역에서 벌어진 광란의 파티에 대한 보도에서 절정에 달했다. 이 은밀한 파티(이 파티에서 클루스터가 발생하지 않았다는 사실은 나중에 알려졌다)는 종일 방송되는 뉴스 채널의 상단에 1주일 이상 노출돼 있었고, 결국은 국가적 사건으로 번졌다. 결국, 사건 2주일 후 내무부 장관이 그들 중 2,000명('15~24세의 경범죄자')에게 조서를 받았다고 발표하기에 이르렀다.

전형적인 보수언론에서는 청년들을 어떻게 취급했을까? 〈발뢰르 악튀엘(Valeurs Actuelles)〉지는 이 분야의 챔피언이다. 2021년 10월, 이 주간지는 "사고력과 방향을 잃어버린 청년세대는 귀가 얇아서, 어리석은 이데올로기[52]에 종종 속아 넘어간다"라고 맹렬하게 공격한다. 그리고 2022년 1월호에서는 '아니, 우리는 청년세대에 '빚'이 없다'[53]라는 제목의 기사로 "청년들이 사회복지제도를 파렴치하게 이용하고 있다"라며 공격했다. 이어 2월호의 '청년들의 언어: 언어의 축소'[54]라는 기사에서는 청년들의 언어가 빈곤하다고 비하한다.

〈발뢰르 악튀엘〉 편집진의 청년세대에 대한 혐오는 극에 달했다. 마침내 청년들을 무능력한 존재로 낙인찍기로 결정하고 6월호를 청년들에 관한 기사로 도배했다. 그 호 표지에 매우 영적인 글귀가 있다. '우리는 우리 지구에 어떤 청년들을 남겨두게 될 것인가?' 〈발뢰르 악튀엘〉에는 이 퇴폐적인 세대에 관해 하나같이 퇴행적인 기사가 실렸는데, 그것들 중 하나의 제목은 '루이 보야르(2000년생으로 2018~2019년 프랑스 전국고등학생연합 회장을 지냈다-역주), 스완 페리세(1990년생. 시나리오 작가, 연출가, 50만 명의 팔로워를 가진 유튜버-역주), 빌랄 하사니(1999년생. 프랑스의 작가, 작곡가, 가수이며 프랑스 SNS의 유명인사-역주)가 쓴 **'청년세대의 절망적인 얼굴'** [55]이다.

기자들은 청년세대를 마구잡이로 맹렬하게 공격한다. 청년들은 '이기적'이고 '개인주의적'이며, 물론 일부는 환경과 젠더 평등, 혹은 반인종차별주의를 위해 투쟁하며 '감동적인 공연'을 하지만, 그것은 사실 이벤트에 불과하다는 것이다! 물론 청년세대에 더 공감하는 글도 많다. 일부 언론은 특히 팬데믹 기간 중에 방역 조치가 청년들의 정신건강에 미친 영향을 강조하고, 학생들이 급식지원을 받기 위해 길게 줄을 선 장면을 보도했다. **그러나 반(反)청년세대의 입장을 신봉하는 사람들에게 초점을 맞춘 일부 언론들의 에코 체임버**[56]**는 이들이 가진 생각의 폐해를 엄청나게 증가시킨다.**

저널리스트이자 〈코죄르〉 편집장인 엘리자베트 레비는 TV 토론 프로와 공개 좌담회의 단골 중 한 명이다. 2018년에 일어난 학생운동(〈코죄르〉는 학생들이 아무것도 거부하지 않았다며 이 운동에 '무지의 봄'이라는 제목을 붙이고 표지에 실었다)을 다루었으며 **'옛날 청년들이 더 나았다'**[57]**는** 간결한 제목이 붙여진 〈피가로 복스〉(〈피가로〉의 토론 인터넷 사이트-역주)의 한 토론 프로에서 알렉상드르 드벡치오(〈피가로 복스〉 편집장-역주)는 그녀에게 엉뚱한 (하지만 그가 생각하기에는 매우 당연한) 질문을 던졌다. "지금 청년들은 정말 옛날 청년들보다 더 '바보' 같은가요?" 다음은 이 질문에 대한 대답의 일부다.

"그들이 옛날 청년들보다 교육 수준이 낮다는 건(그들이 옛날 청년들보다 무식하다고 말할 수는 없겠지만) 서글프지만 명백한 사실입니다. 이번 봄에는 입학시험에서 0점을 맞은 학생들이 반항하는 것을 보게 될 겁니다. 학교에서 왕 노릇을 하는 그들은 이런 포기를 우스꽝스럽고 과장된 은어로 포장했지요."

그녀에 따르면, 문제는 "피해자 이데올로기가 사람들을 혼란에 빠트렸다는 점이다. 오늘날 18세의 청년들 중 자신의 조국에 대해, 심지어는 과거의 위대한 예술가들과 그들이 물려준 훌륭한 유산에 대해 감사할 줄 아는 이들이 없을 것이다." 경제학 교수이자 사피엔스 연구소 소장인 논설위원 올리비에 바보는 "청년세대가 툭하면 분노한다"며 비판하는 사람들 중한 명인데, 2012년 7월 트위터에 이런 글을 올렸다. **"일부 청년들이 노동에 대해 끊임없이 던지는 질문은 무엇보다도 열심히 일하고 싶지 않은 욕망을 감추려는 일종의 알리바이다."** [58]

궁금한 게 있다. 책으로 충분히 청년들을 비난할 수 있는데, 왜 굳이 트위터를 사용하는 것일까? 2020년 카롤린 푸레스트는 『**모욕당한 세대, 문화 통제에서 사상 통제까지**』[59]라는 책을 펴내, "많은 청년들이 '감수성의 페스트'를 퍼트리고 있으며 '오직 금지하는 것만을 꿈꾼다'라고 개탄했다. 한편 교사이자 작가인 **바르바라 르페브르는 2018년 펴낸 『'내게는 권리가 있어'라는 세대 : 우리 교육의 실패』**[60]라는 책에서 "젊은 세대가 반대할 권리를 단호하게 표현하는 바람에 우리 교육 시스템이 붕괴돼 하향평준화되고, 정교분리의 원칙이 파괴됐으며 개인주의를 숭배하게 됐다"라고 지적했다. 청년들을 공격할 기회를 절대 놓치지 않는 미셸 옹프레나 알랭 핑키엘크로의 독설에 대해서는 후에 이야기할 것이다.

청년세대를 비난하는 이로는 『**오케이, 밀레니얼들!**』의 저자 브리스 쿠튀리에[61]가 단연 최고다. 나는 이 책을 읽고 할 말을 잃었다. 청년세대에 대한 비판에 대응하고자 쓴 내 책의 제목은 '오케이, 베이비붐 세대!'에서 따왔다. 2018년 틱톡에 처음 등장했고, 2019년 뉴질랜드 국회에서 열린 토론 때 클로에 스와브릭크 의원에 의해 인정된 이 표현은 전 세계 대중문화에 통합됐다. 그리고 2020년 초 가요계 스타 앙젤에 의해 프랑스에 도입됐다. 이 표현의 성공 자체는 우리 세대가 앞서 말한 베이비붐 세대에게 느끼는 억압의 지표가 될 수 있다. 다만, 청년들이 노인을 놀리고 조롱하면 브리스 쿠튀리에는 웃지 않는다.

청년들에 대한 혐오와 몰이해를 제대로 맛보고 싶은 사람은, 작가이자 저널리스트이기도 한 쿠튀리에의 이 책을 권한다. 이 책은 퇴행적인 생각의 집합소다. 이 책의 부제는 '청교도주의, 희생자화, 정체성주의, 검열... '워크' 세대(woke. 정체성과 인종과 관련된 진보적 사상을 옹호하는 사람들을 비하하는 용어-역주)의 신화에 대한 어느 베이비붐 세대의 탐구'다. 제목에는 분명히 '탐구'라고 나와 있지만, 이 책에 청년을 만나서 뭘 탐구했다는 이야기는 단 한 줄도 등장하지 않는다. 청년과 이야기를 나누지도 않았고, 인터뷰도, 심지어 전화 한 통 하지 않은 것이다. 그런데 청년들에 대해 책을 쓸 수 있다고? 실로 놀라운 능력이다.

이 격렬한 어조의 책은 '지적이며 도덕적 개혁이라는 급진적인 프로젝트를 수행하려 하는 세대인 밀레니엄 세대의 심리사회적 초상화'를 목표로 한다. 브리스 쿠튀리에는 그의 세대가 혜택받은 예외적인 경제 상황을 인정하지만, 자신의 세대가 성공할 수 있었던 것은 그들이 긍정적인 사고방식을 가졌기 때문이라고 주장한다. 그들은 좋은 경제상황에 자신들의 장점을 덧붙였다. "우리는 자신감에 차 있고 낙관적이며 미래를 지향한다. 관대하며 남을 배려하는 세대였고 지금도 그렇다." 여기서 잠깐 미국 만담가 루이스 C.K.의 말을 인용해본다.

"우리는 완전히 환상적인 세계에서 살고 있으며, 이 세계는 너무 귀엽게만 자라난 가장 쓸모없는 바보들의 세대에 의해 망가지고 있다."

이 에세이집이 1만 부 넘게 팔린 것도 놀랍지만, 훨씬 놀라운 것은 이 책이 한 세대 전체를 모욕했음에도, 논란을 일으키지 않았다는 사실이다. 이는 수많은 미디어가 지닌 반(反)청년세대 담론에 대한 관용을 보여준다. 이 책이 나왔을 때 저자는 실제로 〈유럽 1〉과 〈프랑스 엥테르〉, 〈프랑스 퀼튀르〉 등의 방송에 출연해 "청년세대는 어리석고, '이기적이며 유머감각도 없다'"라고 주장할 수 있었다. 실제로 밀레니엄 세대는 유머감각이 부족한 것으로 유명하다. 특히 바로 이해할 수 없는 유머는 그들에게는 접근불가의 영역이다.

설문조사나 통계로 이 주장을 뒷받침할 필요는 없다. 무려 브리스 쿠튀리에의 의견이기 때문이다. 그리고 이 몇 가지 인용문은 충격적으로 보일 수도 있겠지만, 예외적이지 않다. **2012년에 '청년세대 정책연구소'에서 진행한 〈청년세대와 언론, 진부한 생각을 넘어서서〉**[62]라는 제목의 연구는 언론이 청년세대를 부정적으로 다룬다는 사실을 실제 자료를 들어 보여줬다. 연구자들은 어떤 결론을 내렸을까? 언론은 점점 이런 추세를 강조했을 뿐이며, 프랑스 사회는 청년세대를 둘로 나누었다.

하나는 대도시 주변의 위험한 청년들로 관리를 해야 할 뿐만 아니라 처벌까지 해야 하고, 또 하나는 위험에 처해 있는 불안정한 청년들로 이들은 무척 혼란스러워하기에, 보호가 필요하다. 이 연구에서 마리-크리스틴 리파니 베사르 교수는 언론인들이 결국은 청년들에 대해 알지 못하고 그들과 관련된 문제를 다루는 법을 배우지 못했기에 청년들이 보수언론에 의해 낙인찍힌 것이라고 단언한다.

소수의 사회학자와 교육자, 심리학자 등 청년 문제 전문가들은 한 저널리스트 교육기관으로부터 이 새로운 세대의 생활방식과 어려움, 기대 및 그들을 지원하는 기관, 네트워크에 관한 정보를 제공해달라는 요청을 받는다. 청년세대는 매우 부정적인 이미지로 인해 고통받고 있는데, 이것은 많은 저널리스트들이 미디어 공간에서 지나치게 과소평가되는 이 세대가 어떤 상황에 처해 있는지, 그리고 이 세대의 당면과제가 무엇인지 이해하지 못해 생긴 결과다. 청년세대가 당면한 문제들 중 환경문제는 언론에 의해 과소평가되고 있다. 게다가 환경운동 활동가들은 희화화되기까지 한다. 이로 인한 분노는 세대 갈등으로 이어진다.

환경문제, 혹은 분노의 이유들

철학자이자 작가인 미셸 옹프레는 2019년 7월 발표한 글에서 기후 행진을 비난했다. 스웨덴 학생들이 스웨덴 정부의 기후위기에 대한 무대책을 비난하고자 시작한 이 운동은 이 〈인민전선〉의 창간자에게 충격을 줬고, 그는 당시 16세였던 활동가 그레타 툰베리를 다음과 같이 묘사했다.

"그녀는 인간의 종말과 포스트휴먼의 도래를 예고하는 실리콘인형을 연상시킨다. 그녀는 3차 밀레니엄 사이보그의 얼굴과 나이, 성, 몸을 가지고 있다. 그녀의 육체는 중성적이다. 불행하게도 인간은 그녀를 향해 가고 있다."

그는 이렇게, 그레타 툰베리가 자신이 상상하는 여성을 닮지 않았다고 비난하고, 이 비난을 근거로 이 사춘기 소녀가 내세우는 과학적 주장을 무시한다. 게다가, 이 글의 마지막 문장은 청년들 모두를 화나게 한다. 미셸 옹프레는 모든 청년들이 그레타 툰베리의 최면에 걸렸다고 생각하고 비난하기 때문이다.

"학교에 가지 않아도 되는 이 그럴듯한 핑계에 너무 만족한 이 양떼 세대는 자신들이 자유롭다고 믿고, (…) 자신들의 예를 따르라고 제안하며, 자신들이 (학교에 가지 않음으로써) 거부한 문화를 속죄의 희생물로 바친다."

미셸 옹프레는 청년세대가 수업을 빼먹기 위해 기후운동을 벌인다고 생각한다. 기후운동의 대의에 대해 귀를 닫는 것이다. 이렇게 몰이해의 분위기가 곳곳에서 감지되고, 세대 간 대립의 현상이 확인된다. 이런 현상은 역효과를 낳고, 특히 이 경우에는 매우 위험하다. 그러니, 서둘러 막아야 한다. 이 명백히 주관적인 패널의 사례 외에도 프랑스에서는 청년들에 대한 격렬한 비난이 반복됐다. **결국 인권단체인 국제엠네스티가 청년세대를 보호하자는 캠페인을 벌이기에 이르렀다.**[63] 이 캠페인에서 이 단체는 청년들에게 낙인을 찍는 것을 비난하고 충격을 불러일으키는 포스터를 통해 대응한다.

사회문제에 관심을 가지고 참여하는 청년들은 고통을 겪는다. 무례하고 무책임하다는 비난을 계속 받는다. 그렇게 그들은 사회 전체에 대한 위협이 된다. 그들이 대담하게도 그들의 목소리를 내고, 그들의 주장을 널리 알리려고 애쓰고, 더 나은 세상을 위해 싸우려 하기 때문이다. 그렇지만 브리스 쿠튀리에 같은 68혁명 세대는 자신의 청년 시절을 부드럽고 향수에 찬 눈으로 바라보며, 그 시절의 끈기를 높이 평가한다. "청년기는 위험을 무릅쓰면서 경험을 쌓고, **통용되는 규범을 어기는 한이 있더라도 자신의 한계를 파악하는 시기다. 당시 청년이었던 우리 베이비붐 세대가 총대를 멨다.**"

좋다. 이제 내가 총대를 멜 **차례다.** 청년세대에 대한 이 같은 비난이 얼마나 **근거 없고 해로운 것인지** 보여주기 위해.

'영광의 30년', 그 후

평화(Paix), 번영(Prospérité), 완전고용(Plein-emploi), 진보(Progrès). 역사학자 장프랑수아 시리넬리는, 이 네 가지를 베이비붐 세대의 성장기를 특징짓는 '4P'로 규정했다.[64] 많은 경제학자들이, 이 세대가 겪었던 경제적 여건을 예외적인 것으로 분석한다.[65] 하지만 '영광의 30년'[66]은 끝났다. 1970년대부터는 경제 상황이 조금씩 나빠졌다. 그리하여 현재의 비관적인 상황에 이르렀으며, 특히 청년들이 고통받고 있다. 나는 이 축복받은 시기를 누렸다는 이유로, 베이비붐 세대를 비난하려는 것이 아니다. 나라도 주어진 행운을 거부하지는 않았을 것이다. 그들 세대가 그 시대에 누릴 수 있었던 것을 일반화했다고 비난하려는 것도 아니다. '영광의 30년'에 영광만 있었던 것도 아니다. 심각한 사회적 불평등도 있었다. 많은 노동자들이 매우 위험하고 열악한 노동환경에 시달렸고, 여성이나 소수집단의 권리는 무시당했다.

하지만 이 시기가 끝난 후, 사회경제적 여건이 계속 악화된 것은 부정할 수 없는 사실이다. 따라서 어제의 청년들과 오늘의 청년들을 비교선상에 두는 것은 합리적이지 않다. 그럼에도 "나 때는 말이야"를 입에 달고 사는 사람들에 의해 비합리적인 비교가 반복된다. 이런 사회경제적 여건의 악화는, 어느 날 갑자기 저주라도 받은 듯이 일어난 것이 아니다. 그것은 우리 세대를 이전 세대를 위해 희생시킨 정치적 선택의 결과다. 나는 경제학자이자 북(北)파리 소르본 대학 강사인 다니 랑에게 가장 먼저 이런 질문을 던졌다.

"이전 청년세대가 지금 청년세대보다 더 여유로웠나요?"

"물론입니다." 다니 랑은 바로 대답했다. "1970년대만 해도, 당시 청년들에게는 희망이 있었지요. 오일쇼크와 브리튼우즈 체제의 붕괴로 인한 경제난 등이 있었지만, 정규직이 될 가능성은 있었어요. 1970년대에는 힘의 균형 측면에서 노동자들에게 유리했으며, 경제 중하위층이 부동산을 소유할 수도 있었습니다."

그렇다면 "일할 생각은 않고 뒹굴뒹굴한다"라는, 청년들을 향한 비난은 타당한 것인가? 우리 청년들은, 우리를 즐겨 비방하는 이들에게 1970년대와 오늘날의 경제 상황에는 큰 차이가 있다는 사실을 강조해야 할 듯하다.

실업률, 청년 고통의 1차 척도

청년들이 처한 사회경제적 상황을 파악하려면, 우선 실업률을 봐야 한다. 베이비붐 세대는 '영광의 30년' 동안 실업률이 거의 제로에 가까운 노동시장에 진입할 수 있었다. **프랑스 전체 노동인구의 실업률**[67]은 1970년대까지만 해도 **1.6%**[68]**에 불과했다. 그러나, 2022년에는 7.2%로, 약 4.5배 증가했다.**[69] 15~24세 실업률은 1980년 11.6%였으나 2021년에는 18.9%로 늘었다.[70] 실업률 증가는 매우 중요한 의미를 지닌다. 일자리 경쟁이 치열해지면서, 사회초년생일 가능성이 높은 청년들은 경력자들과 경쟁해야 하기 때문이다. '경험 부족'으로 경쟁에서 밀려난 청년들은, 시간이 지날수록 노동시장에서 상품성을 잃어간다. 경력을 쌓을 기회는 없이 나이만 먹기 때문이다. 그리고 해가 지날수록 이런 추세는 점점 더 악화된다. **특히 청년들은, 쉽게 조정변수로 사용되며 위기 상황에서 가장 먼저 버려진다. 노동계약이 갱신되지 않거나, 아예 고용되지 않는 것이다.**[71] **2008년과 2009년에 서브프라임 모기지 사태가 발생했을 때 실업률**[72]**은 1.7%에서 5.4%로 증가했다.**[73]

그리고 2020년 발생한 팬데믹 위기 때도 같은 일이 일어났다. 25세 미만 실업자 수가 15% 증가한 것이다(전체 인구 대비 실업자 수는 11% 증가했다).[74] 내 인터뷰이들 중에서 많은 청년들이 이때 실직했는데, 28세의 앙투안도 그중 한 명이다. 팬데믹이 발발했을 때, 이 그는 이제 막 경력을 쌓기 시작하던 시기였다. 그는 그르노블 지역의 한 중소기업에 정규직으로 취업해 친절한 동료들과 함께 건축 프로젝트 비용을 산정하는 일을 했다. "모든 게 좋았어요. 크리스마스 때는 월급도 올랐습니다." 하지만 팬데믹이 발생하자 그는 부분적 실업 상태에 놓였고, 봉쇄가 끝나고 일주일 후 사장이 그를 호출했다.

"사장은 팬데믹 때문에 더 이상 프로젝트를 계속할 수 없으니, 내가 회사를 그만둬야 할 것 같다고 했습니다. 그렇게 해고됐지요. 졸지에 말입니다. 기분이 이상했습니다. 알고 보니 우리 회사에서 나를 포함해 총 15명이 해고됐는데 대부분 청년들이었죠. 25~30세 청년들을 우선적으로 자른 겁니다."

실업과 관련된 수치들이 일자리의 질을 고려하지 않기 때문에 또 다른 어려움이 발생한다. 최저임금의 절반 수준으로 보수를 받고 일하는 경우도 있는 것이다. 청년세대는 주로 이런 불안정한 고용 상황에 처해 있다.[75]

불가능한 꿈, 자립

노동시장의 악화는 불안정한 일자리가 늘어난다는 것이고, 그로 인해 가장 먼저 고통을 겪는 것은 역시 청년세대다. 이런 관점에서 세대 간 격차는 특히 눈에 띈다. 지금은 상상하기 힘들지도 모르지만, 1979년에는 이런 불안정한 고용이 매우 드물었다. 임시 노동계약은 1972년, **기간제 노동계약**은 1979년 공식화됐다. 물론 그전에도 **기간제 노동계약이 있기는 했다.** '사용계약', '계절계약' 등의 **명칭과 형태로 말이다. 그러나, 그것은 실업이 드문** 사회에서의 일이었기에 큰 문제가 되지 않았다. 즉, 문제는 불안정한 고용 자체가 아니다. 실업이 일상화되고, 노동자가 힘을 잃어 가는 사회에서의 불안정한 고용이다. **무기한 노동계약(CDI, Contrat à Durée Indéterminée)**은 해가 지나면서 성배가 됐다. 불확실성이 증가하면서 CDI는 안전막이 됐다. 그런데, 그 안전막을 잡기란 매우 어렵다. 50년 전만 해도 첫 직장이 임시직인 경우는 드물었다.

그러나, **지금은 청년세대의 2/3 이상이 첫 일자리부터 불안정하다.**[76] 즉, 청년들은 노동시장 진입 자체가 어려운 데다가 어렵게 진입해도 불안정한 일자리, 저임금으로 인해 빈곤해진다. 이와 관련된 수치는 많은 것을 보여준다. **15~24세의 불안정고용률**[77]**은 1982년에는 17.3%였으나 2020년에는 52.6%로 증가했다!**[78] 반면, 50세 이상의 불안정고용률은 같은 기간 2.3%에서 5.6%로 증가했다. 불안정고용은 미래설계 능력을 제한한다. 우선, 불안정주거를 부른다. 언제 직장에서 잘릴지 모르는 사람은 집을 사기 위해 대출을 받을 수도 없고, 주택을 임차하기도 어렵다. 결국, **많은 청년들이 첫 번째 꿈을 포기한다.**[79]

청년세대를 전문적으로 연구하는 사회학자 카미유 푀니[80]는 "청년들은 경력을 쌓을 경로가 무너지면서 상황이 불안정해졌다. 다른 연령대의 상황은 이렇게까지 불안정해진 적이 없었다"라고 지적했다. **이 사회학자는 '흉터(Cicatrice) 효과'를 강조했다. 악화된 고용시장에 진입하면서 생긴 상처는 시간이 지나도 완전히 아물지 않는다는 것이다.**[81] 그 직접적인 결과로, **청년세대는 초봉**[82]**이든 혹은 승급**[83]**이든 점점 더 박한 대우를 받고 있다.** 그리하여 2010년에 졸업해 노동시장에 진입한 이들은 7년 동안 임금이 평균 19% 증가한 반면 1998년 노동시장 진입자들은 같은 기간에 임금이 28% 증가했다. 이를 한 마디로, 이렇게 요약할 수 있을 것이다. "한 번 저임금을 받으면, 계속 저임금을 받게 된다."

학위는 일자리를 주지 못한다

교육 수준(가장 최근 연도에 측정된)은 최근 수십 년 동안 크게 높아졌지만 노동시장의 이 같은 불안정성에 대한 보호책이 되지는 않는다. 2018년에는 25~34세 인구의 13%가 대학 졸업장이 없거나 중학교 졸업장만 있었던 반면 55~84세 인구 중에서는 32%가 이런 경우에 해당됐다.[84] 마찬가지로 25~34세는 69%가 **바칼로레아(Baccalauréat, 프랑스의 대학입학자격시험)**에 합격한 반면 55~64세는 37%만 합격했다. 새로운 세대의 청년들은 더 오래, 더 많이 공부할 수 있다. 그러므로 더 높은 학위를 취득하고, 그로 인해 더 나은 일자리를 더 쉽게 얻을 수 있다면 기뻐할 일이다.

문제는, 이제 그런 일은 없다는 사실이다. **청년세대를 전문적으로 연구하는 사회학자 루이 쇼벨**[85]은 2019년 〈르몽드〉와의 인터뷰[86]에서 말했다.

"이제 대학 졸업장은 그 자체로는 의미가 없어졌다. 극소수의 유명 비즈니스 스쿨이나 엔지니어 스쿨 졸업장 외에는 말이다. 최근 몇 년 동안 학사학위자는 계속 늘었으나, 일자리는 늘지 않았기 때문이다."

심지어, 석사학위도 일자리를 보장해주지 못한다. **사회학자 마리 뒤뤼-벨라는 이 같은 상황을 '학위 인플레이션'**[87]이라고 부른다. 청년세대는 학위를 취득해도 그들의 부모들처럼 양질의 일자리를 얻을 기회가 없다는 것이다. **졸업장의 가치가 떨어졌는데, 기대치가 이전 시대에 맞춰진 그들의 부모 세대는 이런 현상을 이해하기 어렵다.**[88] 25세 클로에의 사례는 이 유감스런 상황을 잘 보여준다. 브르타뉴 지방의 한 작은 마을 출신인 그녀는 뛰어난 성적으로 고등학교를 졸업하고 릴에 있는 법대에 진학했다.

"저는 석사과정에서 유럽연합법을 전공했어요. 관심이 많은 분야였거든요. 석사과정을 마친 후에는 법무부에서 무급으로 인턴십을 했지요. 다행히 부모님의 지원을 받았습니다."

하지만, 그녀는 기대를 접을 수밖에 없었다.

"저는 유럽연합 기관에서 일을 하고 싶었어요. 공부를 시작하면서 5년 공부만 마치면 법조인이 될 수 있으리라 생각했죠. 하지만 현실은 너무나 달랐어요. 졸업 후 자격시험을 통과해야 했는데, 그 시험을 통과하려면 실무경력이 필요했어요. 경력을 쌓을 일자리를 찾는 데 몇 달이 걸렸고, 3년 의무계약에 월급이 1,500유로에 불과한 일자리밖에 없었어요."

그래도 그녀는 꿋꿋하게 시험에 통과했고, 노르파드칼레 지방에서 다른 유럽 국가들과 협력하는 일을 하는 괜찮은 직장을 찾아내긴 했다.

"그곳에서 3개월 일했어요. 전 그 일이 좋았어요. 하지만 그건 출산휴가를 간 직원 대신 단기간 일하는 자리였습니다. 그래서 3개월 만에 그만둬야 했지요. 이후에는 그만한 직장을 찾을 수 없었습니다. 결국 도청에서 월급 1,300유로를 받고 보조업무를 시작했지만, 너무 실망스러워서 몇 달 만에 그만뒀어요."

그녀는 다시 일을 찾고 있는데, 졸업한 지 벌써 1년도 더 흘렀다.

"이제 완전히 환상에서 깨어난 것 같아요. 졸업장을 받기도 전에 교수님들이 이런 현실을 말씀하시긴 했지만, 갈수록 자신감이 떨어집니다. 제 학위는 그저 bac+5(한국의 석사학위에 해당하는 대학 5년 과정-역주)일 뿐이에요. 일을 하려면 자기PR도 잘하고, 자신의 장점을 강조해야 합니다. 경험도 많이 쌓아야 하고요. 청년들은 체력도 열정도 있으니, 무슨 일이든 하려고 하죠. 한 마디로, 써먹기 좋은 세대인 거죠. 하지만, 우리에게는 기회 자체가 주어지지 않아요."

이런 사례는 많다. 넘쳐난다. 24세 클레망스의 사례는 더욱 충격적이다. 그녀는 툴루즈 근처의 한 마을에서 성장했다. 그녀의 아버지는 공기업 직원이고 어머니는 간호사다. 우수한 학생인 그녀는 문학 분야 그랑제콜 입시준비반에 들어갔다가, 입학이 매우 어려운 파리의 루브르학교 입학시험에 합격했다. 그녀는 최고 성적으로 학사 학위를 받았고, 석사 1과정과 2과정도 최고 성적으로 마쳤고, 연구논문을 출판까지 했다. 코로나 팬데믹 시기에 졸업한 클레망스는, 시간을 낭비하지 않기 위해 커뮤니케이션 학사 학위를 받기로 했다.

"커뮤니케이션 학위와 미술사 학위가 있으면, 쉽게 취직하리라 생각했어요."

그녀는 커뮤니케이션 학사 학위도 매우 우수한 성적으로 1년 만에 취득했다. 하지만 졸업 후 구직을 시작한 2021년 9월부터 엄청난 좌절이 밀려왔다.

"물론 쉬울 거라고 생각하지는 않았어요. 하지만 이 정도인 줄을 몰랐어요. 자기소개서와 이력서를 수십 통 썼어요. 몇 시간에 걸쳐 지원서를 작성했지요. 하지만 불러주는 곳이 없어요. 대부분의 회사는 답장도 없어요. 절망 그 자체죠."

다섯 달 동안 그녀는 끈질기게 구직활동을 했으나, 인터뷰 기회는 고작 두 번 주어졌다. 두 번의 인터뷰도 취직으로 이어지지 못했다.

"인터뷰 하나는 정말 힘들었어요. 저의 젊음은 정면으로 부정당했습니다. 그들은 제가 너무 젊다고 생각하는 것 같았고 제가 경험이 부족하다는 걸 강조하더군요. 너무해요! 경험을 쌓을 기회를 주지 않는데, 저보고 어떻게 하라는 거죠?"

한편, 그녀의 연구논문이 업계에 알려졌다. 그리고 아이러니하게도 전공 분야를 강의해달라는 요청이 가끔 들어왔다.

"그래서 저는 제가 원하는 일자리를 가진 나이 많은 사람들을 교육해요!"

그녀의 부모는 그녀를 지원하기 위해 땅을 팔아야 했다.

"저는 실업수당이나 RSA(Revenue de Solidarité Active, 적극적 연대

급여, 장기 비소득자 지원금-역주) 수급 자격도 되지 않아요. 저는 마치 잘못 태어난 사람 같아요. 하지만, 감사하게도 부모님의 지원으로 살고 있어요."

더 이상 실업 상태로 지낼 수 없었던 그녀는 2022년 1월 한 협회에서 시민봉사업무 계약서에 사인했다. 6개월 단기계약에 월 급여가 500유로에 불과한 일자리지만, 그녀는 열심히 일하고 있다.

"하지만, 이 협회는 새로운 일자리를 창출할 수 없어요. 그래서 6개월 후면 또 실업자가 될 거에요. 다시 부모님에게 도움을 청해야 하는 거죠."

그녀는 계속 지원서를 보냈지만, 2022년 9월까지 아무 결과도 얻지 못했다.

"원점으로 돌아온 거죠. 저는 직장도, 돈도 없어요. 쓸모없는 졸업장만 잔뜩 가지고 있죠. 솔직히 제가 뭘 해야 할지, 제가 뭘 더 할 수 있을지 모르겠어요. 저는 제가 꿈꾸던 직업을 갖고자 최선을 다했어요. 열심히 공부해서 우수한 성적으로 학위를 받으면 원하는 일을 할 수 있을 거라고 믿었죠. 그런데, 현실은 전혀 달라요. 미칠 것 같아요! 너무 화가 나요!"

많은 청년들이 그들의 부모보다 더 높은 학력을 가졌지만, 그들 중 대다수는 더 나은 일자리를 구할 수 없다. 따라서, 청년들은 깊은 좌절감에 빠져 있다. 이런 상황에서 어떻게 "하면 된다"라고 그들에게 말할 수 있을까? 아무리 열심히 해도 아무것도 나아지지 않는 현실 속에서 말이다.

젊음이 가난과 만날 때

청년들의 상황을 정리해보자. 실업 급증, 초임 감소, **고용의 질 악화. 고용신고 없는 노동도 많다.**[89] 학업에 투자해야 하는 기간은 더 길어졌다. 그렇다면 우리는 왜 청년세대가 다른 연령대보다 더 많이 경제적 어려움을 겪고 있는지 쉽게 이해할 수 있을 것이다. 그런데 이것은 가수 아즈나부르가 부르는 노래 〈보헤미안〉의 가사와는 달리 전혀 낭만적이지가 않다(반대로 '20세 미만의 청년들'은 이게 무얼 의미하는지 잘 알고 있다). 2019년 11월 25일, 〈르파리지앙(Le parisien)〉은 자선 식당 손님 중 절반 이상이 26세 이하라고 보도했다.[90]

2022년 〈앵스튀티 몽타뉴〉가 발표한 설문 조사 결과에서는, 18~24세의 59%가 경제적 어려움을 겪고 있다고 응답했다.[91] 나는 청년세대를 예리한 시선으로 바라보는 사람들에게 현실을 상기시키고 싶다. 청년세대는 평균적으로 노인세대보다 훨씬 더 가난하며, 그들의 연장자들과는 달리 그들의 상황이 단기간에 나아지리라는 희망이 거의 없다. **2018년 연령대별 불안정 비율을 보면, 50세 이상은 7%였으며, 15~29세는 38%에 달했다.**[92]

2013년 설립된 총리 산하의 정부 기관 〈프랑스 스트라테지(France stratégie)〉가 승계에 관한 연구에서 분명히 밝혔듯,[93] 항상 그랬던 것은 아니었다. 현재의 60세 이상은, 청년 시절 노동시장에서의 유리한 상황뿐만 아니라 자본소득 특히 부동산 소득을 상당히 누렸다. 반면, 현재의 청년세대는 높아진 부채와 노동시장의 문턱 때문에 고통받고 있다. 상황이 불안정한 이들 중 학생들은 상당한 비중을 차지한다. 부유층의 전유물이었던 고등교육은 점차 서민층에도 확산됐다. 카미유 푀니는 저서 『청년세대를 위한 정치』에서 다음과 같이 설명한다.

프랑스 학생들은 이제 더 이상 단지 부르디외와 파스롱이 1960년대에 묘사했던 '상속자'들이 아니다.[94] 서민층 청년들은 부유층 청년들이 누리는 경제적, 문화적 자원 없이도 고등교육의 문을 통과했다. 이는 바람직한 일이지만, 재정적 수단이 없을 때 공부를 하려면 국가의 적극적인 지원이 필요하다! 고등교육은 불평등 해소에 분명히 필요하지만, 학생 장학금으로는 생활하기에 충분하지 않다. **사회보조금은 월 최대 555유로에 가까워진 반면, 학생장학금은 월평균 349유로에 불과하다.**[95] 그 결과, 학생 장학금을 받는 대부분의 대학생들은 가족의 지원에 의지하거나, 일을 해야 한다. 일을 하려면 대도시로 나가야 하는데, 대도시에서는 생활비, 특히 주거비가 많이 든다.

　2014년 이 주제에 관해 실시한 대규모 설문조사에 따르면 두 명 중 한 명 이상이 학생 신분인 19세 청년들의 소득 중 30%는 부모, 43%는 노동에서 나온다. 반면, 국가에서 나오는 것은 18%에 불과하다. 여기서 우리는 세대 간 관계의 한 가지 특징을 알 수 있다. 즉 연대는 여전히 존재하지만, 그것이 무엇보다도 가족 내부에서 이뤄진다는 것이다. 그러니 가족이 경제적 수단을 가지고 있지 않은 학생들에게는 너무 안타까운 일이다.

　그 결과 대학생들의 40%는 학업과 일을 병행해야만 한다.[96] 이 청년들은 코로나 팬데믹 때문에 아르바이트를 할 수 없게 되자, 생활에 큰 타격을 받았다. 그들은 RSA도, 실업급여도 신청할 수 없었다. 실업급여를 신청하려면 4개월 이상 일해야 하고,[97] 잠깐이라도 불법노동을 했을 경우 실업급여를 신청할 수 없다. 팬데믹 이후 생긴 일자리는 대개 불안정하고, 학업과 병행하기 힘든 것이 많다. 고용불안정의 역학관계는 1970년대 말부터 지속돼 왔지만, 2008년의 위기는 '고용유연화'를 가속화했다는 점이다. 마침내 '자영업자'라는 신성불가침한 지위가 확산됐다. 학생과 이민자들의 주요 일터인 택배 플랫폼 등 우버화가 그것이다.

레일라(22세, 그르노블 출신)는 법대생이다. 그녀는 강의가 없을 때 배달원 일을 하면 된다고 생각했다. 하지만 그녀는 곧 현실을 알게 됐다. "너무나 힘들고, 엄청나게 빨라야 해요. 만일 늦으면 고객이 고래고래 소리를 질러대죠. 스트레스가 말도 못 해요. 자전거를 타고 꼭 사이클 선수처럼 달리면서 GPS로 방향을 찾아야 합니다. 이따금 비라도 내리면 아무것도 안 보여요." 결국 그녀는 육체적으로나 정신적으로나 완전히 녹초가 돼 두 달 만에 배달원을 그만두고 말았다. 부모님의 도움을 받기로 한 것이다.

25세의 톰은 그녀처럼 부모님께 도움을 구할 수도 없다. 릴의 평범한 가정에서 태어난 그는 **바칼로레아**에 합격한 후 STAPS(Sciences et Techniques des Activités Physiques et Sportives **스포츠와 신체활동 관련 기술과학**)을 전공하고 싶었지만, 당시의 신입생 선발방식인 추첨에서 떨어졌다. 그는 1년 동안 일을 한 후 다시 자신의 운을 시험해보기로 했다. 그러나 자격이 안 되면 일이 쉽지가 않다. 그는 생존을 위해 저임금 노동인 신문배달, 자전거배달, 야간 바캉스 그룹 인솔자 등을 해야 했다. "잠이 안 왔어요. 사는 게 너무 힘들었죠. 구할 수 있는 일자리는 죄다 형편없었지만, 그나마 고생 끝에 돈은 조금 벌었습니다."

톰은 그토록 원하던 학교에 들어가게 됐다. 하지만 졸업 후 인공 암벽장에서 인턴십을 할 때도, 인턴십 후 주 15시간 노동을 할 때도 계속 잡일을 해야 했다. 생활비를 벌려면 그만둘 수 없었다. 인턴십 후 2년이 지난 후에야 주 30시간 노동계약을 맺었고, 택배 일을 그만둘 수 있었다. 총 4년의 불안정 노동을 마친 그는 택배 노동의 현실을 증언했다(그에 따르면, 이 부문에도 청년들이 많다).

"전에는 시간당 급여를 받았고, 고정 급여에 보너스까지 받았어요. 하지만 지금은 잡일밖에 없고, 워낙 어려운 상황이라 이런 잡일이라도 하겠다는 사람들이 늘 있지요. 이전에는 파업을 했지만 어느 순간부터 무엇도 얻어낼 수 없게 됐습니다. 그들은 주동자를 순식간에 찾아내더군요."

청년들의 노동조건도 불안해지고 있다. 고용주와 협상을 하려 해도 쉽지 않다. 톰은 그나마, 최악의 상황에서 벗어나게 된 것을 만족스러워한다.

"청년들이 이런 일에 내몰린다는 게 충격이었습니다. 자영업자라는 저의 법적 지위는 세기의 사기예요. 어떨 때는 자전거를 타고 아침 10시부터 자정까지 비를 맞으며 추위 속에서 일해요. 이따금 식당 주인들로부터 싫은 소리를 듣기도 했고, 반면에 음식이 늦게 준비되면 제가 그들에게 싫은 소리를 하기도 했죠. 어떨 때는 길거리에서 연락이 오기만 기다리기도 해요. 이것이 저의 삶이었습니다."

톰은 그나마 졸업을 했지만, 그렇지 못한 청년들도 많다. 모하메드-아니스(24세, 이민자 가정 출신)의 부모는 그가 태어나기 직전에 '암흑의 10년'(1991~2002년 알제리 내전-역주)을 피해 알제리를 떠났다. 그는 파리 교외의 슈아지-르-루아에 있는 저소득층 아파트에서 성장했다. 에너지 시스템 설치 기술자가 되는 것을 목표로 기술 분야 대입시험에 합격한 그는, 역사에 대한 열정에 휩싸여 파리의 소르본 대학에 입학했다. 그는 매일 2시간씩 통학하며 아르바이트를 해야 했다.

그는 아직 부모 집에 살고 있다. 그의 아버지는 최저임금에 가까운 급여로 4인 가족을 부양한다. 그의 어머니는 환자다. 그는 어릴 때부터 소매를 걷어붙였다. "강의가 끝나면 친구들은 공부를 더 하러 가거나 놀러 가지만, 저는 부모님을 도우려 작업복으로 갈아입었지요." 그는 판매원, 배달원 등의 일을 닥치는 대로 했다. "일하며 공부하는 건 정말 힘들었어요. 도저히 계속할 수 없었지요." 지칠 대로 지친 그는 결국 2학년 때 학교를 그만두고 말았다. "돈이 너무 필요했어요." 그는 직접 경제활동에 뛰어들었다. 낮에는 안전요원이나 서비스 직종에서, 밤에는 웨이터나 주문상품 준비원으로 일했고 지금은 도매시장에서 물류배송 책임자로 일한다. 그는 인턴십을 하면서 열 공학을 다시 배우기를 염원하고 있다.

"힘들겠지요. 분명히 몇 년 동안은요. 하지만 제 상황은 나아질 겁니다."

그를 인터뷰하면서, 나는 역사광을 만났다는 사실을 깨달았다. 그는 냉전과 지정학적 재구성, 소련, 세계무대에 갑작스레 등장한 중국, 중국과 대만의 '혼란스러운' 관계 등에 대해 이야기했다. 그는 "역사는 우리 시대의 문제에 맞서고 미래를 이해하기 위해 필수불가결한 학문"이라고 했다. 나는 그의 폭넓은 교양에 놀라, 그걸 다 어디서 배웠냐고 물었다. 그는 "시간을 내 역사 다큐를 계속 읽고 봅니다"라고 했다. 나는 이런 청년이 공부를 계속할 수 없는 현실이 안타까웠다.

"그만둬야 해요. 이런 상황에서는요. 여건이 된다면, 열 공학을 배우는 것이 더 합리적입니다."

파리에서 부유층 학생들과 공부했던 톰은, 자신을 시스템의 희생자라고 생각하지는 않았다. 그러나 그는 분명하게 현실을 짚어 말했다.

"저는 가난한 동네에서 자랐고, 저보다 더 어려운 사람들이 있다는 것을 압니다. 우리는 태어나는 곳을 선택할 수는 없지요. 제가 화나는 것은, 사람들이 능력주의에 대해 늘어놓는 말입니다. 저는 그나마 어릴 때 무료 도서관에 갈 수 있었고 고등교육에도 접근할 수 있었지요. 감사하게 생각합니다. 하지만, 이건 분명해요. 저 같은 사람들은 원하는 것을 하며 살 수 없어요."

톰을 보라. '게으르고 버릇없는 대학생들'과 딴판이 아닌가?

'니-니(Ni-Ni)' 신드롬: 이것도 저것도 가질 수 없다

대학생이 아닌 청년들도 많다. 국립통계경제연구소에 따르면, 2018년 18~20세의 약 1/3과 21~24세의 약 70%는 더 이상 학교에 다니지 않았다. 이런 청년들은 대개 불안정 노동을 하고 있고, 언론의 관심도 받지 못한다. 따라서 우리는 이들을 거의 볼 수 없고, 보지 못하니 이야기할 일도 없다. 이들은 속칭 니트족(NEET, Not in Education, Employment or Training 교육, 취직, 직업훈련 중 아무것도 하지 않는 16~25세의 청년들), 시스템의 패자들이다. 니트족은 약 백만 명, 청년 8명 중 1명에 속하며 가장 어렵고 불안하게 살 가능성이 높다.

아나이스(가명)가 이 니트족에 속한다. 이민자 출신 간병인 어머니와 페리피냥 근처에서 신발가게를 운영하는 아버지 사이에서 태어난 그녀는 REP(Reseau d'Education Prioritaire, 우선교육네트워크정책)에서 중고등학교를 마치고 좋은 성적으로 **바칼로레아**에 합격했다. 경제사회학사 과정을 위해 몽펠리에로 간 그녀는, 팬데믹 때문에 경제 상황이 어려워져 학교를 중퇴해야만 했다.

"저는 혼자 남겨졌어요. 아는 사람도, 배경도 없이 혼자 남은 거예요. 부모님이 도와주시고 국가보조도 받았지만 부족했습니다. 그래서 무슨 일이든 하려고 찾아봤지만 일과 학업을 병행할 수 없었죠."

그녀는 학교를 그만두고 대형 슈퍼마켓에서 일하기 시작했다.

"8개월 동안 저는 계산원으로 일하고, 선반 정리도 했습니다. 전문기술 자격증 취득을 위해 공부하면서 칸나비디올(대마초에 함유된 자연발생 카나비노이드 성분) 가게에서 유급 취업연수를 받았습니다. 거기서 받는 650유로와 주택보조금으로는 생활할 수 없었죠. 주택 임차료만 월 600유로였으니까요."

그래서 그녀는 유급 취업연수와 병행할 일을 찾았다. 나이트클럽에서 웨이트리스 일을 시작한 그녀는, 강의를 빼먹기 시작했다.

"스트레스가 엄청난 일이었어요. 너무 바쁘고 힘들어서 근무가 끝나면 파김치가 됐죠. 위험하기까지 했어요. 마약을 한 사람, 만취한 사람들, 심지어는 무기를 든 사람도 있었죠. 늘 신경을 곤두세우고 있어야만 했습니다. 피곤하기도 했고요. 결국 출석 불량으로 퇴학당해 전문기술 자격증도 딸 수 없게 됐죠."

그녀는 원점으로 돌아갔다. 그녀는 저축해놓은 얼마 되지 않는 돈을 써가며 휴식을 취했다. **그녀는 직장 또는 직업훈련을 그만둔 지 1년 미만인 62%의 니트족에 속한다.**[98] '국가 교육 시스템'에 의지해 성공하는 건 너무나 어렵다고 확신한 그녀는, "편하게 공부하기 위해 돈을 버는 것"이 가장 중요하다고 말했다. 그녀는 9월에 돈을 많이 주는 스위스 식당에서 계절 노동을 할 계획이다. 그녀는 이 일을 평생 하지는 않겠다고 강조했다. "돈이 좀 모이면, 일렉트로닉 뮤직 페스티벌을 개최할 거예요. 그게 정말 하고 싶은 일이거든요."

아나이스는 잠깐이라도 휴식을 취하며 계획을 세우고 있지만, 카르카손 교외에서 성장한 롤라(가명, 27세)에게는 그것도 사치다. 롤라가 어렸을 때 그녀의 아버지는 큰 사고를 당해 장애인이 됐다. 전업주부였던 어머니는 세 자녀 포함 5명 가족의 생계를 위해 잡일을 시작했다. 우수한 학생이었던 롤라는 **바칼로레아**에 합격하고 일러스트레이터가 되고자 5년 동안 열심히 공부했다. 하지만 석사학위를 받자 꿈은 산산조각이 났다. 그녀가 취업연수를 했던 회사는 그녀를 고용할 돈이 없었다. 그녀는 3년 동안 미친 듯이 직장을 찾았다.

"3년 동안 매일 10통씩 이력서를 보냈습니다. 구직센터 직원들은 내가 게으른 것 같다고 합니다. 하지만 저는 제가 5년 동안 공부한 분야에서 일자리를 찾느라 최선을 다했어요. 그 당시 사람들은 그게 가능하다고 말했고, 저도 끈을 놓고 싶지 않아요. 5년씩이나 공부를 해놓고도 맥도날드 아르바이터로 살아야 한다고 생각하면 너무나 속상합니다."

그녀는 공부한 분야에서 일하겠다는 희망을 버리지 않고 있으며, 그럴 수만 있다면 많은 걸 감수할 생각이다. 몇 달 전 그녀는 노동시장에의 진입을 위해 북아프리카 느낌이 나는 자신의 이름을 바꾸기로 결심했다.

"예전 이름으로 지원 메일을 보내면, 3분도 되지 않아 '유감입니다'라는 답변이 돌아옵니다. 사람들이 내 지원서를 제대로 읽어보지도 않는다는 이야기죠. 그래서 기회를 넓히기 위해 제 신분증과 이력서에 이름을 롤라라고 씁니다."

그녀는 자기 능력에 맞는 일자리를 찾으려고 이토록 노력하지만, 그 대가가 크다. 몇 년 전부터 그녀는 최저임금을 받는 남자친구와 살고 있다. 두 사람은 파리 지역의 작은 아파트에서 남자친구의 월급으로 살아간다.

"휴가도 안 가고, 외식도 안 하고, 외출도 안 하면서 살아요. 파스타만 먹으면서요. 결국 가구를 팔았어요."

그녀는 눈물을 흘렸다.

"미안, 미안해요. 힘들어요. 누군가에게 이런 이야기를 하는 게 힘드네요."

"힘들면 좀 쉬었다가 이야기하세요. 그래도 괜찮아요."

"아닙니다. 계속해요. 단지…좀 부끄러울 뿐이에요."

"뭐가 부끄럽다는 거예요?"

"직장을 구하지 못하는 제 상황이요."

청년들을 게으르다고 비난하는 사람들은, 롤라를 한 번도 만난 적이 없을 것이다. 그런 사람들은 이토록 절망적인 상황 속에서 힘들게 삶을 지탱하고 있는 이 청년들과 대화해본 적이 없을 것이다. 점점 퍽퍽해지는 노동시장과 불안해지는 일자리, 이런 현실을 받아들일 수밖에 없고 그래서 미래를 계획할 수 없는 이 청년들의 목소리를 들어본 적이 있을까? **과연, 길을 건너기만 하면 이 청년들을 위한 일자리가 널렸을까?**[99] 미래에 대한 계획은 더 먼 이야기다. 2022년 프랑스에서는 운이 좋은 가정에서 태어난 이들에게만, 삶이 미소 짓기 때문이다.

자격보다 상속

연이어 등장한 프랑스 정부는 '기회의 평등'을 외쳐왔다. 하지만, 청년들이 성공을 거둘 기회는 과연 존재하는가? 청년들은 부자들에게 특권을 주기 위해 다른 이들을 희생시키는 프랑스 사회의 주요한 패배자가 되고 있다.

학교, 그리고 불평등의 대중화?

2022년 가을 새 학기가 시작될 무렵, 주요 주제는 학생 수에 비해 교사가 부족하다는 것이었다. 교육부는 여름에 적극적으로 나서 임용고시에서 4,000개 이상의 자리가 채워지지 않았으므로 **계약직 교사(2015~2021년 14.5%에서 22%로 증가했다)**[100]를 모집해야 한다고 발표했다. 즉 '설득하는 데 20분'[101] 등의 방송처럼 '잡데이팅즈'[102] 행사를 하거나 지역 언론에 광고를 내거나 4일 동안 교육해서 학생들을 가르치게 한다는 것이었다. 이렇게 교육 시스템은 매년 악화되고, 그 피해는 고스란히 청년세대에게 돌아간다.

몽테뉴 연구소에 의하면, 청년들의 41%는 학업을 지속하는 데 어려움을 느끼고, 28%는 자신의 진로선택에 만족하지 못한다.[103] 교육 수준이 낮을수록 당연히 고충이 커진다. 대학에 가지 못한 청년들 중 55%는 공부는 쓸모없다고 생각해 공부에서 더욱 멀어진다. 교육 시스템에 대한 불신이 극에 달해 있는 것이다. 2016년의 한 연구는 청년들의 68%가 프랑스의 교육 시스템은 '모두에게 기회를 주지는 않는다'라고 믿고 있으며, 87%는 이 시스템이 노동시장에 진입하는 데 비효율적이라고 판단한다는 것을 보여준다.[104]

1960년대부터 학생들의 숫자는 8배로 늘어났다.[105] 사회학자들은 이를 '학교의 대중화'라고 부른다. 2014~2015년 기준, 교육의 혜택을 전혀 받지 못했거나 졸업장이 없는 부모를 둔 25~44세 인구의 25% 이상이 고등교육학위를 가지고 있었다.[106] 이렇게, 학교의 대중화는 성공했다. 반면, 학교의 민주화에는 한계가 있었다. 빈곤층 청소년들의 고등학교 진학률은 42%로, 중위층 이상 청소년들(85%)의 절반에 못 미친다.[107]

사회학자 야엘 암셀 렘-맹귀와 로랑 라르되가 『실망한 세대』에서 지적했듯,[108] 부모의 경제적·사회적 지위는 자녀의 학업에 큰 영향을 미친다. 자유직, 학술직 등 고학력 전문직 노동자의 자녀들은 21세까지 학업을 지속하는 비율이 70%에 달하는 반면, 농민이나 비숙련 노동자의 자녀들은 각각 23%, 24%에 그쳤다. 이런 불평등은 석사과정 입학률을 보면 더욱 두드러진다. 경제 상위 10% 가정의 청년들 중 1/3 이상이 석사과정에 입학하는 반면, 경제 하위 70% 가정의 청년들의 경우 10% 미만인 것으로 나타났다.[109]

OECD(경제협력개발기구)의 분류에 따르면,[110] 프랑스에서는 10년 사이에 학력 불평등이 크게 심화됐다.[111] 이미 프랑스는 사회적 계층과 학업 간 상관관계가 매우 높은, 학력 불평등 국가로 분류돼 있었다. 그리고 2016년 Cnesco(Le Centre national d'étude des systèmes scolaires, 국립학교 시스템 연구센터)가 작성한 교육 불평등 관련 보고서가 이 학력 불평등을 더욱 확실하게 공인했다. 이 보고서의 저자들은, 학교는 가정의 불평등을 계승 및 심화해 성적, 진로, 학위, 취업에 이르기까지 계층 간 격차를 키운다고 주장한다. 경제 최하위층 학생들 중 고등교육 학위를 받은 이들은 18%에 불과한 반면, 기득권층 학생들은 68%로 약 4배에 달하는 격차를 보여줬다. 이런 격차는 나도 몸소 확인한 바다. 대학에 다니는 동안, 나는 물질적 빈곤으로 인해 고립돼갔다. 내가 졸업했을 때, 파리의 국제법 석사학위 수여자는 다섯 손가락으로 셀 수 있을 정도였다.

어려운 청년들의 이야기를 들어봤으니, 그 반대의 경우도 들어볼 차례다. 나는 〈르 방 스 레브(Le vent se lève)〉라는 미디어에서 만난 피에르가 떠올랐다. 당시 나는 파리에 도착해 전용 13제곱미터(약 4평)의 조악한 아파트에 살고 있었다. 어느 저녁, 피에르와 대화를 나누고 있었다. 그는 대수롭지 않다는 듯 "얼마 전에 아버지가 파리에 아파트를 한 채 사줬다"라고 말했다. 나는 깜짝 놀랐다. 내가 그에게 인터뷰를 제안하자, 그는 내 의도를 알아차리고 놀리듯 말했다. "네 책에서 부르주아 역할을 해야 하는 거야? 네 부탁이니까 들어줄게."

피에르는 순탄하게 살아왔다. 부모가 보유한 상당한 경제적, 문화적 자본의 혜택을 충분히 누린, 상류층 청년의 삶이다. 노르망디 출신 엔지니어의 아들인 그는 르발루아-프레에서 자라났다. 그가 자연계 **바칼로레아**에 합격하자, 그의 부모는 정치대학 입학을 위한 사립 준비반을 1년 동안 지원해줬다. 그는 그르노블 정치대학에 합격해 5년 동안 공부했는데, 아르바이트도, 돈 걱정도 그에게는 먼 이야기였다. 그는 이런 경제적 여유가

준 이점을 명확하게 설명했다.

"나는 항상 함께 일하는 사람들에게서 깊은 인상을 받았습니다. 그들을 보며, 공부와 일을 문제없이 병행할 수 있다는 건 정말 대단한 일이라고 생각했지요. 나는 특별히 파티를 좋아하는 사람이 아니어서, 공부와 병행해 클럽 활동도 하고 정치 활동도 할 수 있었죠. 아르바이트를 하지 않아도 됐기 때문에 두뇌활동을 할 시간을 더 많이 가질 수 있었고, 많은 주제에 관한 참고자료도 수집할 수 있었습니다. 1학년 때 정치대학에서 세미나를 주도해 주목받을 수도 있었죠."

피에르는 부모의 지원 덕택에, 그가 선택한 길인 환경운동에 어렵지 않게 뛰어들 수 있었다. 그는 정치대학 졸업 후, 1년 동안 미디어 〈르 방 스 레브〉에서 자원봉사자로 활동했고, 이 경험을 통해 인맥을 구축하고 기술을 획득하는 한편 환경지리에 관한 책도 썼다. 지금 그는 컨설턴트로 일하며, 얼마 전 설립한 회사에 큰 희망을 걸고 있다. 그라고 해서 어려움이 전혀 없진 않았겠지만, 적어도 자신이 선택한 길에서 큰 위협이나 제약을 느낀 적은 없었다.

"프로젝트를 시작하고 몹시 힘들 때, 문제가 생겼을 때도 있었지만, 부모님이라는 든든한 후원자 덕택에 두려웠던 적은 없었습니다."

앞서 예를 든 어려운 형편의 청년들과, 피에르의 상황은 얼마나 다른가! 공화주의적 능력주의를 공공연하게 숭배하는 학교는 실상 불평등의 재생산 기관이다. 학업을 마친 청년의 생활은 부모의 직업과 직결된다. **비숙련 노동자의 자녀 중 대부분은 월 소득이 1,000유로 미만이다. 이들은 전체 인구의 16%에 속하지만, 월 1000유로 미만 소득자의 27%에 달한다. 반면, 전체 인구의 13%에 불과한 기득권층 청년들은 월 5,500유로 이상 소득자의 47%를 차지한다.**[112]

그러므로, 청년들에게 "몸을 움직이기만 하면 된다", "뜻이 있는 곳에 길이 있다" 등의 말을 하는 것은 얼마나 비현실적이고 또 폭력적인가? 모두에게 평등한 기회를 줘야 할 학교가, 실상은 불평등의 재생산 기관이라는 현실을 망각 내지는 기만하는 발언인 것이다.[113] 게다가 사교육 붐, 특히 고등교육 붐을 보면 우리는 아직도 많은 문제를 안고 있다는 사실을 부정할 수 없다.

학교: 불평등의 재생산, 심화기관

국가교육과 고등교육은 솔직히 최근 수십 년 동안 정치적 우선순위가 아니었다. 초등교육이든, 중등교육이든, 아니면 고등교육이든 모든 공공 교육기관에서의 교육조건은 서서히 악화됐다. 2021년 연구원인 조르주 포티노, 정신과 의사인 호세 마리오 호렌스타인이 공동수행한 연구[114]에 따르면, 10개 교육기관의 책임자 10명 중 9명이 중학교와 고등학교의 노동조건이 크게 악화됐다고 했다. 같은 해 발간된 상원 보고서[115]도 '과밀학급'을 강조하며 교사들의 노동조건이 매우 악화됐다고 지적했다. 2022년 9월 새 학기가 시작될 때 4,000명의 교사가 충원되지 않았다는 사실이 모든 상황을 잘 말해준다. 공립 교육기관의 근무 조건이 좋다면, 교육부의 교원임용경쟁시험 지원자들은 늘어날 것이다.

이렇게 공립이 우는 가운데, 사립은 웃고 있다. 공립 교육기관의 포화상태를 목격한 많은 부모들이, 점점 사립 교육기관으로 눈을 돌리기 때문이다. 사립 교육기관에서의 학비는 어떨까? 바칼로레아 전까지는 그렇게 비싸지 않지만, 고등교육기관에 들어가면 폭발적으로 늘어난다. 그럼에도, 사립 고등교육기관 등록자 수는 계속 늘고 있다. 2022년 9월, 처음으로 300만 명이라는 벽을 넘어섰다.[116] 이 학생들을 교육하는 사립 교육기관은 고등교육기관의 25%를 차지한다. 적지 않은 학비 차이에도 불구하고 2020~2021년 이 학생들은 10% 늘었다. **반면, 국립대학 학생들은 0.4% 증가에 그쳤다. 국립대학 학사과정 3년을 밟는 학생은 매년 170유로만 내면 된다. 반면, 사립 고등교육기관의 경우 수업료로 최소 7,000유로에서 최대 1만 2,000유로까지 필요하다.**[117]

나도 준비반을 마치고 비즈니스 스쿨로 가는 흐름을 따를까 생각한 적이 있다. 하지만 등록금만 최소 1만 유로, 학교에 따라 3만 유로까지 든다는 걸 알고는 포기할 수밖에 없었다. 더구나 비즈니스 스쿨은 이제 대부분 사립화됐다. 따라서 높은 등록금을 지불할 수 없는 학생들은 높은 연봉을 기대할 수 없게 됐다. **비즈니스 스쿨 출신의 언론인 모리스 미드나는, 이런 유형의 사립 고등교육기관 학생들을 조사했다.**[118] 그리고 내게 다음과 같이 설명했다.

"이 비즈니스 스쿨에는 사회적 기준에 따라 장학금을 받는 학생이 그다지 많지 않습니다. **고등교육기관의 경우 전체 학생의 37%가 이 장학금 수혜자인 반면, 비즈니스 스쿨에서 이 장학금을 받는 학생은 12%에 불과합니다.**[119] 가장 높은 단계의 장학금 수혜자, 즉 저소득층 학생은 이 비즈니스 스쿨 재학생의 4% 미만입니다. 고등교육기관 전체 학생들의 1/3에 불과한 셈이지요."

프랑스의 사립 고등교육은 코로나 팬데믹 전까지 10년 동안 지속적으로 증가했다. 그리고 2020년 44억 유로의 수익[120]을 냄으로써 투자펀드의 관심을 불러일으킨다. 이 투자펀드는 수단과 방법을 가리지 않고 사립 고등교육기관의 정원과 함께 수익을 올려, 팬데믹 이전 수준을 회복할 것이다. 현재도 1/5이 사립 고등교육기관에 입학하고 있다. 그리고 사립 선호 추세를 볼 때, 앞으로 10년 이내에 학생의 1/3 이상이 사립 고등교육기관에 들어가게 될 것이다.[121] 결과적으로, 프랑스의 교육 불평등은 미국 수준이 될 것이다. 부유층의 사교육과, 서민층과 빈곤층의 공교육으로 명백하게 갈리는 것이다.

사회적 불평등 재생산의 또 다른 요인으로, 개인 교습을 빼놓을 수 없다. **학급의 규모와 관련된 다양한 연구결과는 공통적으로, 교육의 질을 위해 학급 규모를 줄여야 한다는 합의에 이른다.**[122] 하물며, 학생에게 개인 교사는 상당한 이점이 아닐 수 없다. **세르피(Xerfi) 연구소**[123]에 따르면 팬데믹 위기 이전의 사교육 시장은 2013년 이후 연평균 5% 성장했다. 이 경제는 거래의 85%가 신고되지 않은 지하경제로 추정된다. **따라서, 정확한 매출액은 파악하기 어렵지만 최소 15억에서 최대 20억 유로로 추산된다!**[124]

전략분석센터가 2013년 보고서에서 개인 교사 의존도와 학생의 경제적 상황을 연관시킨 것은 전혀 놀라운 일이 아니다. **자유직과 기업 간부층, 개인 사업자들 중 약 13%가 자녀를 위해 개인 교사를 고용한다. 반면, 농민의 경우 개인 교사 고용률이 약 6%에 그쳤다.**[125] 교육과 인턴십에 접근할 기회가 이처럼 점점 더 벌어지기 때문에, 현재 청년들은 이전 세대에 비해서도 훨씬 더 불평등한 상황에 처해 있다. 그러나, 세대 간 격차가 가장 큰 분야는 역시 부동산이다.

기성세대가 점령한 부동산 제국

나는 파리에서 부동산 때문에 어려움을 겪었고 지금도 겪고 있다. 2017년, 나는 살 집을 구하고자 수도인 파리로 올라왔는데, 확실한 보증인이 있었음에도 집을 구하는 건 고난의 연속이었다. 오늘날 대도시에서는 25년 장기융자를 받는다고 해도, 전용면적 20㎡(약 6평)짜리 집을 사는 게 불가능하다. 나는 충분한 현금이 없고, 부동산 시장은 포화상태이기 때문이다. 나는 내 분야에서 일자리를 찾아 도시로 왔지만, 그곳에서 집을 살 수는 없다.

프랑스의 부동산 상황은 긴장된 상태다. 프랑스 가구의 3.5%가 최소한 5채의 아파트와 공영주택의 절반을 소유하고 있다. 이것은 다주택자에게 집을 빌리게 될 가능성이 50%라는 의미다. 국립통계경제연구소는 '부동산 축적'에 대해 말한다. 이 부동산 부자들의 약 70%가 50세 이상이다. 2021년 기준, 다주택자 중 45%가 60세 이상이며, 50대까지 포함하면 70%에 달한다. 이들 베이비붐 세대는, 1965~1995년 부동산 가격 하락, 완전고용, 저금리 등 부동산 투자의 이점을 고루 누렸다. 그들은 나처럼 사회초년생일 때도 소형 아파트를 살 수 있었다. 하지만, 현재의 청년들에게는 불가능하다. 이전의 부동산 인플레이션은 '베이비붐' 세대에게는 혜택이 된 반면, 현재의 30세 이하 청년들에게는 재앙이 됐다.

1995~1970년 역사적인 부동산 붐 시절에 청년이었던 이들, 현재의 50세 이상 세대는 부동산 덕택에 부유해질 수 있었다. 부동산 플랫폼 슬로제(Seloger)에 따르면, 1995~2000년 아파트 가격이 프랑스에서는 3배, 파리에서는 5배로 뛰었다! 결국, 현금 없이는 부동산을 취득할 수 없게 됐다. 렌에 살다가 잠시 파리에서 인턴십 중인 법대생 아누크(가명, 23세)는 집 때문에 겪은 일을 이야기했다.

"저는 친한 친구 집에 얹혀살아요. 그와 나는 주방도 없고, 화장실도 공용인 11㎡(3평이 약간 넘는 면적)짜리 하녀방을 함께 씁니다. 파리는 원래 이런 곳이니까요. 렌에 있는 아파트 월세를 계속 내야 하니, 이중으로 월세 부담을 질 필요 없이 친구 집에서 이렇게 얹혀살 수 있다는 건 정말 큰 행운이죠!"

평범한 노동자인 그녀의 부모는, 그녀와 동생의 학비를 내기 위해 대출을 받았다. "부모님은 우리에게 더 나은 생활여건을 주시려고 엄청난 출혈을 하셨어요. 대출에 가불에, 친척들에게 돈도 빌리고… 하지만 동생과 저는, 현실을 깨달았어요. 우리는 부모님만큼도 살 수 없다는 사실을요. 1㎡당 3,500유로나 올라버린 집을 어떻게 살까요? 평범한 노동자 부부로서는 어림없는 일이죠."

20세 학생 니콜라는 경제적 불평등의 근원은 부동산이라고 생각한다. 그는 이 문제에 대해 열을 올리며 말했다. "월급만 빼고 다 올랐어요. 그러니, 25년 동안이나 빚을 지고도 집을 살 수 없지요. 이 판에서 승자는 정해져 있어요. 집값이 쌀 때 사놓은 사람들이죠."

그 결과는? 놀랍지 않다. **2013년 현재 청년세대의 약 절반(46%)이 부모 집에서 살고 있으며,**[126] 이 수치는 매년 늘고 있다.

상속자들의 세상

부동산 가격의 상승은, 부동산 보유자들의 상속재산을 늘렸다. **경제분석 위원회의 보고서에 따르면,**[127] 프랑스는 또다시 상속자들의 세상이 됐다. "총자산에서 상속재산의 비율은 1970년대 초에는 35%였으나, 현재 60%에 달한다." **2022년 1월 방영된 〈프랑스5〉 TV의 한 방송프로그램**[128]에서, 이 보고서의 공저자인 경제학자 클레망 데르베쿠르(Clément Dherbécourt)는 "40여 년 전부터 프랑스에서는 상속재산이 소득보다 훨씬 더 빨리 증가하고 있다"라고 말했다. 데르베쿠르의 주장에 따르면, 영광의 30년 때는 노동자들도 부동산을 소유할 수 있었으나, 현재는 자본가와 상속자들이 독점하는 사회로 퇴보하고 있다.

경제 전문 기자 프랑수아 드 클로제(François de Closets)는 저서 『매우 예외적인 세대, 베이미부머』(Fayard, 2022년)에서 매우 불평등한 상속재산의 소유가 1975~2010년 권력을 잡았던(그리고 아직도 잡고 있는) 세대의 정책이 빚은 결과라고 지적했다. 그에 따르면, 1980년부터 경제 정책은 지대(地代)와 기존 상황 유지 위주로 즉 기성세대를 위해 추진됐으며, 청년세대를 위한 프로젝트에 필요한 자금은 없다는 것이다. 따라서, 세대 간 신진대사(루이 쇼벨의 표현)가 더 이상 이뤄지지 않고 있다. 권력을 쥔 세대는 다음 세대를 전혀 생각하지 않고, 자원을 자신들이 독점해왔다.

그 결과, **1986년에는 30대의 총 평균자산이 70세 이상 평균자산의 45%였던 반면, 2015년에는 1/3에 그쳤다.**[129] 이는 매우 심각한 상황이다. 결국, 청년들이 자수성가할 가능성은 사라진다. 자신의 능력과 노력으로 성취할 가능성이 점점 줄어드는 것이다. 상속받을 유산이 있는 부유층 청년들 외에는 너무 힘들어지는 것이다. 이런 상황 속에서, 국가가 해야 할 일은 격차를 줄이기 위해 재분배를 하는 것이다. 하지만, 국가가 과연 이 역할을 제대로 해낼 수 있을까?

청년이 빠진 청년 정책

1968년 5월, 프랑수아 미테랑은 이렇게 말한다. **"청년들이 항상 옳지는 않습니다. 하지만, 그들을 무시하고 비난하는 것은 항상 잘못된 것입니다."**[130] 오늘날의 정치는 청년들을 사회의 타격으로부터 보호하지 못하고 있다. 그럼에도 청년세대는 중요한 정치적 주제다. 선거기간이면, 후보들은 "나야말로 청년세대의 문제를 해결할 적임자"라고 주장한다. 유행을 따라 쿨한 방법으로 청년들과 소통하려다가 실패한 이들, 청년세대 프로젝트로 이름만 알리려던 이들도 많다.

『청년세대 정책을 위해』[131]의 저자 카미유 푀니는 의무교육 기간을 1년

늦추고 유스호스텔 조직을 발전시킨 인민전선 정당연합과 한 고등판무관을 청소년과 스포츠부 장관에 임명한 드골 정권, 혹은 1981년 5월 10일 선거일에 '청년들의 힘'을 찬양한 프랑수아 미테랑을 인용한다. 청년세대는 흔히 주요 담론의 중심에 자리하는 '핵심적인 정치적 대상'이지만, 정작 그들을 지원하는 개혁조치는 대단히 미흡하다. 청년세대에게 유리한 정책을 시행한 대통령이 있었을까? 없다.

지난 20년, 청년세대는 고통의 감내자였다. 대통령들은 흔적도 희미해진 낡은 정책을, 나름 효율적이라고 생각하는 대책으로 꿰매 '개혁'이라며 내세운다. **푀니에 따르면, 대통령들은 청년들을 부모에게 의존하는 어린 아이로 취급할 뿐, 어떤 지침도 없이 매우 비효율적이고 간헐적으로 개혁하는 시늉만 낸다.**[132]

영원히 미성년자인 청년들

이것은 프랑스 청년 정책의 큰 역설 중 하나다. 프랑스에서 자신의 행동에 형사적 책임을 지는 연령은 13세부터다. 16세부터는 시민 생활(협회, 작업 등)에 참여할 수 있고, 18세부터는 투표를 할 수가 있다. 그러나, 그들이 혜택을 받을 수 있는 지원(주택수당, 학생장학금 등)은 대부분 그들의 가족을 통해서 이뤄진다. **25세가 되지 않은 청년들은 RSA도 받을 수 없다.**[133] 그 어떤 대통령도 이 비정상적인 상황에 종지부를 찍어야 한다고 판단하지 않았다. 1988년 **최저통합수당이 도입됐을 때와 똑같은 주장이 펼쳐졌다. "젊은 것들은 노는 것만 생각하기 때문에 돈을 오락에 써버릴 것이고, 부모의 재정지원을 받으며(자녀가 없을 경우), 경로를 따라가기만 하면 지원을 받을 수 있다"라는 주장이다.**[134]

완전한 시민으로 대우받지 못하는 청년들에게는, 우호적인 가족관계가 중요하다. 마에바(가명, 22세)의 경우를 보자. 스트라스부르 출신인 그녀는 고등학교를 졸업하고 준비반에 들어가 국제관계학을 공부했다. 문제는 그녀가 '복잡한' 가족 출신이라는 사실이다. 마에바의 아버지는 그녀가 어렸을 때 가족을 버렸고, 지금 외국에 산다. 마에바의 어머니는 수입이 괜찮은 남자와 재혼했는데, 어머니의 새 남편, 그러니까 마에바의 새아버지가 가정에서 경제권을 쥐고 있다. 문제는, 마에바는 새아버지와의 관계가 좋지 않다. 그래서 그녀는 오랫동안 새아버지에게 필요한 돈을 받지 못했다. 마에바는 여러 번 대학생활지원센터에 서류를 제출했지만, 사회복지사는 매번 "너무 급한 업무가 있다."라며 그녀를 '우선순위'로 고려하지 않았다(지금은 부모와 절연한 대학생들을 위한 절차가 존재한다).

"사회복지사는 항상 이렇게 말했어요. '자동차에서 자는 학생들이 얼마나 많은데. 하지만 학생은 새아버지가 있잖아?' 마치 모든 사람에게 경제력과 책임감을 갖춘 부모가 있다는 가정 하에 제도를 만든 것 같아요. 제 생활이 새아버지에게 달려있다고 생각하니, 정말 힘들어요. 그래서 항상 스트레스를 받았습니다."

학업과 아르바이트를 병행하던 마에바는, 돈 버는 데 집중하고자 1년 휴학했다가 다시 공부를 시작했다. 그러나 너무 힘들어서 석사과정 2년째에 학업을 중단했다. 몇 달 후, 그녀는 우울증에 빠졌다. 마에바는 지금 '음식 관련 일'을 하고 있다. 그녀는 만일 공공기관에서 도움을 줬다면 졸업할 수 있었을 것이라고 생각한다. 이런 공공정책의 비전은 청년세대의 부모에 대한 의존과 사회계층 간 불평등을 강화한다. 에마뉘엘 마크롱의 정책은 이런 문제를 해결하지 못했다.

청년들을 실망시킨 마크롱

에마뉘엘 마크롱이 대통령에 취임하던 나이는 39세, 그는 프랑스의 최연소 대통령이 됐다. 청년세대는 이 젊은 대통령이, 젊은 그들의 문제를 이해하고 1980년대 이래 변화가 없던 공공 청년 정책을 개혁해주리라는 기대를 가졌다. 그리고 기대했던 만큼, 청년들은 마크롱에게 실망했다. 마크롱은 전임 대통령들에 비해 특별히 나쁘지는 않았지만, 그렇다고 좋은 대통령도 아니었다. 내가 저널리스트로서 시행한 이 사례연구를 통해 보여주고 싶은 것은, 약속과 효율적인 정책 간 격차로 인한 피해다. 이 격차는 청년들이 선거에 기권한 비율의 증가와 무관하지 않다. 청년들 중 다수가 정치에 실망했기 때문이다.

우선, 균등한 기회를 제공하는 플랫폼 '파르쿠르쉬프(Parcoursup)'를 구축하겠다고 약속받은 고등학생들은 실망했다. 이 시스템에 관한 상원 보고서에 따르면, '학생 지원 시스템에 결함이 있다. 담임교사의 85%와 교장의 65%는 지도업무를 수행하기 위한 특별교육을 단 한 시간도 받은 적이 없다.' 앙제 법대의 교육담당 부학장인 경제학자 다비드 카일라는 말한다. "이 개혁은 대학에 대한 투자 부족, 2000년 베이비붐 세대의 도래와 관련된 자리 부족 현상을 고려하지 않는다. '파르쿠르쉬프'는 학생들을 분류함으로써 가장 취약한 대학입학자격 취득자들, 특히 노동계급 출신들이 고등교육에 접근하지 못하도록 막는다."

결국 그 효과를 평가할 책임이 있는 남녀 상원의원들의 고백에 따르면, 이 개혁은 '고등학교 간의 불평등을 증가시킬' 위험이 있다. 놀라운 일이다. **"장학금을 개혁하고 6만 채의 건물을 신축해 학생 주택을 100% 개조하겠다"라는**[135] CROUS(대학생활 지원센터)[136]**의 약속을 믿었던 대학생들도 실망했다. 하지만 안타깝게도 정부는 전혀 다른 생각을 하고 있다. 그것은**

대학생 1인당 국가 예산 지출을 계속 줄이고[137] '대학의 체계적 변모'를 준비하는 것(세속적이며 의무적인 학교의 나라에서 대학을 유료화하는 것)[138]이다. 청년세대에게 매우 중요한 주택지원금은 평균 7% 감소했다. 게다가 노동자들과 농촌지역민들이 선호하는 학위인 DUT(기술전문대학 수료증, 2년제)를 BUT(기술대학 수료증, 3년제)로 바꾸는 정책은, 수업연한을 1년 늘림으로써 학비 부담을 높였다.

'한 명의 청년에게 한 가지 해결책' 플랜에 참여한 수습생과 교육생, 시민서비스 노동자들도 실망했다. **2년 뒤 감사원은 이 플랜이 '보이지 않는' 청년들, 즉 각 기관의 시야에서 벗어난 청년들을 배제했기 때문에 '불평등한' 결과를 초래했다고 평가한다.**[139] 수습생 고용 시 최저임금 지급도 의무화하지 않았다. 그 결과, 수습생은 미성년자일 경우 최저임금의 27~57%, 성인일 경우 43~78%의 임금을 받고 일한다. 전문화 계약을 맺은 청년들에게도 마찬가지다. 노동조건과 보상조건이 개선되지 않은 시민 서비스 노동자들에게도 같은 요율이 적용돼, 이들은 풀타임으로 일하고도 월 580유로를 받는다! **플로랑스 이아다벤**[140]은 〈메디아파르(Mediapart)〉와의 인터뷰에서 "이것은 낮은 비용으로 공공부문과 협회부문의 요구를 충족시키는 동시에, 청년들을 위한 일이기도 합니다."

결론은, "일자리가 창출되기는 했지만, 매우 위태롭고 불안한 일자리"라는 것이다. 감사원은 '긍정적인 파급효과', 특히 수습생 수의 증가를 강조한다. 이 플랜, '청년세대를 위한' 플랜은 결국 기업을 위한 것이다. 최대 승자는 다름 아닌 기업이다. 저렴한, 심지어 어떤 경우에는 무료 노동력의 혜택을 누리는 기업. 이 플랜을 유지하는 비용(97억 유로로 추정)과 낮은 파급효과를 감안하면, 결국 이 플랜은 청년들에게 그 어떤 해결책도 제공하지 못했다.

마지막으로 가장 크게 실망한 사람은 불안정한 노동자들이다. **일자리를 잃는 순간, 그들은 실업급여를 받으려면 최소 4개월이 아닌 6개월을 일해야 한다는 사실을 알게 됐다.**[141] 특정 기간 계약은 6개월 미만인 경우가 많다. 즉, 실업급여를 받기 어렵다. 프랑스 실업 보험사, 다비드 카일라는 **2012년 최소 16만 명의 청년들이 평균 5개월 늦게 권리를 누리기 시작할 것이라고 전망했다.**[142]

에마뉘엘 마크롱은 청년 정책의 기념비에 족적을 남기길 원했지만, 그의 개혁과 긴급조치는 근본적 문제를 파악해 상황을 개선하는 데는 실패했다. 일례로, 문화패스를 보자. **연령에 따라 가격 차등을 두는 문화 수표를 15~18세 청소년들에게 제공해, 그들이 문화콘텐츠를 누릴 수 있도록 경제적으로 지원하는 조처. 여기에는 연간 2억 유로가 넘는 막대한 예산**[143]**이 투입된다.** 그러나 우리는 청년들의 어려운 현실을 문화패스로 호도한다며 정부를 비난할 수 있을 것이다. 그래서 다비드 카일라는 "문화패스는 청소년들이 문화콘텐츠를 누릴 수 있게 지원하는 제도라기보다는, 문화기업에 주는 보조금"이라고 지적한다.

SNU(la Service Nationale Universel, 국가 일반 봉사)[144]도 고용을 향한 발판이 되기에는 기간도 짧고 제한적이다. 이렇게 청년 정책이라는 명목으로 상당한 액수의 공공지출을 했지만, 실상 청년들의 고충을 해소했다고 보기에는 어렵다. 청년들을 힘들게 하는 구조적 문제를 파악하지 못했고, 따라서 목표도 정확하지 않기 때문이다. 이렇게, 공권력은 사회적 불평등의 심화와 교육 및 인턴십 수준의 저하를 막지 못한다. 따라서, 일부 청년들은 시스템을 우회하려고 한다. 그리고, 청년들은 온갖 성공의 신기루를 찾아 인터넷으로 눈을 돌린다.

인터넷, 청년세대의 피난처이자 덫

정치적, 경제적, 사회적으로 암담한 상황에 빠진 청년들은, '시스템 해킹'에서 출구를 찾을지 모른다. 이런 관점에서, 노동시장과 직접 관계를 맺지 않고 자본주의적 성공을 거둔 스트리머와 인스타그래머, 유튜버, 틱톡커 등이 청년들의 '스타'라는 사실은 놀랍지 않다. 이는 세대 간 분열의 또 다른 예다. 청년들은 인터넷을 통해 꿈을 꿀 권리와 고유의 정체성을 요구한다. 그들은 기성세대는 이해하기 어려운 새로운 성공 코드를 만들어 낸다.

웹, 능력주의의 새로운 엘도라도

SNS는 일부 청년들의 더 나은 삶을 도와주며, 자유롭다. 자신이 원할 때 시작하면 된다. 인스타그램, 트위터, 스냅챗, 틱톡, 유튜브, 트위치 등 네트워크에서는 몇 명의 청년들이 영향력 피라미드의 꼭대기에 올랐다.

레아 위리는 이런 현상을 완벽하게 구현한다. 학교에서 왕따를 당하던 그녀는 16세 때 지금은 틱톡이 된 '뮤지켈리' 애플리케이션에 동양 춤 영상을 올려 자신의 존재를 알렸다. 1분이 되지 않는 세로 포맷 동영상에서 그녀는 춤을 춘다. 그녀는 더 유머러스한 포맷과 뷰티 튜토리얼로 뮤지털리(musical.ly)라는 어플에 동영상을 올리다가를 하다가 인스타그램을 시작했다. 인스타그램에서 팔로워가 폭증했다. 몇 년 만에 그녀는 프랑스에서 팔로워가 가장 많은 인플루언서가 됐다(인스타그램은 팔로워가 1,100만 명이고 틱톡은 팔로워가 1,700만 명에 이른다). 레아는 로레알 등 유명 브랜드와 계약을 맺었고, 21세에 지방시의 조언자가 됐으며, 〈TF1〉 방송의 〈스타들과 함께 춤을〉에서도 출연 제안을 받았다. 많은 청년들에게 그녀는 우상이고 모델이다. 수많은 청년들이 성공을 열망하며 SNS에 게시물을 올린다.

미슈라는 별명을 가진 미구엘 마티올리는 14세에 SNS에서 슈퍼스타가 됐다. 프랑스의 피카르디 지방 출신인 그는 형의 권유에 따라 비디오 게임 동영상을 유튜브에 올리기 시작했다. 그가 21세가 됐을 때 인스타그램 구독자는 400만 명, 틱톡과 유튜브 구독자는 700만 명을 넘어섰다. 프랑스의 작은 인플루언서 세계에서 이 숫자는 엄청나다. 그가 성공을 거둔 것은 〈우에스트-프랑스〉와의 인터뷰에서 밝혔듯,[145] 순전히 자신의 노력 덕택이다.

"3~4년 동안 동영상만 만들었더니 구독자 수가 크게 늘어난 거지요." 그는 온라인 영상물 제작 대기업 웹디아(Webedia)와 계약했고, 2022년 기준 5,500만 회 이상 조회된 '피에르' 동영상 같은 능력주의 스토리를 제작하고 있다. "쉬운 일은 아니었어요. 정말 고생했죠. (...) 여러분, 저는 뼈가 부서지도록 노력했습니다." 미슈는 매일 SNS에서 구독자들에게 노력을 강조한다. 그러면 강력한 동일화 현상이 일어난다. 그것은, 그처럼 열심히 하면 모두 성공할 수 있다는 메시지다.

또한 2019년부터 눈부시게 성장한 레나 시튀아시옹 채널이 있다. 라이프스타일과 패션 전문가인 레나는 현재 유명 패션매거진의 표지를 장식하며 뉴욕에서 열린 메트 갈라에 초대된 최초의 프랑스인 인플루언서다. 2022년 기준 약 40만 부 팔린 레나의 책[146]을 비롯해, 그녀의 손에 닿으면 다 황금으로 변한다.

레나 역시 자신의 성공 스토리를 관리한다. 예를 들면 동영상을 만드는 자신의 모습을 연출하고, 종일 일하느라 피곤하다며 능력주의적 성공의 완벽한 신화를 구축하고 있다. "뿌려놓은 씨앗이 하나씩 꽃을 피우는 것 같아요." 그녀는 화면에 크게 쓰여 있는 다음 문장으로 끝을 맺는다. '불가능은 없다.'

그녀를 비난하는 사람들도 생겼다. 2020년 11월, 작가 프레데리크 베그베데르는 〈르 피가로〉에 레나를 공격하는 글을 썼다.[147] "레나 시튀아시옹은 존재와 무라는 2가지 옵션 중 두 번째를 택했다." 이 소설가는 자신이 비난하는 대상이, 그저 '라이프스타일'에 대해 조언하는 22세 여성이라는 사실을 잊은 듯하다. 레나는 청년세대의 성공모델이다. 청년들이 절망에 빠진 경기침체 속에서 레나 시튀아시옹은 '제3의 길'에 대한 환상을 구체화한다.

이들, 인플루언서들이 성공을 위해 노력한 점은 부정할 수 없다. 다만, 짚고 넘어가야 할 사실이 있다. 이들에게는 자본이 있었다는 점이다. 적어도 카메라와 동영상 장비를 구입할 돈이 있었고, 콘텐츠 제작에 할애할 시간이 있었기에 가능한 일이었다. 매일 15시간씩 택배기사로 일하면서 슈퍼챗이 나오는 콘텐츠를 만든다? 불가능한 일이다. 인터넷 세계에서의 성공에도 분명히 자본은 필요하다.

이제, 이들은 자신의 방에서 촬영을 하지 않는다. 인플루언서도 프로덕션 기업에 의해 기획되고 제작된다. 시청자들은 콘텐츠 제작자들의 능력주의적 상승을 보며 열광하지만, 실상 이런 상승이 인위적이라는 사실은 모른다. 일례로, 2012년 설립돼 2014년 카날 플뤼스에 인수된 스튜디오 바젤은 젊은 크리에이터가 자기 방에 혼자 있다고 믿게 만드는 것을 목표로 하는 회사다.

1년여 전부터 앙디 라콩트 채널과 함께 유튜브에 출연하는 젊은 앙디 로우스키는 2016년 두 번째 채널을 만들어 그녀의 상승세를 강화했다. 그런데, 이 채널은 사실 한 프로덕션 소속이다. 유명한 맥플라이와 카를리토 듀오는 2012년 M6 방송국이 만든 골든 무스 타슈 스튜디오의 지원을 받았다가 2015년 자신의 채널을 시작했다. 또 다른 장르에서는 유튜브에서 정보를 만들려던 유튜버 가스파르 G가 억만장자 크사비에 닐의 투자로 동명의 채널을 시작했다.

인플루언서의 세계도 개방적이지 않다. 초기 자본 없이는 뛰어들 수 없는 곳이다. 그런데, 능력주의의 신화는 이 세계에서도 성공한 모델이라는 상품 생산에 활용되고 있다. 이 신화는 분야를 가리지 않는다. 온라인 베팅 산업에서도 예외가 아니다. 이 산업은 절망하는 개인들의 주머니를 털고자 작동한다.

클릭 한 번이면 돈을 번다고?

축구경기 전후에 스포츠 베팅을 홍보하는 광고들이 있다. 이 광고들은 전체 광고의 25%를 차지한다. 2021년 유로 축구 기간, 스포츠 베팅 광고는 파리 지하철 포스터 광고의 40%를 점령했다. 청년세대는 이 광고에 쉽게 걸려든다. 내가 인터뷰했던 청년 남성들, 특히 서민층 청년 남성들은 내기에 돈을 걸어본 경험이 최소 한 번은 있다. 게임 관련 정책기관 **옵세르바트와르 데 쥬**(Observatoire des jeux)에 따르면, 돈을 건 사람의 70%는 34세 미만이었다. 유럽위원회가 프랑스의 토토회사 FDJ의 독점에 대해 문제를 제기하면서 2010년부터 온라인 도박 사이트가 늘어났다. 그리고 2019년에 FDJ가 민영화된 후, 도박은 더욱 중독성이 강해졌다.

주변에 널려있는 온라인도박 사이트는 불안정한 청년들을 공개적으로 유혹한다. **일부 광고는 청년들, 특히 파리 외곽의 청년들을 공공연하게 겨냥했으며,**[148] **대다수의 광고가 '랩 뮤직비디오'의 형태로 제작됐다는 사실은 그 대상이 청년들임을 증명해준다. 광고문구도 알쏭달쏭하다. 2022년 3월, 프랑스의 온라인 포커사이트 위나멕스는 '모든 것을 엄마를 위해!'라고 요구했다.**[149]

스포츠 베팅과 도박, 룰렛 등을 규제하는 공식기관 ANJ의 규제에도 불구하고, '도박'이 '성공'으로 이어진다는 식의 광고가 끊이지 않는다. 파리 외곽에 사는 가난한 청년이 도박으로 돈을 벌어, 이웃에게 환영받는다는 내용의 뮤직비디오(2019년)에서는 '높은 확률, 많은 수익, 깊은 존경'이라는 슬로건이 나온다. 이 광고를 만든 다국적 기업은 거기서 멈추지 않는다. 인터넷 스타, 인플루언서들을 통해 청년세대를 더욱 집중적으로 겨냥하고 있다. 맥플라이와 카르릴토 듀오는 2021년 6월 도박을 홍보했는데, 400만 회 이상의 조회수를 기록한 한 동영상에서 신규가입자를 위한 프로모션 코드까지 제공했다.

이들 광고에서 광고주와 인플루언서들은 '좋은 도박자'의 신화를 판매한다. 이 분야에서 성공하려면 '재능'과 '전망' 그리고 스포츠에 대한 '지식'을 갖춰야 한다. 즉, 도박의 세계에서도 능력주의 신화가 작동하는 것이다. 하지만, 우리는 알고 있다. 로또나 도박 등은 환상에 기반하고 있으며, 경제적 문제를 해결하기보다는 악화시킬 가능성이 높다는 사실을 말이다. SOS 도박자 협회에 따르면, 도박자들의 70% 이상이 은행에 빚을 지고 있다. 도박 상습자들은 중독자들이며, **사이트 운영자들은 이 중독에서 수익을 얻는다. 이들이 얻는 수익의 40%는 '도박에 빠진' 사람들로부터 나온다.**[150]

청년세대는 특히 위험하다. 이 함정에 빠질 가능성이 다른 세대의 6배에 달한다.[151] '시스템을 해킹'할 수 있다고 믿는 청년들이 덤벼들었던 암호화폐도 마찬가지다. 블라스트 방송의 암호화폐에 관한 프로그램에서 이 디지털 통화의 한계를 설명한 적이 있다. 나는 많은 청년 투자자들이 분개하며 말하는 모습을 보고 놀랐다. 한 청년이 "저는 암호화폐 덕분에 학자금 대출금을 상환할 수 있었어요"라고 하자, 다른 청년이 "암호화폐를 비난하는 것은 노인들이나 하는 짓입니다"라고 말했다. 이 방송을 통해 이런 투기심리가 청년세대에 확산돼 있으며, 암호화폐를 비난하는 것만으로도 노인이 될 수 있다는 것을 알게 됐다.

몇 년 전부터 유튜브에서는 새로운 유형의 튜토리얼(Tutorial, 사용지침)이 폭발적으로 증가했다. 대부분 남성 청소년들(여성은 거의 없다)이 통화에 투자해 백만장자가 되는 방법을 설명한다. 이것은 매우 놀라운 현상이다. 아쉬외르라는 별명으로 불리는 25세의 오웬 시모냉은 이 투기행위의 전형적인 선동자다. 수십 개의 동영상에서 그는 59만 명의 구독자에게 비트코인 투자법을 설명하고, 이 투자로 억만장자가 된 사람들을 홍보한다. 그러면, 청년들은 미끼를 물어버린다. **컨설팅 회사인 KPMG의 연구**에 따르면, 투자자들의 절반이 35세 미만이다.

〈르몽드〉의 설문조사[152]는 이 암호화폐가 청년들, 특히 불안정한 청년들 사이에 무분별하게 홍보되고 있다는 사실을 파악했다. 이 암호화폐 투자행위는 해피엔딩과는 멀다. 설령 돈을 번다고 해도, 다음에는 벌었던 돈을 다 털리는 결말로 이어진다. 수많은 청년들이 인터넷에 넘쳐나는 성공신화의 뜨거운 태양에 날개를 태워버린다. 이 현상이 모든 청년들에게 해당되는 것은 아니지만, 그렇다고 극소수도 아니다. **35세 미만 인구의 12.5%가 이미 암호화폐에 투자해본 경험이 있는 것으로 나타났다.**[153]

암호화폐는 투기의 일부다. 구독자 수 60만 명에 달하는 26세의 유튜버 요미 덴젤은 수십 개의 동영상에서 청년들이 가난에서 벗어나려면 어떻게 투기해야 하는지 설명한다. 그는 가난에서 벗어나고픈 청년들의 열망을 자극해, 엄청난 성공을 거뒀다. 조회 수 300만 회가 넘는 덴젤의 동영상 '1년 만에 무일푼 대학생에서 백만장자로'에서 그는, "청년들이 그들의 삶을 변화시킬 동기를 부여하고 싶다"라고 한다. **그는 21세에 '온라인 비즈니스', 드랍쉬핑**[154]에 투자했다며, "성공을 원하면 내 말만 믿고 따라오면 된다"라고 말한다. '2022년 금융 위기 : 세기의 기회(이 기회를 이용하기 위한 5단계)'라는 또 다른 동영상에서, 덴젤은 투기 수법을 알려준 다음, 자신이 현 사회에 지닌 관점을 말한다.

"이렇게 해서 부자들은 더 부자가 됩니다. 여러분도 부자가 될 수 있는데, 시스템이 불공정하다며 증오만 하고 있습니다. 시스템을 바꿀 수는 없습니다. 여러분에게 최선은 지금부터라도 이 시스템을 이해하고 이용하는 것입니다."

이 말에, 수백 명의 청년들이 동조하는 댓글을 남겼다.

나는 청년들에 의해, 그리고 청년들을 위해 만들어진 '온라인으로 돈을 벌 수 있는' 이 수많은 방법에 대해 꼭 언급하고 싶었다. 이 방법들이 일으키는 열광은 대부분의 청년들에게 해결책을 제공하는 현 시스템의 문제를 증명해주기 때문이다. 많은 청년들은 전망이 불확실한 상황에서 공부를 하는 것보다는, 인터넷 투기로 자신의 운을 시험하는 것이 더 수익성이 있다고 확신한다. 그러나, 이 세계는 위법이 가득한 정글이고, 청년들은 종종 가장 잡기 쉬운 먹이가 된다.

인터넷 사기의 현기증

인터넷은 모든 유형의 사기꾼에게 이상적인 놀이터다. 실제로 오늘날 사기의 절반은 온라인상에서 이뤄지며, 더 순진하고 위험을 감수하는 경향이 있는 청년들을 상대로 한 사기가 점점 더 늘고 있다.[155] 사기꾼들은 청년들이 취약한 지점에 접근해 그들을 유인한다. 그들은 청년들에게 (가짜)명품을 할인해주겠다고 약속하고, 청년들에게 인플루언서 관련 콘텐츠(거짓 특종)를 제공하며, 청년들을 경쟁 지옥에 던져넣거나, 거짓 메시지를 통해 어려움에 빠진 친구 행세를 한다. SNS와 인플루언서들은 또한,

사기행위의 중개자가 되고 있다. 일례로, **나빌라는 스냅챗에서 주식 서비스를 홍보했으며, 이와 관련해 금전적 대가를 받았다는 사실을 숨겨서 2021년에 2만 유로의 벌금을 물었다.**[156]

즉, 사기는 청년들을 희생자로 삼아 이뤄진다. BBB(베터 비즈니스 뷰로)의 연구는 인터넷 사기 피해자의 69%가 45세 미만이라는 사실을 확인해준다. 더 놀라운 것은, 일부 청년들은 경제적 어려움을 해결하기 위해 자진해서 사기꾼과 손을 잡는다는 점이다. 이런 청년들은, 사기와 마약 밀매 및 절도 등 범죄사건에 연루돼 사법 처리 대상이 될 수 있다. **그들은 또 특히 '슈가대디'**[157]**라는 플랫폼이 등장하면서부터 매춘에 연루될 수도 있다.** 납치나 폭행 같은 폭력행위는 명백히 불법이지만 흔한 범죄는 아닌 반면, 온라인 사기는 직접적인 폭력을 행사하지는 않지만 흔한, 주변에 널려 있는 범죄다.

모든 것은 에탄(가명, 20세)의 증언에서 시작됐다. 나는 그의 생활수준이 그의 수입과 일치하지 않는다는 사실을 깨달았다. 내가 집요하게 캐묻자 이 전문기술대학 학생은 결국 이렇게 털어놓았다. "돈이 좀 있어요." "유산이라도 받은 건가요?" 그는 목소리를 낮추고 주위를 둘러보며 고백했다. "절대 다른 사람에게 말하지 마세요. 내 이름을 책에 공개하는 건 불법입니다." 내가 그의 이름을 공개하지 않겠다고 약속하자, 그는 자신이 미성년자였을 때 한 사이트를 통해 수천 유로를 벌었다고 고백했다. 나는 그의 이야기를 듣고 할 말을 잊었다.

"저는 팬데믹 때문에 격리된 동안 풀타임으로 일을 했어요. **온리팬즈**[158] 사이트에서 돈을 주고 산 여자들 사진으로 가짜 프로필을 만들어 트위터나 디스코드(Discord), 스냅챗 같은 SNS에 올렸어요. 그리고 그런 여자들에게 추근대는 남자들(노인들도 있었어요)과 이야기를 나눴어요. 저는 젊은 여성인 척하며 남자들에게 응대하며 그들과 관계를 형성했지요. 그리고 그들에게서 돈을 뜯어냈습니다."

그는 항상 같은 방법을 사용했다. 며칠 혹은 몇 주일 동안 이야기를 나눈 다음, 함께 여행을 가자고 제안하면서 티켓을 사려면 돈이 필요하다고 하거나 아니면 대화 내용에 따라 '누드 사진'을 보내겠다고 제안하는 방식(상대 남성은 자기가 젊은 여성과 대화를 나누고 있다고 생각한다)이다. 나는 믿을 수 없었다.

"그런 방법이 통하던가요?"

"물론이죠! 변태들이 얼마나 많은지 몰라요!"

"돈을 받은 다음에는요?"

"음, 차단하고 다시 다른 남자를 찾는 거죠."

그는 내게 모든 대화와 은행 기록을 보여줬다. 이 모든 것은 실제로 일어난 일이다. 나는 이런 일을 하는 다른 사람들을 알고 있는지 물었다.

"많이들 이렇게 해요! 이런 일을 하는 청년들이 얼마나 많은지 어른들은 상상도 못 할 겁니다. 우리 세대에서는 합법적인 방법으로는 살아갈 수가 없어요. 사기를 쳐야만 살아남을 수 있죠. 청년들이 어떻게 살아갈 수 있다고 생각하세요.?"

그의 시스템은 견고하다. 그는 온-오프 같은 전문 사이트를 통해 전화번호를 산 다음, 페이팔 계정을 만든다. 그리고 그 계정으로 돈을 받아서 쓰고 싶은 대로 쓸 수 있었다. 자신이 하는 짓이 위법행위임을 알고 있던 그는 18세 때 이 일을 그만뒀다. 성년이 된 다음 체포되면 형량이 무거워지기 때문이다.

"하지만 상대가 고발할 가능성은 미미해요. 어떤 남자가 경찰서에 가서, 자기는 유부남인데 SNS에서 여자에게 치근대며 돈을 줄 테니 네 알몸 사진 좀 보내달라고 했다는 식의 증언을 할 수 있겠어요?"

이런 행위에는 분명히 결과가 뒤따른다.

"팬데믹으로 격리된 저는 아침 10시부터 밤 10시까지 늙은 변태들과 이야기를 나눴어요. 나는 그들에게 '당신이 나를 흥분시킨다', "당신을 좋아한다', '당신과 함께 휴가가고 싶다'라고 했어요. 그러면서, 역겨움 때문에 힘들었습니다."

취재를 하면서 나는 비슷한 일을 한 청년들을 몇 명 만났다. 그들은 처음에는 아무 문제 없다는 식으로 말했지만, 대화가 끝날 무렵이 되자 문제가 있다는 사실을 인정했다. 22세의 야스민(가명)은 내가 그 경험에 대한 느낌을 묻자 내 눈을 피했다. 그녀는 몇 달 동안 그런 일을 했지만, 합법적인 일자리를 찾은 후 그만뒀다.

"사실 힘들 때도 있었지요. 대부분 젊은 사람들이었지만, 50대도 있었습니다. 남자들은 종종 자기들 사진을 내게 보냈는데 정말 역겨운 사진이었어요."

"그들의 사진? 혹시 성기 사진을 말하는 건가요?"

"네, 하지만 대화는 그보다 더 불쾌해요."

"어떻게요?"

"뭐, 서로 만지고 뭐하고… 지금은 기억도 잘 나지 않아요. 잊어버리려고 애써서인지... 역겹고 보기 힘들었죠."

"야스민 씨는 뭐라고 했어요?"

"흥분된다, 감사하다고 말하거나 '오, 당신이랑 꼭 호텔에 가고 싶어요'라고 말했지요. 물론 진심은 아니지만, 그들은 흥분했어요. 그 대가로 돈을 받는 거지요."

인터뷰를 하면서 나는 이것이 얼마나 심각한 문제인지 깨달았다. 이런 유형의 사기에 걸려드는 청년들은 거의 없다. 하지만 그들 중 대다수는 이런 사기를 저지르는 누군가를 알고는 있다. 그리고 불법과 합법의 경계를 넘나드는 이 '여행'은 엄청난 피해를 초래할 것이다. 결국 모든 유형의 온라인 투기를 하는 청년들, 수천 유로를 벌기 위해 이런저런 사기를 치는 청년들을 따라 유튜브와 틱톡, 인스타, 혹은 트위치(Twitch)를 하기 시작한 청년들을 합하면 우리는 시스템을 우회하려는 청년들이 엄청나게 많다는 사실을 깨닫게 된다.

이런 모든 청년들에게 해당되는 것은 물론 아니다. 하지만 나는 그들이 또 다른 얼굴, 즉 절망의 얼굴을 보여줄 수 있는 자리를 만들고 싶었다. 청년들이 이런 온라인 활동에 많은 시간을 할애하는 이유가, 그들에게 '현실적 삶'에 대한 희망이 없기 때문이라고 생각한다. 인터넷에서는 자본금 없는 창업이 가능하고, 그들의 상황을 개선할 공간이 열려 있다는 환상을 가질 수 있다. 그리고 사회가 그들에게 가하는 폭력을 피할 곳도 찾을 수 있다고 생각한다. 나는 앞으로도 계속 이 문제에 대해 이야기할 것이다.

그러나, 대부분의 관찰자들은 청년들이 왜 인터넷 속 환상에 빠지는지 그 원인을 파악하려고 하기보다는, 청년들을 비난하는 것에 그친다. 사회적 성공 모델을 추구하고, 비관적인 상황 속에서 더 나은 미래를 꿈꾸려는 청년들을 비난할 자격이, 과연 누구에게 있을까?

"젊으니 아무 걱정 마세요"

청년들이 비관적인 이유

"젊으니 아무 걱정 마세요!"
청년들이 비관적인 이유

옛날에는 인간들이 미래를 두려워했지만,
지금은 미래가 인간들을 두려워한다.

- 아니스 콜츠, 시인이자 작가 -

테러와 민주주의의 후퇴

"무엇이 당신을 꿈꾸게 하나요?"

나는 취재를 시작하면서, 이 질문을 청년들에게 가장 먼저 던졌다. 하지만 그들의 대답이 비관적이자, 나는 질문을 다음과 같이 바꾸었다.

"당신은 꿈이 있나요?"

여기서 우리는 문제의 핵심, 즉 오늘의 청년들을 억압하는 감정을 읽어야 한다. 즉, 청년들은 꿈을 꾸는 것도 힘들다. 내가 이야기를 나눠본 청년들은 더 나은 미래, 심지어는 눈앞의 미래를 설계하는 것에도 큰 어려움을 느끼고 있었다. 물론 앞에서 기술한 경제적, 사회적 결정 요인 때문일 것이다. 그리고 정치적, 지정학적, 미디어적, 기후학적 요인도 크다.

팬데믹 이전인 2016년에 파리정치대학 정치연구소(CEVIPOF) 연구 책임자인 안 뮈셀은 2만여 명의 프랑스 청년들을 대표하는 표본을 대상으로 사회학적 연구를 실시했으며, 다음과 같은 결과를 발표했다. 청년들은 자신들을 '희생된' 세대, '길을 잃은' 세대로 정의하고 있다. 청년들의 53%는 자신들의 미래가 '부모가 살았던 삶에 비해 매우 나빠질 것'이라고 믿는다. 당시에 이 사회학자는 〈르몽드〉에서 청년들이 '불안정함과 비영속성을 깊이 받아들여 삶의 모델로 삼았다'고 분석했다. **1년 뒤 후 전 세계 2만 명의 청년들을 대상으로 한 또 다른 연구는 프랑스 청년들의 이런 상황을 다시 한 번 확인시켜 줬다.**[159] 그들 중 절반 이상은 세계의 상황은 나빠지고 있고, 계속 나빠질 것이라고 믿는다. 그리고 81%는 극단주의와 테러리즘의 부상(浮上)을 두려워한다. 세계의 상황이 '악화되고 있다'라는 인식은, 내가 청년들을 인터뷰할 때 두드러지게 나타났다.

28세의 에스텔은 동부 피레네 지역의 퐁로무에 살고 있다. 수준급 운동선수인 그는 테러 행위와 불안정, 지구온난화와는 거리를 둔 자연 속에서 살아왔다. 그럼에도, 그는 미래에 대해 묻자 중얼거리듯 대답했다.

"저는 세계와 지구의 상황을 보며 공포와 절망을 느낍니다. 인간들이 두려워요. 매일 계속 나빠진다는 생각이 들어서, 이 세계에서 미래를 설계할 수 없습니다."

19세의 피오나(가명)는 얼마 전 행정관리 분야의 실업계 **바칼로레아**를 통과했다. 알레스 근처의 한 마을에서 태어난 그녀의 증언은 에스텔의 비관적인 관점과 일치한다. 그녀가 "나는 TV도, 뉴스도 안 본다"라는 것은, 현재 상황이 나아지지 않을 것이라고 확신하고 있기 때문이다.

"모든 게 틀렸어요. 뭐 하나 제대로 되는 게 없다고요. 지구도 그렇고 정치인들도 그렇고... 폭염이 계속되고 산불이 났고요. 경찰은 사람들을 구타하고, 미국 여성들은 낙태권을 잃어요. 어떻게 불안하지 않겠어요? 어떻게 '좋아요. 나는 미래에 대한 확신이 있어요'라고 말할 수 있겠어요?"

내가 인터뷰한 청년들이 가진 이런 암울한 관점은 내 성찰의 출발점이 됐다. 나는 이런 관점의 근거가 무엇인지, 왜 현재의 프랑스 청년들이 이전 세대보다 더 불안해하는지를 파악해야 했다. IFOP(**프랑스 여론 연구소**) 대표 프레데리크 다비는 저서 『**단절**』[160]에서 청년들과 그들의 이상 및 가치에 관한 이 여론조사기관의 주요 여론조사 결과를 비교한다. 그는 18~30세 청년들이 현 시대를 살아가면서 '불운'의 감정을 느끼는 경우가 지난 60년 동안 2배로 늘었다고 지적했다. 오늘날 청년들 중의 30%가 이 시대에 사는 것이 불운하다고 생각하는데, 1957년 이후로 이 수치가 18%를 넘긴 것은 처음이다.

확실히 현 시대의 청년들은 자신들이 불운한 시대에 살고 있다는 생각이 다른 어떤 시대보다도 강하다. 비관주의의 수준을 사회계급과 연관지어 보면, 특권층 청년들 소수를 제외하고 이 수준은 더 높아지며, 꿈과 이상의 상실을 보여준다.

모든 시대는 그 시대만의 불안을 겪으며, 시대별 불안은 비교 대상이 아니다. 그런 비교는 어렵고 또 무의미한 일이다. 그러나 현 시대 청년들은 불안을 유발하는 사실들, 그리고 그 사실을 보도하는 언론 사이에서 전례 없는 고통을 느끼고 있는 것으로 보인다. 여기에, 보안을 명분으로 온갖 조처들이 더해지면서 우리의 자유가 우려스러울 만큼 퇴보하고 있다. 인류의 종말을 알리는 시계[161]가 자정까지 이제 100초 남았다. 그러니, 어떻게 불안하지 않겠는가?

위급한 현실

세계무역센터의 붕괴, 그날 부모님의 놀란 표정은 미디어에 관한 나의 첫 번째 기억이다. 당시 존재하던 모든 화면에서 반복 재생되는 무시무시한 영상들. 바로 이것이 우리 세대에게 깊은 영향을 미친 문화였다. 2001년 '세계 종말' 이후의 문화, 지리적인 관점에서나 국가적인 관점에서나 불분명한 진영에서 끊임없이 가하는 위협. 서구 민주주의를 혐오하는 이 '테러리스트'들은 누구인가? 몇 년 뒤, 이라크 전쟁과 마드리드 테러, 그리고 2008년 금융 위기는 언론과 대화를 지배하며 서방세계의 혼란과 급변을 은밀하게, 그러나 지속적으로 확산시켰다.

역사는 끝난 게 아니다.[162] 그 흐름이 한층 더 세차게 우리가 오늘날 직면하고 있는 사회적, 지정학적, 기후적 위기로 이어지기 때문이다. 이 세계가 과거보다 더 불안한지 덜 불안한지는 중요하지 않다. 냉전은 그 시대에 불안을 야기했다. 여기에서도 역시, 시대별 고통 등급을 정하는 건 무용하고 무의미한 일이다. 그러나 이런 불안은. 우리 시스템의 붕괴를 알리는 징후와 결합해 청년세대의 역사적 비관주의에 확실히 기여했다.

나는 16세 때 〈인사이드 잡〉[163]을 통해 우리 경제 시스템의 취약함을 확실히 인식하게 됐다. 나는 이 조사를 통해, 어떻게 소수의 투기꾼들이 세계 경제 시스템을 뒤흔들고 수십만 명을 길거리로 내몰았는지 깨달았다. 너무나 충격받은 나는, 당시의 역사지리 선생님을 찾아가 이 모든 것이 다시 시작될 수 있는지 물었다. 그는 훨씬 더 큰 규모로 다시 시작될 수 있다고 대답했다. 이 솔직한 대답을 듣고 나서, 나는 고등학교 시절 내내 밤잠을 설치곤 했다.

경제학에 대한 나의 관심은, 우리 경제 시스템의 본질적인 불확실성에 대한 이런 인식에서 비롯된 것이다. 그때 나는 어른들이 엄청난 잘못을 저지를 수도 있고, 내게 배운 것들이 생각보다 견고하지는 않다는 사실을 알게 됐다. 나는 마치 자다가 얼음물을 뒤집어쓴 듯한 충격을 느꼈다.

여기에 아프가니스탄 전쟁과 시리아 전쟁, 그리고 프랑스에서 일어난 이슬람주의자들의 테러를 덧붙여보자. **1995년의 테러[164]가 이미 프랑스 사회를 크게 뒤흔들어 놓았다면, 2000년대의 테러[165]는 그 빈도와 규모, 사망자 수에 의해 우리 삶의 방식에 깊은 영향을 미쳤기 때문이다.** 우리는 언제든지 공격받을 수 있었다. 우리 땅에서. 물론 우리는 시리아 청년이나 중앙아프리카 청년보다는 안전하다. 하지만 이제 더 이상 보호받지 못한다.

이런 테러는 파리나 리옹, 스트라스부르, 혹은 니스 같은 대도시로 국한되지 않았다. 테러는 지방 도시에서도 일어나, 안전한 곳이 없다는 인식을 한층 더 강화했다. 더 이상 그 어떤 곳도, 그 누구도 안전하지 않다. **카르카손과 트레브의 U 슈퍼 마켓 테러[166]는, 아르데슈 지방에 살던 내 기억에 깊은 상흔을 남겼다.** 이 테러로 아르노 벨트람 헌병대 중령을 포함, 5명이 죽고 15명이 다쳤다.

빌쥐프와 에라니에서도 테러가 발생했다. 매번 미디어는 이 사건들을 시간 단위, 분 단위로 중계하고 다시 몇 주 동안 재탕했다. 이 사건들은 우리 청년세대의 어린 시절에 깊은 상흔을 남겼다. 마리옹(20세)의 경우도 마찬가지다. 내가 그녀에게 그녀의 어린 시절에 대해 이야기해달라고 요청하자, 그녀가 가장 먼저 언급한 것이 바로 이 사건들이다.

"2012년,[167] 학교에서는 실내 운동장에 경계 표지판을 설치했어요. 우리는 테러가 발생할 경우 쉽게 대피할 수 있도록 흩어져서 놀아야 했지요. 저는 몽토방 근처에서 살고 있었기 때문에 이 사건들의 영향을 받을 수밖에 없었습니다."

이 테러들은 전쟁의 폭력을 피할 수 있다는 모든 확신을 무너트렸다. 잔혹한 야만이 우리 도시와 우리 삶 속으로 난입했다.

안전장치

테러가 일어난 후, 많은 학교는 출입 보안 게이트를 설치했다. 내가 살던 오베르뉴-론-알프 지방에서 로랑 보키즈가 도입을 추진했던 경보장치다. 학생들은 감시 카메라와 침입 방지 경보장치가 장착된 금속성 시설을 지날 때마다, 배지를 가져다 대야 했다. 2017년부터 프랑스 전역에서 학생들은 화재 대피 훈련 외에도 테러리스트가 유치원을 포함한 학교 주변에 출현할 수도 있다는 사실을 그들에게 인식시키는 '테러-침입 대비' 훈련에 참여하고 있다. 2017년 4월 13일자 교육부 공보에 명시된 대로, 경보가 울리면 학생들은 지형에 따라 도망치거나, 건물 내부에 머물러야 한다.

사전에 감식된 시설물로 바리케이드를 설치할 것, 불을 끌 것, 벽과 문, 창문으로부터 멀리 떨어질 것, 견고한 장애물 뒤에 엎드릴 것, 무슨 일이 있어도 소리를 내지 말 것(핸드폰은 무음 모드로), 심한 충격을 받은 사람 곁에 머무르며 안심시켜줄 것, 경찰이 개입할 때까지 기다릴 것.

사고(예를 들면 화재)에 대비한 훈련은, 적군의 침입에 대한 훈련과 완전히 다르다. 프랑스 정부는 학생들의 안전을 보장할 수 없다는 사실을 암묵적으로 인정한 셈이다. 나도 다른 사람들처럼 대학이나 미술관, 콘서트에 갈 때 군인이나 보안요원에게 가방을 보여주는 것에 익숙해졌다. 이런 보안 조처는 필요하겠지만, 무장한 군인들이 길거리를 순찰하는 것을 보니 불안감이 든다. 테러 위협은 분명히 프랑스 땅에 늘 존재했었지만, 지금은 그 규모와 그에 대한 언론 보도가 전례 없이 증가해 이런 불안을 부채질한다. 2021년 9월에 열린 11월 13일 테러 재판 때 정신과 의사 니콜라 프랑크는 집단적 트라우마에 대해 언급했다.

"테러 현장에 없었던 사람들에게는 작은 트라우마이지만, 그곳에 있었던 사람들에게는 엄청난 트라우마입니다."

국립과학연구소(CNRS) 사회학 분야 연구자인 제롬 트뤼크는 어떤 사건이 사회에 트라우마를 일으키는 것으로 인식되려면, **"관계자들이 동원돼 이 사건이 이 사회의 집단기억에 돌이킬 수 없을 만큼 깊은 영향을 미쳤다는 생각을 심어주어야 한다"**고 설명한다.[168] 최근의 역사에서 가장 큰 규모의 집회가 열리게 한 〈샤를리 엡도〉를 겨냥한 테러가 바로 여기에 해당한다. 심리적 영향은 테러 발생 장소에서 물리적으로 가까운 사람에게만 미치는 것이 아니다. 이렇게 집단적 공포를 조성하는 것이 바로 테러의 목적이니, 그 목적은 성공한 셈이다.[169]

보르도 출신 로라(23세)는 기억한다.

"저는 〈샤를리 엡도〉 테러 때 16세였어요. 엄청난 충격을 받았습니다. 페이스북이 테러에 관한 이야기들로 넘쳐났어요. 친구들과 이 사건에 대해 이야기했어요. 정치 이야기는 잘 하지 않는데도요. 저는 그 사건을 뇌리에서 지울 수가 없었고, 어머니와 행진도 했습니다. 그 후 테러리스트가 있는 세상에서 살면서 전쟁 이야기를 하는 것은 거의 일상이 됐습니다."

20세의 소피는 파리와 니스에서 일어난 테러에 큰 영향을 받았다. 내가 그녀에게 주제를 언급하지 않고 무엇이 걱정되는지 묻자, 그녀는 자연스럽게 지정학적 맥락과 잠재적 테러에 대해 말했다.

"당시 저는 13세였고 나르본에 살고 있었어요. 테러는 제게 큰 영향을 미쳤고, 저는 그 충격에서 쉽게 벗어나지 못했습니다. 텔레비전에 니스 테러 뉴스가 나왔을 때 저는 울었어요. 저는 지금도 스트레스를 받고 있어요. 사람들이 많으면 제 주변을 둘러보곤 해요. 제 뇌 속에 박혀버린 것 같아요. 기차역에 버려진 짐이 있다는 방송을 들을 때마다 저는 스트레스를 받아요. 모든 것이 저에게 트라우마를 불러일으킵니다."

위기와 법을 넘어서

이 집단적인 '심리적 테러'의 결과는 특히 2001년 9월 11일 테러 이후부터 전 세계에서 널리 연구됐다. 이 테러의 생존자나 목격자들과 관련된 신경 심리학적 결과는 때때로 전선에서 돌아온 군인들에게서 관찰된 것과 유사하다. 따라서, 과학자들에게 잘 알려져 있다. 조사에 따르면, 테러를 당한 나라의 많은 국민들이 오직 언론 보도를 통해서 외상 후 스트레스를 경험할 수 있다고 나타났다. **그리하여 2021년 보스톤 대학교 심리학 연구원인 록산 실버는 『과학과 생활』에서 이렇게 설명했다.**[170]

"텔레비전에서 9월 11일 테러가 생중계되는 걸 봤어요. 말 그대로 보기만 했는데, 외상 후 스트레스 증상이 나타났습니다. 2013년 일어난 보스턴 마라톤 폭탄 테러 때 우리는 6시간 동안 언론에 노출됐어요. 그러다 보니, 테러 현장에 있었던 사람들이 느꼈던 것 이상의 스트레스를 받았다는 것을 보여줬습니다! 맞아요, 공포가 사람들 사이에 번지고 있어요."

브래드포드 대학 정신병리학자인 팸 램스덴은 다음과 같은 해석을 덧붙인다.

"우리의 최근 연구에 따르면 20%의 사람들은 단순히 이미지에 의해서도 깊은 영향을 받는 것으로 나타났습니다. 이들의 장애는 일반적으로 응급 구조대원들에게 나타나는 '대리외상 증후군'과 흡사합니다."

프랑스에서는 테러가 사람들에게 미치는 심리적 결과를 평가하는 '11월 13일'이라는 제목의 학제 간 연구 프로그램[171]**에서 이런 경향이 확인됐다.** 이 프로그램은 2018년 첫 번째 결과를 발표했다. 일드프랑스 지역 전체에서 테러 다음날인 11월 14일 응급실 방문자 수가 전례 없는 수준으로 증가해, 최고치를 기록했다. 11월 16일에는 두 번째 최고치를 기록했다. 주로 어떤 사람들이 응급실에 입원했을까? 이 연구 프로그램에서 젊은 성인(15~44세)으로 간주되는 사람들이다. 이들은 주로 '외상 후 스트레스 장애'와 '급성 스트레스 반응' 증상을 드러냈다.

응급실 입원의 증가는 11월 14일부터 11월 17일에 최고조에 달할 때까지 일드프랑스 외 지역에서도 관찰된다. 이 특기할 만한 사건은 앞으로도 집단기억 속에 계속 남을 것이다. 테러가 일어난 지 7개월이 지났지만 생활조건 연구와 관찰 연구센터에서 인터뷰한 사람들 중 대다수는 테러 사실을 깨달은 정황을 기억한다고 말한다. 우리는 이것을 '섬광 기억'이라고 부른다. 테러에 대한 기억으로 트라우마에 사로잡힌 청년들은 언론이 자신들을 대하는 방식에 의해서도 역시 트라우마에 사로잡힌다. 그리하여, 공포는 그들의 뇌리에 박혀버리는 것이다.

자유의 후퇴

테러와 테러에 대한 언론 보도는 청년들이 세상을 보는 방식을 형성했으며, 동시에 이 세대는 외국에서처럼 프랑스에서도 정치가 방향을 바꾸는 것을, 즉 자유민주주의가 후퇴하는 것을 아주 일찍 목격했다. 지정학에 관심이 많은 사람들은 최근 몇 년 동안 러시아와 튀르키에, 브라질, 폴란드, 베네수엘라, 니카라구아에서 권위주의가 다시 자리 잡는 것을 관찰할 수 있었다. 1980년대에는 민주주의가 많은 나라에서 확산되는 듯 보였으나(일례로, 베를린 장벽이 무너지면서 자유민주주의가 승리했다는 생각이 널리 퍼져나갔다), 자유는 2,000년대 이후로 쇠퇴해가고 있으며, 국민들은(때로는 서양 국가들의 국민들도) 기본권을 잃기도 한다. 일례로, 2022

년 미국 국민들은 낙태권을 잃었다.

27세 말로리는 숙소와 식사만을 대가로, 남의 집 일을 하다가 아일랜드와 영국, 미국 등 여러 국가에서 언어 보조원으로 일했다. 지정학에 대해서는 잘 모른다는 그녀는, 자유가 전반적으로 쇠퇴하고 있다는 사실은 잘 안다.

"이 나라 저 나라로 옮겨 다니면서 그 사실을 깨달았어요. 제가 머무른 모든 국가에서 우리의 권리를 후퇴시키는 법안이 통과됐는데, 정말 무서워요. 제가 미국에서 살 때 낙태금지법이 통과됐지요. 산을 기어오르고 있다는 느낌이 들어요."

실제로 프랑스에서는 감시에 관한 법(2015)과 소위 '사업의 비밀'에 관한 법(2018), 콜롱 법 (2018), '공공시설 파괴자'에 관한 법(2019), 소위 '글로벌 안전'법(2021), 정보 및 테러 방지법 (2021), 형사 책임과 내부 안전에 관한 법(2022) 등 자유를 제한하는 법들이 최근 급증했다. **이런 상황은 2022년 출판된 『국가는 어떻게 우리의 자유를 공격하는가』**[172]**라는 책에 요약돼 있다.** 블라스트 방송에서 이 책의 공저자이자 국제엠네스티의 변호를 맡은 안-소피 생페르는 내게 엠네스티의 전문가들도 이런 역행 조치에 대해 검토하고 있다고 설명했다.

"이 모든 법률을 검토하는 전문가들은 현 상황을 이해하기 어려워합니다. 그만큼 자유가 여러 분야에서 쇠퇴하고 있는 것입니다."

이 책의 공저자로, 이런 글을 전문적으로 다루는 저널리스트 야뉘엘은 언론의 자유와 이동의 자유, 시위의 자유, 사생활 보호권 등 우리의 모든 자유가 당국에 의해 침해당하고 있다고 주장한다. 그들의 설명에 따르면, 프랑스인들은 위험하고 비효율적인 보안정책에 갇혔다. 그리고 점점 광범위해지고 강력해지는 감시도구에 의해 체계적으로 억압이 확대됐다. 내가 이 주제에 대해 인터뷰한 청년들은 이 과정이 얼마나 강력한지, 그리고 위험한지, 최근 이 분야에서 얼마나 많은 법이 제정됐는지는 잘 몰랐다. 그들 중 다수는 특정법에 대해 들어본 적은 있지만, 그 내용은 잘 이해하지 못했다. 그들은 그들의 상상 속에서 종종 이것을 새로운 기술에 의해 '감시받는' 느낌과 연결한다. 실제로 설사 국가가 감시 역량을 강화했다고 하더라도 이런 감시를 수행하는 것은 주로 다국적 기업이다.

툴루즈의 공증인 사무소 서기인 마르고(25세)는 말한다.

"뭔가에 대해, 예를 들어 어떤 패션 아이템을 검색하면, 바로 관련 정보가 SNS나 구글의 광고 제안에 표시됩니다. 감시당하는 기분에 불안해집니다."

내가 그녀에게 자유를 침해하는 법들에 대해 묻자, 그녀는 몇 가지를 열거한 후, "국가는 공공의 자유를 유린하는 것이 아니라 보호해야 하며, 이는 자연적이고 소멸될 수 없는 권리"라고 덧붙였다.

이런 권리와 자유의 쇠퇴는, 프랑스 청년들의 1위 관심사는 아닐지 모른다. 그러나 청년들을 비관적으로 만들고, 그들의 미래계획을 방해하는 많은 요인들 중 하나다. 1950년대부터 우리 조부모님과 부모님들은 공공의 자유에 관한 한층 진보적인 법률(사형 폐지, 낙태권, 노동법 강화)을 통해 자유를 획득했다. 그러나, 현재의 청년들은 2,000년대 이후로 몇 가지(예를 들면 '동성애자보호법')를 제외하고 자신들의 권리가 쇠퇴하는 것을 보며 눈물을 흘리고 있다. 이 쇠퇴의 상당 부분은, 이미 그들이 어렸을 때 시작된 것이다.

불안을 야기하는 정보의 변동

"뉘른베르크에서 재판받은 나치 전범들도, 홀로코스트의 절대적인 공포에 직면하면 동정심을 느낄 수 있다. 반면, 오늘날의 청년들은 비디오 게임에 정신이 팔려서 동정심도 잃어버렸다."

2015년, 철학자 알랭 핑켈크로트가 쓴 글이다.[173] 오늘날의 청년들이 나치 전범보다 공감 능력이 떨어진다는 뜻인가? 맞다. 제대로 읽었다. 21세기 청년들이 이기적이고 세상에 무관심하다는 주장이다. 하지만 내가 몇 개월에 걸쳐 조사해본 결과, 청년들은 지정학이나 세계의 움직임에 무관심하지 않다. 오히려, 나는 청년들이 끊임없이 쏟아지는 정보를 접하며 극심한 스트레스를 받는다는 걸 확인할 수 있었다. 적어도 한 가지 사실은 확실하다. 청년들은, 그런 정보들을 무시하고 싶어도 무시할 수가 없다는 것이다. 정보가 계속 변동되면서, 불안을 일으키는 뉴스를 언제나, 어디에서나 접할 수 있기 때문이다. 이런 뉴스들은, 청년들이 세상이나 미래와 맺는 연결방식을 변화시킨다.

세상과 연결된 청년들

2022년 3월, 나는 한 직업고등학교 학생들을 인터뷰했다. 당시 3학년 학생들이 계속 우크라이나 전쟁에 대해 묻는 바람에, 나는 발언 내용을 전면적으로 수정할 수밖에 없었다. 나는 종군기자도 아니고 국제문제 전문가도 아니다. 그럼에도 내가 만난 학생들은 그 주제에 관해 깊은 관심을 가지고 내게 계속 질문을 던졌다. 목공을 배우는, 대부분 서민층 가정의 학생들이 우크라이나 전쟁에 대해 상당한 정보를 접하고 있는 것에 나는 내심 놀랐다. **그들은 볼로디미르 젤렌스키가 누구인지 아는 것은 물론,** 러시아군의 탱크를 식별할 수 있었다. 때로는 실제 사실과 음모론을 뒤섞어 말했으나, 이 분쟁의 지정학적 문제와 그 결과에 대해 비교적 분명한 관점을 가지고 있었다.

미디어 교육 강의는 전쟁에 대한 질의응답 시간으로 바뀌었다. 핵전쟁의 가능성, 블라디미르 푸틴의 '광기', 전쟁이 프랑스에 미칠 영향 등에 대한 질문이 쏟아졌다. 이들이 매일 〈르몽드〉를 읽지 않는다고, 지정학적 뉴스에 영향을 받지 않는 것은 아니다. 그리고 이 전쟁을 이해하지 못한다고, 그들이 불안을 느끼지 못하는 것도 아니다. 우크라이나 청년들은 물론, 프랑스 청년들도 불안을 느낀다. 내가 인터뷰했던 청년들은 전쟁을 몹시 두려워하고 있었다.

내가 다양한 사람들에게 "최근 사건들에 대한 최신 정보를 확인하고 있나요?"라고 물으면, 돌아오는 대답은 대개 "아니오"였다. 연령대와 경제적 계급이 높을수록 전쟁에 대한 반응은 덤덤했다. 반면, 청년들의 반응은 예민하고도 겸손했다. 즉 청년들은 현 상황에 대해 매우 걱정하고 있으며, 그럼에도 이 문제에 대한 자신의 정보나, 의견을 말하는 것에는 조심스러워했다. 나는 취재를 통해 그 이유를 파악할 수 있었다. 청년들이 지정학에 대해 말하기를 꺼리는 이유는, 무관심이 아닌 겸손함에서 비롯된다는 것이다. 청년들은 자신이 지정학에 대해 지식도 부족하고, 논의할 가질 자격이 없다고 생각하는 경향이 있었다. 게다가, 쏟아지는 뉴스들은 정보와 지식보다는 불안과 혼란을 준다.

18세의 마테오도 그런 청년들 중 한 명이다. 그는 모젤 지역 서민가정 출신으로, 기술 고등학교를 졸업했다. 그는 내 인터뷰이의 친구의 친구다. 그래서, 내가 누구인지, 무슨 일을 하는지도 몰랐다. 게다가 전화통화를 할 때 살짝 겁을 먹은 것 같았다. 내가 정보는 어떻게 얻는지 묻자, 그는 "텔레비전도 보지 않는다"라고 대답했다. 내가 질문을 바꿔, 가장 큰 영향을 받은 최근 뉴스를 묻자, 그는 "기후온난화와 폭염, 물 부족"이라고 대답했다. 내가 전쟁에 대해 아는지 묻자, 모른다고 대답했다. 그러나 내가 우크라이나에 대해 언급하자 이렇게 대답했다. "아, 그거요? 어떻게 그걸 모르겠어요."

내가 우크라이나 전쟁에 대해 무엇을 알고 있는지 묻자, 그는 잠시 머뭇거리다가 대답했다. "우크라이나 대통령이, 푸틴이 원하는 땅을 주지 않아서 전쟁이 일어난 것 아닌가요, 맞죠?" 내가 힘차게 고개를 끄덕이자 그는 자신감 있게 말을 이어갔다. "게다가, 우크라이나는 나토에 가입하기를 원했지요."

인터뷰를 통해, 나는 그가 우크라이나 전쟁에 대해서 꽤 많이 알고 있다는 사실을 알게 됐다. 그는 이 전쟁에서 살해된 민간인들, 특히 '폭탄을 맞고 죽은 무고한 어린아이들'의 운명에 대해 우려하고 있었다. 즉, 그는 지정학에 깊은 관심을 가지고 있었던 것이다. 그는 우크라이나와 중동의 상황이 유사하다고 말했다. "우크라이나의 문제는 사실 팔레스타인과 마찬가지로 영토에 관한 것입니다!" 그는 가자지구에 대해서도 꽤 많은 걸 알고 있었다. 그는 '하키미(파리생제르맹 구단 소속의 모로코 축구선수-역주) 등 많은 사람을 입을 통해 이스라엘과 팔레스타인 분쟁에 대해 알게 됐다고 설명했다.

내가 인터뷰했던 많은 청년들이 마테오와 비슷했다. 즉 자신감은 없는 반면 꽤 많은 정보를 가지고 있었고, 다른 나라에서 일어나는 사건도 자신과 관련이 있다고 느끼고 있었다. 청년들의 정보 수집과 공유에 있어, 때때로 SNS가 중요한 역할을 한다. 웹에서 대부분 영향력 있는 인물을 통해, 멋진 이미지들을 공유하며 활발하게 정보가 교류된다. 정보기술(IT)을 전공하는 사미르(20세)는 스리랑카의 상황에 대해 언급했다. 그는 스리랑카와 개인적으로 관련은 없지만, 2022년 7월 군중들이 대통령궁으로 몰려드는 동영상을 SNS에서 봤다고 설명했다.

"정말 흥미로웠어요! 그 때문에 정부가 무너졌거든요! 어느 나라에서나 일어날 수 있는 일이지요. 어떻게 국가 원수들이 몰락하는지 보여주는 사건입니다."

많은 청년들이 위구르족에 대해서도 언급했다. 나는 그들이 이런 주제에 대해 매우 정확하게 설명하는 것에 놀랐다. 그들은 중국의 독재와 인권유린, 현대식 강제수용소에 대해 이야기했다. 위구르인들을 고용한다는 이유로 화웨이와 파트너십을 끊겠다고 발표한 축구선수 앙투안 그리즈만, 인스타그램에서 위구르인들의 상황을 비난한 리얼리티 TV 방송스타 알릭스 등 유명인사들을 통해 이 문제에 관심을 갖게 된 청년들이 많다.

이런데도, 세상 돌아가는 것에 대해 무관심하다고 청년들을 비난할 수 있을까?

정치의 대중화와 관련해, 프랑스에서 가장 인기 있는 트위치 스트리밍 플랫폼을 방송하는 장 마시에는 "인터넷이 지정학에 대한 관심을 재점화했다"라고 말한다.

"인터넷은 세계 각 지역의 고유문화를 약화시키는 글로벌 공간입니다. 우리는 청년들의 열망을 세계화하고 있지요. 그 결과, 세계 청년들이 홍콩의 반체제인사들이나 러시아에 대항하는 우크라이나인들을 지지하는 것입니다. 일례로, 우리는 튀니지인이나 홍콩인과도 비디오 게임을 할 수 있습니다. 같이 게임까지 하는 사이니, 그들에게 무슨 일이 생기면 걱정이 되는 거지요."

디지털화된 정보 : 현실을 향한 화면

지난 5년 동안, 프랑스인들이 오프라인 미디어에 할애하는 시간은 줄었을까? **여론조사기관인 IPSOS에 따르면**, 그렇지 않다. 이 기관의 조사 결과, **프랑스인은 1일 평균 종이신문에 49분, TV에 2시간 6분을 할애한**

다.[174] 오늘날의 '미디어'는 이제 더 이상 1980년과 같은 현실에 관심이 없다. 이런 변화는 정보 채널의 다양성, 즉 우리에게 노출되는 화면의 숫자에서 비롯된다. **청년들은 이런 현상에서 예외가 아니다. 15~24세 중 94%가 스마트폰을 가지고 있으며,**[175] 그들은 SNS(틱톡, 인스타그램, 스냅챗, 트위치, 트위터 등)에 매일 몇 시간씩 할애한다.

스마트폰과 컴퓨터는 청년들의 삶 어디에나 존재한다(물론 계층별 개인별 차이는 있다). 이들은 비디오 게임을 포함해 하루 6시간 42분을 화면에 소비한다.[176] 이런 화면은 사회화하고 기분전환하고 일자리를 찾고 정보를 얻기 위한 매개체가 됐다. **2018년 프랑스 문화부가 의뢰한 메디아메트리(Médiamétrie)의 연구**[177]**에 따르면 청년들은 주로 정보를 얻기 위해 스마트폰을 이용하는 것으로 나타났다.** 특히 그들은 SNS를 집중적으로 이용한다. 15~34세의 71%는 매일 SNS를 통해 뉴스를 본다. 청년들에게 SNS는 가장 먼저 정보를 얻는 방법이며, 그들 중 34%에게는 유일한 방법이다. 소피(몽펠리에 거주, 20세)가 그런 경우다.

"저는 팟캐스트나 위고-데크립트, 스위스 채널의 보도를 통해 정보를 얻어요. 그리고 대중교통수단으로 이동할 때, 휴대폰으로 같은 주제의 기사를 읽어요."

그런데, 이런 경우 학습과 오락 사이의 경계가 모호하다. 얀(대학생, 23세)은 구글 알림이나 SNS를 통해서만 정보를 얻는다. 그는 자기 취향에 비해 낡은 레거시 미디어를 완전히 버렸다. 그럼에도, 정보는 계속 얻고 싶다고 말한다.

"아는 것이 힘이잖아요. 그래서 뉴스를 계속 접하기는 하되, 최소한으로 접해야 한다고 생각해요. 저는 언론인 위고-데크립트(Hugo décrypte)나 알고리즘의 추천대로 유튜브와 인스타그램에서 많은 정보를 얻어요. 제게는 환경 관련 정보가 가장 중요해요. 환경에 대한 우려 때문에 스트레스를 받고 있거든요. 일례로 시셰퍼드(Sea Shepherd, 해양환경단체) 같은 비정부기구를 통해 이 주제를 공부하려고 하지요. 우크라이나 전쟁 관련 정보도 중요하고요. 프랑스에서 멀지 않은 곳에서 일어나는 전쟁이고, 러시아 무기도 무서워요. 또 다른 세계전쟁이 일어날 수도 있지 않을까요? 제가 읽고 있는 예언서에 쓰인 내용이 현실이 되고 있다는 느낌이에요. 그래서, 현 상황을 파악하려고 노력합니다."

처음에는 오락용으로 사용됐던 플랫폼은 반향실 효과를 통해 정치화됐다. 그러나 출처가 항상 명확하지는 않은 뉴스의 단편, 철저한 논증 및 맥락이 제거된 이미지와 인용문을 보여주기도 한다. 알고리즘은 정보의 충격성, 자극성, 폭력성이 강할수록 눈에 잘 띄는 자리에 배치된다. 물론, 청년들이 플랫폼과 알고리즘을 통해 정보를 얻는 것은 사실이다. 한편, 자신의 의도와는 무관하게 자신들을 찾아오는 정보에 휩쓸릴 수 있다. 그들 중 일부는 정보의 출처를 신중하게 알아보기도 하지만, 대부분 알고리즘과 '뉴스피드'에 나타나는 정보만 받아들인다.

문제는, 바로 이점에 있다. SNS 정보의 가장 큰 특징은 추세의 논리를 따른다는 점이다. 한 마디로, '노이즈 마케팅' 효과가 없는 콘텐츠들은 배제된다. 반면, 충격적이고 자극적인 콘텐츠들이 지속적으로 미디어의 홍수를 일으킨다. TV나 신문 등 레거시 미디어들은, SNS에게 자리를 빼앗길까 두려운 나머지 그에 맞춰 콘텐츠를 조정했다. 충격적이고 자극적인 내용, 텍스트보다는 이미지에 많은 공간 할애, 짧은 포맷 등이 그 특징이다. 정보 분야에서는 '관심 경쟁'이 돌풍을 일으켰으며, 이는 24시간 뉴스 채널이 탄생할 때 이미 예고된 변화의 흐름이다.

불안을 낳는 정보들

불안을 조장하는 정보의 등급을 정하는 것은 복잡한 일이다. 그에 비하면, 정보의 완전한 가공 사례를 수집하는 것은 간단한 편이다. 지난 30년 동안 정보를 전달하는 방식이 달라졌기 때문이다. 1994년 최초의 종일 뉴스채널, 〈LCI〉의 탄생은 프랑스 미디어 환경의 전환점이 됐다. 〈CNEWS〉(1999년 이전에는 〈I-Télévision〉, 그다음에는 〈I-Télé〉)와 〈BFMTV〉(2005년), 〈France 24〉(2006년), 마지막으로 〈Franceinfo〉(2016년)가 그 뒤를 이었다.

이 채널들은 특히 바와 공항, 그리고 프랑스인들의 일상 속으로 들어와 프랑스 풍경의 일부가 됐으며 시민들과 시사 문제 간의 관계를 크게 변화시켰다. 밀레니얼 세대의 일부와 Z세대는, 거의 모든 공간들(공적, 사적)에 존재하는 이 채널들을 보면서 어린 시절을 보냈다. 이 채널들은 특파원을 현장에서 가장 가까운 곳에 파견하거나, 24시간 계속 정보를 제공하기 위해 스튜디오에서 기자들과 함께 시사 문제에 대해 의견을 나누며 뉴스를 곧바로 검토하는 방식으로 진행된다.

정보가 사람들의 관심을 끌수록, 성공과 가까워진다. 그러려면 즉흥적이고 매우 짧은, 즉 신속하게 소모될 수 있는 것이 필요하다. 물론, 이런 방식은 제작자(언론인)와 소비자(대중) 모두에게 해로울 수 있다. 어떤 언론인들은 스마트폰만 들고 현장에 나간다. 언론인들 중 다수는 프리랜서다. 즉 어떤 복지도, 재고용에 대한 보장도 없이 1일당, 또는 기사 1건당 보수를 받는다. 일종의 버즈 마케팅을 하거나, 해당 채널의 시청자 수를 늘리는 데 기여하면 보상을 받기도 한다.

이런 광적인 '속도제일주의'는 정보의 품질을 떨어뜨린다. 그리고, 정보를 획일화시킨다. **쥘리아 카제와 니콜라 에르베, 마리-뤼스 비오는 공저**

서 『기필코 정보를』[178]을 통해, 정보가 확산되는 시간을 계산했다. 정보 사이트에서 새로 생성된 정보가 최소한 다른 하나의 사이트에 전파되는 데 평균 3시간이 걸리는데, 그중 10%는 새로운 정보가 모든 정보 사이트에 퍼져나가는 데 4초밖에 걸리지 않는 것으로 나타났다. 이를 바탕으로, 저자들은 온라인에 게시된 정보의 64%가 복사해서 붙인 것이라고 설명한다. 독창적인 콘텐츠를 만들려면, 시간과 인력 등 자원이 필요하다. 즉 신속성을 위해서는, 복사해서 붙이는 편이 훨씬 낫다.

언론계에서는 〈BFMTV〉에서는 기자들이 종일 시청률에 매여 산다'는 말을 자주 듣는다. 시청률이 떨어지면, 실시간으로 프로그램을 수정한다는 소리다. 그 결과 민간 채널의 숫자는 폭증한 반면, 공영 채널(시청률의 영향을 덜 받는)의 예산은 줄어드는 추세이며 특히 2018년부터 감소세가 또렷하다. 이제는 '시청자의 관심'이 가장 중요하다. 그 '관심'이라는 재화를 두고 벌어지는 경쟁은, 새로운 매체들의 등장과 함께 점점 치열해지고 있다.

새로운 매체들이란, 다양한 플랫폼에서 방송되는 뉴스 및 엔터테인먼트 동영상을 제작하는 순수 온라인미디어 브뤼트(Brut), 콘비니(Konbini), 루프시테르(Loopsider)나 트위터의 브레브 드 프레스(Brèves de presse)와 트위터의 메디아브니르(Médiavenir), 유튜브의 위고데크립트(HugoDécrypte)와 가스파르 G(Gaspard G), 인스타그램의 페리오드(Period) 등 스스로를 뉴스미디어로 소개하는 계정 등을 말한다. 청년들은 이 무한경쟁의 첫 번째 희생자다. 이런 채널들과 함께 성장한 그들은 중독성이 매우 강한 짧은 영상 포맷을 접하고 인터넷에서 공유되는 '다시보기'나 발췌된 쇼츠를 소비한다. SNS에 널린 긴급하고 지속적인 정보들은, 상당한 불안감을 유발하는 것으로 입증된다.

폭력적 정보, 정보의 폭력

프랑스에서, 또는 프랑스와 가까운 나라들(벨기에, 영국, 독일 등)에서 2015년과 2016년에 연이어 발생한 테러는 그 자체로 당연히 불안을 유발한다. 군중 속으로 돌진하는 트럭, 큰 칼을 이용한 공격 등은 분명히 사람들의 뇌리에 깊은 상흔을 남긴다.

그런데, 이런 폭력적인 사건 자체 이상으로 우리의 정신에 유해한 것이 있다. 그것은, 이 사건들을 가공하고 전달하는 방식이다. 24시간 뉴스 채널과 웹에 유포되는 짧은 포맷은 트라우마에 노출된 우리 뇌리에 끔찍한 이미지와 이야기를 박아버린다. 그리고, 우리 집 근처에서 벌어진 이 학살 이야기를 상세하게 반복함으로써, 끊임없이 우리의 망막을 공포에 노출시킨다. 다음은 SNS에 **바타클랑 테러**[179]**나 니스 영국인 산책로 테러**[180]**의 이미지가 대량 유포된다. 신경심리학 및 인간기억영상 연구자인 프랑시스 외스타슈는 〈대화(The Conversatio)〉지를 위한 글**[181]**에서 테러에 대한 미디어 조작과 국민들이 느끼는 불안 사이의 연관성을 다음과 같이 설명한다.**

"24시간 뉴스 채널에서 종종 맥락을 벗어나 반복되는 이미지들(롤링 배너 등)은 외상 후 스트레스 장애의 원인이 된다."

이런 폭력적인 이미지들은 우리에게 강한 영향을 미쳤다. 니스에서 테러가 일어난 다음 날, 나는 리옹 기차역 근처 식당에서 일하고 있었다. 내가 커피를 손님에게 내가는 동안, 사장은 식당 내 모든 화면에 BFMTV를 틀어놓았다. 그때 나는 20세였다. 며칠 동안 나의 일상은 학살을 목격한 사람들의 처절한 증언들로 흔들렸다. 식당 손님들이 테러 사건에 공포를 느끼는 한편, 중독돼 그 이야기를 반복하던 기억이 난다.

"테러는 또 일어날 겁니다. 확실해요."

"이제는 전쟁이에요, 전쟁!"

테러사건 등과 관련해 피해자들에 대한 무분별한 보도가 이어지자, 언론윤리에 대한 문제가 지적됐다. 2015년 11월 13일 〈프랑스2〉 방송은 피해자에게 너무 가까이 다가가 촬영했기 때문에 들것에 실린 피해자를 또렷하게 비췄다. 그 영상은 곧 SNS를 통해 널리 퍼졌다. 〈24시간 연속 뉴스〉에서는 테러에 대해 관음증 수준으로 세세하게` SAQszQA +* 보도했다. 〈BFMTV〉는 피해자들의 피신처에 관한 정보를 노출해, 이들을 위험하게 만들었다는 비난을 받았다. 2015년 파리의 포르트 드 벵센 내 이페르 카쉐르 슈퍼에서 벌어진 인질 테러와 관련한 보도였다.

2015년부터 SNS는 테러가 발생할 경우에 대비해 여러 가지 기능을 '테스트'했다. 페이스북의 경우, 타인에게 나의 안전을 알리는 기능을 추가했다. 모든 미디어들은 '긴급 : 파리에서 칼 공격, 최소 7명 부상' 같은 알림을 보내는 애플리케이션을 개발했다. **미국의 5대 테크놀로지 가팜 (GAFAM)**[182]은 폭력적인 이미지의 확산을 막지 못한다(또는 막지 않는다). 결과적으로, 이슬람 국가가 인질을 살해하는 영상이 인터넷에 넘쳐난다. 전 세계 어디에서나 인터넷에서 실시간으로 이런 력적인 영상들을 접할 수 있다(혹은 접하게 된다).

2018년 소피 제엘과 파트리시아 아티귀가 실시한 '폭력적인 이미지를 마주한 청소년들'이라는 연구[183]에 따르면, 조사에 응한 청년들 모두가 SNS에서 폭력적, 성적, 혐오적 이미지에 노출된 것으로 나타났다. 그들이 의도적으로 찾았던 게 아님에도 말이다. 나도 19세 때 다른 정보를 검색하다가, 저널리스트 제임스 폴리가 참수당하는 영상에 노출된 경험이 있다. 청년들은 예전보다 더 일찍, 더 갑작스럽게 폭력에 노출된다. 주로 영상을 통해서다. 전쟁이나 테러는 이제 더 이상 머나먼 나라, 다른 행성 이야기가 아니다. 그들은 침대에 누워서도 세상의 온갖 폭력을 접하고, 공포를 일으키는 이미지와 영상에 침범당하고 있다.

청년들은 극우파인가?

청년들을 포함한 국민들의 일부가 치안과 테러에 대해 우려하는 것은 자연스럽다. 불안한 상황에 대한 정보의 흐름을 '원심분리'해 증폭시키는 SNS가 있는 한 더욱 그렇다. '사상'을 수치로 정량화한다는 것은 어려운 일이다. 극우주의 사상은 청년들 사이에 확산되지는 않은 듯하다. 그런데, 반동적이고 음모론적인 미디어 〈블랙 북〉을 만든 것은 소수의 청년들이었다. 이 수천 명의 청년들은 백인 민족주의를 추종하고 이슬람을 혐오하는 집단인 〈정체성 세대〉(이후 해산됐다)를 통해 심지어는 프랑스와 이태리 국경에서 난민들을 잡겠다고 설치며 악명을 높였다. **이런 이유로 2022년 〈르몽드〉 조사는 마린 르 펜(Marine Le Pen)의 정당[184]을 청년들의 제1 정당으로 꼽았다.[185] 그리고 "청년들이 극우 사상의 유행에 매우 취약하다"라고 강조하는 한편, 그들이 르 펜의 '악마화'를 경험해보지 않았기 때문에 이런 추세를 따르는 것이라고 설명했다.**

물론 일부 청년들이 인종차별, 외국인 혐오 경향을 보이는 것은 사실이다. 하지만, 언론이 힘을 실어주는 극우주의가 청년들에게 신속하게 확산되지 않는 것은 기적이라 할 수 있을 것이다. 사실 많은 청년들이 극우주의 사상에 저항하고 있다. 일부 청년들은 극우파의 부상에 불안을 느낀다. 일례로, 마리옹(20세, 대학생, 영문학 전공)은 미디어가 시사 문제를 다루는 방식에 위협을 느낀다.

"극우파들은 타인을 이해하려는 노력이 전혀 없고, 사람들을 공포로 몰아넣는 위험한 발언을 하고, 확실한 이유도 없이 분리주의나 이슬람 극좌 사상에 대해 악을 쓰며 비난합니다. 그들이 만들어가는 이 나라가 두려워요."

클로에(27세, 파리 거주, 메이크업 아티스트)도 극우파의 부상에 우려를 표한다. "미디어와 정치권을 점령하는 극우파가 두려워요. 특히 두려운 것은 그들이 내전 시 대립 상황에 잘 대비하고 있다는 사실입니다. 그들은 무장하고 조직돼 있으며, 무력이 지배하는 문화를 가지고 있어요. 제가 무사할까 싶을 정도입니다. 앞으로 몇 년은 더 위험해질 뿐, 더 나아지지는 않을 겁니다. 저는 미래에 대해 아무 희망도 없어요.. 이렇게 폭력이 난무하는 가운데 뭘 어떻게 해야 될지 모르겠고, 그걸 막기에는 이미 너무 늦은 것 같습니다."

전쟁, 테러, 극우파의 부상, 치안 약화, 민주주의 실패의 증후. 이 모든 것은 청년들에게 불안과 공포를 심어주며, 미래를 계획할 수 없게 한다. 그러나, 청년들을 비관주의자로 만든 가장 중요한 이유는 아직 언급되지 않았다. 그것은 다름 아닌 환경문제, 기후위기다.

기후위기라는 시한폭탄

청년세대는 기후위기라는 시한폭탄 위에 서 있다. 그들이 비관적일 수밖에 없는 이유다. 루나(21세, 대학생, 커뮤니케이션 전공)는 "당신을 가장 불안하게 만드는 것이 무엇인가요?"라고 묻자, 바로 '환경'이라고 답했다.

"저의 최대 고민은 환경입니다. 우리는 이제 곧 엄청나게 높은 벽에 부딪힐 거예요. 사람들이 미래에 대해 이야기하는 걸 볼 때마다, 과연 그게 가능할까 싶어요. 과연 30년 후에도 우리가 살아있을까? 제 삶의 절반을 엄청난 불안 속에서 살아가게 만든 시스템이 정말 원망스럽네요."

살로메(23세)도 말한다.

"저는 제가 너무 늦게 태어났다고 생각해요. 참새가 절반으로 줄어들었어요. 화재가 전 세계 숲의 절반을 삼켰고요.. 얼음이 녹아 바다를 산성화하고, 남극과 북극의 위치를 바꿔 물의 순환을 방해할 수도 있습니다. 기후위기와 6차 대멸종. 이보다 두려운 일이 또 있을까요?"

이런 '환경불안'은 내가 수집할 수 있었고, 통계에도 반영된 거의 모든 증언에 등장한다. 2016년, 2만 명의 프랑스인을 대상으로 안 뮉셀이 실시한 '제너레이션 왓 (Generation What) ?'이라는 설문조사에 따르면,[186] 18~34세의 최대 관심사는 환경이었다. 여기에서 '환경 불안'은 세상의 종말에 대한 우려를 말한다. 기온이 2도 이상 상승한다고, 2050년에 인류가 멸종하지는 않아도, 기존에 누렸던, 특히 서구인들이 누렸던 안전하고 편리한 삶은 없을 것이다. 우리는 악순환의 고리에 갇혀 있다. 이런 흐름을 막는 것은 불가능하다. 최선은, 피해를 늦추는 것이다.

기후변화 평가보고서의 혹독한 경고

압도적 다수의 청년들이 환경문제에 대해 우려하고 있다. 35세 미만의 85%가 지구의 건강에 대해 걱정하고 있는 것이다.[187] 이들은 재앙론자도 아니고, 순진하지도 않다. 반대로, 이들은 온갖 과학적 데이터, 특히 최근 IPCC 보고서에 근거해 명쾌한 주장을 펼친다. IPCC는 기후위기 및 그 원인과 결과, 그것들을 제한하기 위해 가능한 해결책에 대한 과학적, 기술적, 사회경제적 지식의 상태에 대한 평가를 제공하고자 1988년 유엔의 주도로 설립된 '기후위기에 관한 정부 협의체'다. IPCC의 195개 회원국 대표들은 의사 결정권자들을 위해 요약본의 내용을 인준한다. 이 보고서는 전 세계 과학자들이 작성하고 그들의 동료 과학자들이 검토한 수만 건의 보고서를 종합한 것으로, 오늘날 우리가 가지고 있는 가장 객관적인 기후 관련 연구자료다.

이 과학적 합의에 대해 기억해야 할 주요사항은 다음과 같다.

- 인간 활동으로 인해 기후가 전례 없는 속도로 더워졌다. 산과 극지의 빙하가 앞으로 수십 년 동안, 나아가서는 수천 년 동안 녹아내릴 운명에 처해 있다.

- 지구 온난화의 100%는 지난 10년 동안의 인간 활동으로 인한 것이며, 1850년 이후에는 거의 100%에 달한다.

- 북극의 빙하는 40년 만에 표면적의 40%를 잃었다. 그린란드와 남극의 만년설은 2005~2015년 매년 4,000억 톤 이상의 질량을 잃었다. 그 결과 많은 동물과 수천 명의 인간이 서식지를 잃었고, 해류가 바뀌었다. 해수면이 상승하면서 전 세계 여러 지역이 홍수 위험을 안고 있다. '낙관적' 시나리오에 따르더라도 2100년까지 전 세계적으로 해수면이 40cm 상승할 것으로 전망된다.

- 영구 동토층(북반구 육지의 1/4을 덮고 있는 연중 얼어붙은 땅)이 녹고 있다. 스페인 독감을 비롯해, 여기에 묻힌 바이러스가 방출될 위험이 있다.[188] 지금까지 얼음에 갇혀 있던 수십억 톤의 온실가스가 지구온난화를 가속화할 수 있다.

- 수백 년에서 수천 년에 걸쳐 이뤄지는 많은 변화는 결코 되돌릴 수 없다. 과거 온실가스가 배출되면서 수십 년에 걸쳐 바다가 온난화, 산성화되고 산소공급이 감소했다. 기온이 상승하면 바다가 탄소를 저장할 능력이 감소하므로, 방출되는 이산화탄소는 온난화 현상을 가속화한다.

- 이제부터 이런 변화의 속도와 강도는, 전적으로 우리가 앞으로 배출량을 어떤 식으로, 얼마나 줄이느냐에 따라 달라진다.

- 지구상의 79억 명 인구 중 33억~36억 명이 기후위기에 극도로 취약한 지역에 살고 있다. 이 지역은 사람이 살 수 없게 될 것이고, 일부는 이

미 그렇게 됐다.

- 식량문제가 주요 이슈가 될 것이다. 물 부족, 가뭄, 폭염, 토양 조건 악화가 수확량 급감과 작물 손실로 이어져 전 세계적인 기근이 발생할 것이기 때문이다.

여기에, 미세한 변화로도 전체 시스템을 붕괴시킬 수 있는 임계치인 '티핑 포인트'가 덧붙여진다. 이 티핑 포인트는 일종의 도미노 효과를 유발하기 때문에 뒤로 돌아갈 수 없는 지렛대 역할을 한다. 일정 수준의 온난화에 도달할 경우 우리는 이 같은 악순환에 빠질 수 있다.

더욱 무서운 것은, 일단 모든 티핑 포인트를 지나고 나면 사회를 변화시키기 위해 아무리 노력해도 뒤로 돌아갈 수 없다는 사실이다. 어려운 목표를 달성하기 위해서는 식량이나 에너지를 아껴야 하는 것이다. 파괴적인 결과가 수백 년, 나아가 수천 년 동안 지속될 것이기 때문에 더더욱 그렇다.

가뭄과 홍수, 화재, 모든 종류의 자연재해, 식량과 물자 부족, 물 부족, 대규모 이주. 여러분이 이 보고서들 중 하나를 읽어보면 불안 발작을 겪지 않을 수 없을 것이다. IPCC는 이렇게 경고한다. '현재의 적응 수준으로는 미래의 기후위기에 대응할 수 없을 것이다.'

과학자, 현대의 카산드라[189]

지구의 파괴를 측정하는 지표가 넘쳐나고, 모든 지표가 경고음을 울리고 있다. 심지어 전문가에게 기대하는 '중립성'에서 벗어난, 정치화되는 과학자들이 늘고 있다. 이들은 허공에 대고 설교하다가, 얼마 후에는 사막에서 설교하게 될까 불안해한다. 그래서 2020년, 프랑스 과학자 1,000명은 〈르몽드〉에 실린 '환경위기에 직면해 반란을 일으켜야 한다'라는 제목의

기고문에서 불복종을 촉구했다.[190]

2020년 4월, 두 명의 과학자가 예상되는 재앙을 경고하고자 화석연료의 최대 소비자로 밝혀진 JP 모건 체이스 은행의 출입문에 자신들의 몸을 쇠사슬로 묶었다. 그들 중 한 명, NASA 과학자 메달을 받은 피터 칼무스가 두 손으로 머리를 감싼 채 떨리는 목소리로 다음과 같이 말하는 모습이 촬영됐다.

"우리는 수십 년 동안 여러분에게 경고하려고 애썼습니다! 우리는 빌어먹을 재앙을 향해 가고 있어요! 그리고 무시당하고 있습니다! 전 세계 과학자들이 무시당하고 있단 말입니다! 이젠 멈춰야 해요! 아니면 우리는 모든 걸 잃을 겁니다! 농담이 아니에요! (...) 정말 심각하다고요!"

그는 경찰에 체포됐고, 〈가디언〉에 '**기후학자들은 절망한다 : 우리는 울면서 당신에게 애원하다가 체포된다**'라는 제목의 칼럼을 기고하고 낭패감을 표현했다.[191]

"나는 기후학자이자 절망스러운 아버지다. 어떻게 해야 더 크게 말할 수 있을까? 무엇이 필요한가? 동료들과 나는 이 재앙이 우리 주변에서 계속 일어나는 것을 막기 위해 무엇을 할 수 있을까?"

일반적으로 과학자들은 영화 〈돈 룩 업(Don't Look Up)〉(2021)에서 레오나르도 디카프리오가 연기한 교수처럼 TV에 출연하면서 점점 더 이성을 잃는다. 유럽에서는 IPCC 보고서의 공저자인 프랑수아 제멘이 2022년 5월 2일 프랑스 4 방송의 〈C 오늘 저녁(C Ce soir)〉이라는 토론 프로에 출연해 비상상황에 대처하기 위한 활동을 정치적으로 조직할 수 있느냐는 질문을 받았다. **그는 다음과 같이 대답해 시청자들에게 충격을 안겨줬다.**[192]

"다 끝났습니다! 지난 4월 4일 IPCC 3차 보고서를 보세요. 이제 끝났다고요!"

이 운명론적 발언은 큰 파문을 불러일으켰고, 이 벨기에 연구자는 비생산적인 비관주의자라는 비난을 수없이 받아야만 했다. 실제로 '다 끝났다'라는 표현은 의욕을 꺾을 수도 있다. 그러나 비관론적 발언은 건설적인 반응을 이끌어내기도 한다.[193] 나는 나보다 훨씬 전부터 경고해온 제멘과 비슷한 고통을 느낀다. 대응방식은 달랐지만 말이다. 제멘은 집단적 무기력을 20년이나 목격하다 보니 사기가 많이 떨어져 있었을 것이다.

프랑수아 제멘이 운명론적 발언으로 파문을 일으킨 지 며칠 지나, 나는 〈프랑스앵포〉에 그와 함께 출연했다. 나는 그가 사람들의 시선을 끌려는 의도에서 그런 말을 한 게 아니라는 것을 알 수 있었다. 이 과학자는 진심으로 유감스러워했다. 방송에서 그는 이렇게 주장했다.

"분명히 우리는 파리협정의 목표를 달성할 수 없을 것이고, 탄소 배출량을 제한할 수도 없을 것입니다."

TV에서의 그런 발언이 불러일으킬 수 있는 패배주의에 맞서고자, 나는 즉시 의자에서 일어났다. 그리고, 희망을 잃지 말고 사람들이 이 문제에 관심을 가지게 해야 한다고 제멘에게 반박했다. 하지만 내 말은 설득력이 부족했다.

"물론이죠, 살로메. 하지만 사람들이 집단자살을 해도 그건 그 사람들의 책임이고 권리입니다! 그러니, 자살하고 싶으면 하라고 하세요!"

이 일은 내게 깊은 인상을 남겼다. IPCC 보고서의 저자가 '이제 다 끝났다!'고 주장했는데, 정말 끝난 걸까?

절망이 행동을 부를 때

정치학 분야의 연구자 카리 드 프릭은 IPCC의 흑막을 다룬 책을 썼다.[194] 그녀는 "가장 낙관적인 사람들은 북반구 출신의 은퇴를 앞둔 나이의 백인들"이라고 말한다. 프릭에 따르면 상황은 변하고 있다. 더 비판적이고 더 젊은 다른 연구자들은 목소리를 높여 현재의 조치들은 매우 미흡하다고 말한다. 텔레비전에 출연한 과학자들은 점점 더 시민으로서의 입장을 취하고 우려를 표명한다.

IPCC에서 과학자들은 자신의 연구를 검증하고자 집중하지만, 때때로 무기력해지기도 한다. 그들 중 일부는 일에 너무 치였고, 특정 정부는 자신들의 일을 무시한다고 털어놓았다. **한편 IPCC I 그룹의 공저자로 평소에는 냉철하고 오랜 시간 기술적 논의를 하기 좋아하는 기후학자 크리스토프 카수는 2022년 폭염이 이어질 때 트위터**[195]**에 분노와 무력감을 토로했다.**

"나는 지금 분노하고 있는가? 그렇다! 우리에게는 명철함과 정직함, 용기, 윤리, 연대가 필요하다. 나는 도대체 어떤 입장을 취해야 개인적인 무력감과 위화감을 떨쳐버릴 수 있을까?"

호기심이 생긴 나는 더 자세히 알아보기 위해 그에게 전화를 걸었다. 침착하고 성실하며 언론에 자주 등장하는 이 저명한 과학자는 자기가 때로는 비관론에 빠진다는 사실을 기꺼이 인정했다.

"저는 제가 사랑했던 세상이 사라져가고 있다는 느낌을 받습니다. 저는 몇 가지 극단적인 사건 때문에 충격받은 것 같아요. 일례로, 식물이 고통받는 걸 보기가 너무나도 힘듭니다."

무엇이 그를 분노하게 할까? 자연과 인간이 고통받는 것은 예측할 수 있는 일이었지만 이를 막기 위해 아무것도 하지 않았다는 사실이다.

"우리는 15년 전 IPCC 보고서와 같은 궤도 위에 있습니다. 2007년 보고서의 결론을 읽어보면. 우리가 정확히 같은 궤도를 따라가고 있다는 사실을 알 수 있지요. 놀랍지는 않아요. 하지만 불안합니다."

불안에서 벗어나기 위한 그의 해결책은 무엇일까? 행동이다. 그는 영화 〈돈 룩 업〉(그렇다, 또 이 영화다!)의 마지막 장면에서 다가오는 비극을 많은 사람에게 알리기 위해 끝까지 노력한 여성 과학자의 말, "우리는 노력할 거예요"에서 자신의 모습을 발견한다고 말한다.

"나도 노력하겠다고 생각합니다. 아침에 거울을 보며 오늘도 할 수 있는 건 다 해보겠다고 스스로에게 말합니다. 그렇다고 피로를 느끼지 않거나, 절망에 대해 자문하지 않는다는 뜻은 아닙니다. 하지만 저는, 매일 노력합니다."

블라스트 웹 TV의 한 방송에서 지리학자이자 기후 자문회의 위원인 마갈리 레게차 역시 환경 전문 저널리스트인 나의 동료 팔로마 모리츠에게 이 같은 절망에 대해 언급한다. 그녀는 낮은 목소리와 차분한 어조로 무력감을 토로한다. 왜 자신의 목소리가 사람들의 귀에 들리지 않는지 궁금하다.

"무력감, 압박감이 느껴져요. 우리는 스스로에게 묻습니다. 우리는 뭘 하지 않았을까? 우리는 무슨 행동을 하지 못했던 것일까? 우리는 무슨 말을 하지 않았던 것일까? 왜 사람들은 우리가 하는 이야기를 듣지 않는 것일까?"

상황의 심각성을 다시 한번 깨닫게 해준 또 다른 에피소드는 IPCC 6차 보고서의 3부 주 저자인 쥘리아 스텐베르그와 스위스 TV의 한 진행자가 나눈 열정적인 대화다. 스텐베르그는 우리가 처한 위험한 상황에 대해 설명한 후, 정부가 시급히 마련해야 할 해결책을 나열했다. 그리고는 "이런 방식으로 문제를 해결할 수 있을지 확신할 수 없다"라고 덧붙였다. 그러자, 사회자는 놀란 표정으로 그녀에게 물었다. "하지만, 적어도 당신은 낙관적인 태도를 보여야 하지 않나요?"

그러나, 스텐베르그의 대답은 냉정했다.

"아니, 전혀요. 저는 현실적인 사람이 되고 싶어요. 가능성은 분명히 존재하지만, 그것이 수용될지는 미지수입니다. 저는 지금 저희 이야기를 듣고 있는 분들이 이 메시지를 마음에 새기고, 변화를 위해 행동하는 일원이 되기를 간곡히 부탁드립니다! 그렇지 않으면, 우리는 절대 성공할 수 없어요!"

한편에는 이제 모든 것이 끝났다고 말하며 낙관론자 역할을 계속하기를 거부하는 과학자들이 있고, 다른 한편에는 TV 생방송에서 대중에게 호소하는 과학자들이 있다. 이것이 현 상황이다. 이런 상황에서 불안도 느끼지 않고, IPCC 보고서도 읽어보지 않는다면 아무 생각이 없다고 봐야 할 것이다. **실제로 이 방송에서 쥘리아 스텐베르거는 기후 문제를 위해 앞장선 청년들에게 감사를 표했다.**[196]

"이 문제를 제기하는 기후운동가들과 청년들이 있어서, 참 다행입니다."

대부분의 청년들이 기후 문제에 직접 나서지는 않더라도, 참여자들 중 상당수가 청년들이기 때문이다. **2022년 3월, 프랑스 전역에서 수천 명의 청년들이 〈기후를 위한 청년들〉이라는 단체와 함께 시위를 벌였다.**[197]

점점 더 많은 청년들이 파격적인 행동을 보이고 있다. 일례로 청년들이 주도하는 단체 〈최후의 혁신〉 소속 알리제(22세)는 '우리에게는 이제 1,028일밖에 남지 않았습니다'라는 슬로건이 새겨진 티셔츠를 입고 롤랑가로스 테니스 대회 남자 준결승전이 벌어지는 코트에 뛰어들었다. 또한 6명의 활동가들이 투르 드 프랑스 자전거 경기가 열리는 도로 한복판에서 경기를 중단시켰다.

〈르몽드〉의 보도처럼,[198] 환경운동단체인 〈멸종 반란〉은 주로 청년들로 이뤄져 있다. 스위스 일간지 〈르 탕〉과의 인터뷰에서 쥘리아 스텐베르거는 기후 운동을 위해 투쟁하는 청년들을 전폭적으로 지지한다고 밝혔다.

그녀는 청년들이 기후위기와 무관한 모든 활동을 접고 더 멀리 나갈 것을 권유하기까지 했다.

"청년들은 이 짧고 결정적인 기간에 무엇을 할 수 있을지 고민합니다. 우리는 즉각적인 답을 얻어야 합니다. 우리는 지금 이런 상황에 처해 있고, 그들은 옳습니다. (...) 청년들은 한 가지 활동에 국한되지 않고 가능한 한 많은 영역에 영향을 미치면서 우리 사회를 변화시키는 데 적극적으로 참여해야 합니다."

그렇다면 우리는 '낙관적'이어야 하고, '쓸데없는 걱정'을 그만둬야 하는 것일까?

환경불안, 세기의 병(病)

온 국민이 기후위기를 점차 인식하고 있다. 노년층도 이 현상과 무관하지 않다. ADEME(파리 기후위기 사무소)의 연구[199]는 전 세계 사람들이 기후위기를 인식하고 있다는 사실을 잘 보여준다. 평균적으로 청년층은 지구온난화와 그 결과에 대해 노년층보다 더 잘 알고 있다. 『청년세대 정책』이라는 책에서 사회학자 카미유 푀니는 다음과 같이 지적한다.

"지구온난화의 원인이 무엇이냐는 질문을 받으면 청년들은 인간 활동의 결과라고 답하는 경향이 높다. 이들 중 63%는 인간 활동이 기후온난화의 '유일하거나 주요한 원인'이라고 답한 반면, 60세 이상의 이 답변은 35%에 그쳤다."

그 논리적 결과로서 우리는 청년들이 종종 '환경불안'으로 고통받는다는 사실을 발견한다. 호주와 뉴질랜드 연구진이 발표하고 장-조레스 재단이 번역한 〈지구환경변화〉지에 실린 한 논문[200]은 환경위기와 관련된 이 매우 특별한 불안을 명확하게 정의한다. '환경불안'이란 환경위기와 관련된 불안 경험을 설명하는 용어다. 이 용어는 '기후위기(특히 인간으로 인한)와 연관된 불안'은 물론, **특히 전체 생태계와 동식물의 멸종, 자연재해와 기상 이변 발생률 증가, 지구 전역의 대규모 오염, 산림 벌채, 해수면 상승, 지구 온난화 등 다양한 환경재해에 대한 불안을 포함한다.**[201] 한 마디로, 재앙이 다가오고 있다는 사실을 아는 사람들은 두려움에 떨고 있는 것이다.

환경불안은 이미 사라진 것에 대한 애도를 뜻하는 솔라스탈지아(Solastalgia, 환경변화로 인한 고통)와는 구별된다. 여러분은 어렸을 때 본 숲이 화재로 인해 황폐해진 것을 본 적이 있는가? 여러분은 옛 시절에 대한 향수와 소나무 숲을 거닐던 기억에 슬퍼지지 않는가? 이런 것이 솔라스탈지아다. 이 감정은 기후위기로 인해 삶의 터전을 떠나야만 했던 이누이트족이나 섬사람들, 혹은 생물다양성의 감소와 경관의 파괴를 매일 목격하는 사람들에게서 느껴진다. 환경불안은 앞으로 일어날 일과 연관이 깊다. 한 마디로, '외상 전 스트레스'인 것이다.

2021년 〈란셋 플레너터리 헬스〉에 실린 한 연구[202]는 환경불안이 전 세계 16~25세의 정신건강에 어떻게 영향을 미치는지 보여준다. 10개국 16~25세 1만 명을 대상으로 실시한 설문조사에 근거한 이 연구의 결과는 명확하다. 응답자의 84%가 환경불안을 느끼고 있으며, 이들 중 45%의 건강과 일상에 영향을 미친다는 것이다. 설문조사에 참여한 프랑스 청년들의 74%는 미래가 두렵다고 답했으며, 77%는 우리가 지구를 돌보는 것에 실패했다고 대답했다.

환경불안은 그 자체로는 병이 아니다. 오히려, 병든 세상에 대한 건강한 반응이라 할 수 있다. 하지만, 개인들의 정신건강에 무시할 수 없는 영향을 미친다. 정신과 의사인 앙투안 펠리솔로와 셀리 마시니는 공동 집필한 저서에서 환경불안으로 인한 증상을 '**공황발작, 불안, 불면증, 강박적**

사고, 섭식장애 (거식증, 과식증), 부정적인 감정(공포, 슬픔, 무력감, 절망, 좌절, 분노)'[203]로 나열한다.

내가 환경불안에 대해 언급할 때, 그것은 단순한 불안이 아니다. 환경불안에 대해 많은 것을 알고 있는 듯한 발랑틴(25세)에게 이 주제를 꺼내자, 그녀의 목소리가 작아졌다. 그녀의 경우는 환경불안이 감당하기 힘들 만큼 심각한 상태였다.

"저는 몹시 우울해집니다. 우리가 환경을 위해 하는 일이 쓸모없다는 걸 깨닫고, 자살하고 싶을 때가 종종 있어요. 정신적으로 너무 힘들어요. 특히 기후위기 회의론자들과 대화할 때는 정말 힘듭니다."

루이즈(28세, 변호사)는 파드칼레 지방의 아라스에서 일하고 있다. 그녀는 2017년부터 환경불안증으로 고통받고 있다.

"동물의 멸종을 기록한 보고서를 읽고 몹시 두려웠어요. 환경 관련 정보를 많이 찾으면 찾을수록, 상황을 더 많이 알면 알수록 더욱 위축됐어요. 이 세상에 저 혼자뿐이라는 생각이 들었지요. 기후와 생물 다양성에 대한 불안이 제 마음속에 자리 잡았고, 그 누구도 저를 이해하지 못한다는 느낌이 들어요. 생각하면 잠을 설치고 속이 답답해지면서 저도 모르게 와락 눈물이 솟구쳐요. 쓸데없이 정보를 공유하는 것 같아 혼란스러워요. 정말 끔찍해요."

나 역시 환경불안증을 겪는 사람으로서, 많은 이들이 이 증상을 고백하며 스스로 병약하다고 하는 것에 충격을 받는다. 하지만, 불안을 느껴야 마땅한 상황에서 불안을 느낀다는 것은 명철함의 증거다! **반대로, 불안을 느끼지 못하면 양질의 정보 부족으로 인한 부정과 무분별, 무지로 이어진다.**[204] 행동하려면 부정을 극복해야 한다. 이는 불안을 이겨낼 좋은 치료법이다. 자신의 행동과 가치관을 일치시키면, 고통스럽고 무기력하다는 느낌이 줄어들며, 무엇보다 희망을 가지게 된다. 23세의 환경운동가 레아는 이를 확신한다.

"환경불안은 '환경분노'로 이어질 수 있어요. 저 혼자서는 분노로 무엇을 바꿀 힘이 없어요. 하지만 단체활동을 하면, 분노는 변화의 원동력이 될 수 있습니다."

루이즈는 불안감을 해소하고자 환경보호단체에 가입했다. 그녀는 "제게 도움이 되는 건 오직 이 단체"라고 말했다. 이런 불안은 개인들의 삶에 실질적인 영향을 미친다. 이는 인류의 역사를 뒤흔들어 놓는다. 아이를 갖거나, 갖지 않거나. 둘 중 하나를 선택해야 하는 것이다.

출산 포기라는 선택 (또는 형벌)

나 자신이 이런 상황에 처해 있다. 나는 아이를 가질 생각이 없다.[205] 진정으로 원치 않는 것은 아니다. 다만, 환경위기와 그 결과(지정학적 불안정, 경제위기, 식량부족, 대규모 이주 등)가 두려워서다. 이 모든 것을 알고 기록하는 저널리스트로서, 아이를 보호할 수 없다는 걸 알면서 세상에 내놓고 싶지 않아서다. 이것이 바로 두려움이다. 이런 사람이 나 하나는 아니다. 환경문제에 민감한 집단에는 아이를 원하지 않는 사람들로 가득하다. 비출산은 유행이 아니다. 그것은 절망으로 인한 결정인 경우가 많다.

2020년 미국에서 수행된 매튜 슈나이더-메이어슨과 레옹 키트링 연구원의 연구에 따르면, '환경문제를 특히 우려하는 사람들은, 미래의 세계를 두려워하고 아이가 짊어지게 될 환경적 무게를 걱정한다. (...) 그들은 자신이 또 한 사람을 이 세상에 내놓는 게 맞는지 자문한다.'[206] 〈랜싯 플래니터리 헬스〉의 설문조사에 따르면 전 세계 18~25세 인구의 39%는 출산을 망설이는 것으로 나타났다.[207]

어떤 사람들은 아이를 낳으면 그만큼 탄소 배출량이 증가하기 때문에, 비출산은 그를 우려한 친환경 행동이라고 한다.[208]

내가 만난 젊은 환경주의자들의 대다수는 자녀들이 극도로 무더운 세상에서 살게 될 것이 두려워 출산을 포기한다. 그들도 다른 사람들처럼 '그들은 아들딸 많이 낳고 행복하게 잘 살았다네'라는 이야기를 귀가 닳도록 듣고 자라났다. 가정을 꾸린다는 것은 우리가 태어났을 때부터 집단적 상상력 속에서 행복의 정점으로 제시됐다. 자녀를 포기하는 것에는 다 그만한 이유가 있다는 말은 사실이다.

코랄린(25세)은 이제르 지방의 부르그 앵-잘리유라에서 태어나 성장했다. 자연을 사랑하는 부모님을 둔 그녀는 고등학교 때 친구를 통해 동물학대에 대해 알고 나서 채식인이 됐고, 환경학에 입문했다. 환경문제에 계속 관심을 가져온 코랄린은 리옹에서 관련 분야 석사학위를 받았다. 그녀는 "아이를 낳아서 이 지옥 같은 세상에서 살게 할 수 없다"라고 말했다. 생각이 바뀌지는 않을까? 그녀는 단호하게 대답했다. "저는 매일 뉴스를 들으며 출산을 포기한 이유를 생각할 거예요. 갑자기 아이에 대한 열망이 생기면, 아이를 키울 수 없는 누군가를 도울 겸 입양은 할 수 있겠지요. 하지만 낳지는 않을 거예요. 슬픈 일이지요. 출산이 줄 행복보다 불안감이 더 클 테니까요. 우리 세대는 끝났고, 희망이 없습니다."

환경문제에 대해 잘 알고 있는 이폴리트(25세, 영화감독)는 기후위기 때문에 아이를 포기하고, 정관수술[209]**을 받기로 결정했다.** "지금 여름 날씨를 보면 시작에 불과해요. 멸망할 세상에서 어떻게 아이를 가질까요? 어떻게 번식을 원할까요? 나중에 아이를 갖고 싶다는 생각이 들까 봐 정관을 막아버리려고 해요. 계속 악화될 이 세상에서 아이를 낳는 건 이기적이라고 생각해요."

제롬(24세, 엔지니어)도 "이런 세상에서 아이를 키울 수 없다"라고 말한다. "결혼, 출산, 집 장만 모두 포기했습니다. 이 세상에서는 장기 계획을 세울 수 없어요."

이런 증언은 넘쳐난다. 현재까지는 이 현상을 정량화한 연구가 없기 때문에 측정은 쉽지 않지만,[210] 확실한 것은 프랑스에서 2010년부터 출산율이 감소하고 있다는 사실이다.[211] 2020년에 프랑스에서 태어난 아기는 74만 명으로 2019년에 비해 1만 3,000명이 감소했다(-1.8%). 2021년 5월, 국가계획 고등판무관은 이런 인구 감소에 대한 자료를 발표했다. 이 자료에서는 프랑스 사회 모델이 전체 국민에 대한 국가적 연대를 기반으로 하므로, 출산을 계속해야 한다고 언급돼 있다. 그러나, 해결책을 한 가지도 제공하지 않고 지구를 계속 파괴하는 것은 출산을 장려하는 방법이 아님은 분명하다.

출산율의 감소는 가임기 여성 숫자의 감소와도 관련이 깊다. 경제적 불안정, 고용시장 악화, 성 불평등이 심각한 나라에서 여성들이 출산을 꺼리는 현상, 펜데믹의 발생 등 다른 요인으로도 설명된다. 출산 포기의 이유에 환경문제만 있는 것은 물론 아니다. 하지만 환경문제 때문에 출산을 포기한다는 선택은 언론의 단골 주제가 되고 있다. 이런 선택은 환경불안의 최종단계, 번식 포기에 직면했을 때의 비관론을 구체화하는 것으로 보인다. 즉 환경위기 때문에 출산을 포기한다는 것은, 사회의 미래에 대한 희망을 버렸다는 이야기도 된다.

환경 부정의 무게

환경위기가 환경불안의 근거라면, 청년들의 불안은 '어른들'의 나태에서 비롯된다. 그들은 청년들을 도와주기는커녕 방해하기까지 한다. 일례로, 브리스 쿠튀리에가 그의 저서에 드러낸 환경운동가들에 대한 관점을 보자. 나름대로 설득력 있는 이런 관점은, 불행하게도 널리 퍼져 있다.

"환경운동가들은 비행기 타는 사람들을 비난한다. (...) 육식은 부도덕한 행위가 됐다. 겨울철에 태양광과 풍력 터빈을 가끔 가동하는 것 외의 난방은 '환경 학살'로 간주될 것이다. (...) 종말이 임박했다는 도덕적 공황과 이전 세대에 대한 보복의 욕구가 청년들을 사로잡을 것이다. 현재 최적의 생활조건을 누리고 있음에도, 미래에 대한 불안에 떠는 청년들에게 확산될 것이다."

청년들이 최적의 생활조건을 누리고 있다? 쿠튀리에의 이 주장에 대해서는 다시 이야기할 것이다. 쿠튀리에는 환경문제에 대해 무지한 이들이, 청년들에게 어떤 편견을 가질 수 있는지 잘 보여줬다. 그는 청년들의 소비 행태까지 비판한다.

"우리 세대의 대학 교육과정에 성(性)의학이 도입됐듯, 요즘 청년들이 다니는 대학의 교육과정에 붕괴학(崩壞學)이 도입된 것 또한 시대의 징후다. 우리는 '거침없이 즐겨라'라고 외쳤다. 그들은 제한, 감축, 탈성장을 권장한다. 우리는 세계 곳곳을 탐험하고 싶어했다. 그들은 우리에게 '현지 소비'를 강요하려 든다. 청년세대가 우리를 닮지 않았다는 것은 의심할 여지가 없다. 그들은 우리에게 등을 돌리고 있다. 최악은, 그들이 우리에게 계승할 수도 있는 것을 거부하고 있다는 사실이다. 이런 이들이 바로 밀레니얼 세대다."

나는 기후 재앙이 세대 간 소통을 단절시키고 있다는 걸 안다. 이런 상황에서 기성세대가 청년세대에게 그들의 가치와 열정을 물려주기란 쉬운 일이 아니다. 그러나, 우리 청년세대는 환경문제를 인식했다! 기성세대는 우리 청년들이 죽어가는 이 지구에 사는 것을 좋아한다고 생각하는 모양이다. **청년들이 성적 욕구도,**[212] 여행이나 소비에 대한 욕구도, 꿈도 없다고 보는 듯하다.

우리가 이런 욕구를 절제할 수밖에 없는 것은, 선택의 여지가 없기 때문이다. 저자는 '환경주의의 독재'를 비난하지만, 나는 우리에게 다 망가진 지구를 물려준 '반동적 독재'를 비난한다. 우리가 처한 재난의 수준은 굳이 입증할 필요가 없으며, 과학자들도 이 문제에 대해 만장일치로 동의한다. **그러나, 기성세대가 주도하는 정치와 미디어 논쟁**[213]**은 한참 뒤떨어져 있다.**

언론의 실패

언론인들의 NGO 〈희망의 언론인들〉은 기후위기를 다루는 언론 보도에 대해 심층적인 연구를 수행했다.[214] 이 단체는 최근 몇 년 동안 환경위기를 다룬 기사의 비율이 '현저히 증가'했지만 충분한 수준은 아니라고 설명한다. 연구 범위 내에서 기후를 언급하는 기사의 비율은 평균 1% 미만이며, TV 뉴스 채널의 경우에는 2%이고 몇몇 전국 일간지의 경우에는 거의 5%에 달한다. 더욱이 이 연구는 신문 기사들이 명백하게 기후위기와 연관되지 않는다며 유감스러워한다.

2022년 7월 말, 나는 쥘리에트 우에프(28세)와 함께 환경위기를 고려해 시사 문제를 다루기 위해, 미디어 〈베르(Vert)〉(https://vert.eco/)를 설립한 저널리스트 루 에파르질리에르(31세)와 술을 마셨다. 우리가 이야기를 나누는 동안에도 큰 산불이 났다. 게다가 화재 현장은 우리가 이야기를 나누는 그 장소에서 멀지 않은 지롱드 지역이었다. 루는 언론이 환경위기를 다루는 방식에 분노했다.

"언론에서는 환경에 대해 충분히 이야기하지 않아요. 어쩌다 그 주제가 나오면, 파국적인 방식으로 이야기합니다."

그는 언론이 이 환경위기를 공정하게 다루게 하려면, 모든 언론인들을 대상으로 환경 교육을 시급히 실시해야 한다고 주장했다.

"북극곰을 지구온난화의 우의(寓意)로 보여주거나, 폭염이라는 주제를 다루면서 아동들이 물놀이하는 모습을 보여주는 짓을 중단해야 합니다."

쥘리에트 우에프와 마찬가지로, 루 에파르질리에르도 언론인들에게 큰 책임이 있다고 생각한다.

"일부 언론 보도를 보면, 기후위기를 지구온난화와 명확하게 연관시키지 않아요. 그런 보도를 보면 화가 납니다. 잘못된 언론 보도가 시민들의 행동을 지연시키고 있어요."

기후위기가 어떤 영향을 미치는지는 확인됐다. 하지만 집단은 반응을 보이지 않고, 개인들은 무엇을 어떻게 해야 할지 모른다. 루 에파르질리에르는 "미디어의 역할은 대중화와 교육"이라고 강조했다.

"지금 무슨 일이 일어나고 있는지, 그리고 현재 가능한 해결책이 무엇인지 알아야, 행동하고 지도자들에게 책임을 물을 수 있습니다. 그러나 오늘날 우리 사회에는 현실을 부정하거나, 절망부터 하는 사람들이 있지요. 그래서 우리가 잘못된 방향으로 가고 있는 것입니다. 바로 이것이 우리를 공포에 빠뜨리고 나약하게 만드는 것이지요. 이것은 악순환입니다."

정치, 불안의 또 다른 원인

언론 보도도 수준 미달이지만, 정치인들의 수준은 더욱 심각하다. 그런 점에서, 에마뉘엘 마크롱의 5년 임기 종합평가는 시사하는 바가 대단히 크다. 2017년 마크롱이 미국의 파리협정 탈퇴를 발표하며 쩌렁쩌렁한 목소리로 외쳤던 '우리 지구를 다시 위대하게 만들자!'라는 구호는 결국 공염불에 그쳤다. 무작위로 150명을 추첨해 〈시민연대〉를 조직한 여당은, 로비를 받고 정작 시민들의 제안은 폐기시켰다. 그 결과 대다수의 조치가 채택되지 않았다. **2021년에 제정된 '기후' 법안은 지구온난화를 억제하기 위해 2030년까지 해야 할 일의 10%도 달성하지 못할 것이다.**[215] 〈기후행동 네트워크〉의 비정부기구들은 '환경학과 민주주의 모두의 실패'라고 비난했다.

부끄럽게도, 프랑스는 유럽연합에서 2020년까지 재생에너지 투자 목표를 달성하지 못한 유일한 국가다. 에마뉘엘 마크롱 대통령 자신이 설립한 전문가 위원회인 〈고등 기후 위원회〉는 프랑스의 기후 무대책에 대해 계속 경고했다. 파리 행정법원과 국무회의는 이에 근거해 마크롱 이전 정부를 비난하기도 했다. 게다가, 프랑스 정부는 2019~2023년 이산화탄소 배출량 감축 목표를 연간 2.3%에서 1.5%로 낮추면서 목표치를 수정했다.

심지어, 마크롱 대통령은 첫 5년 동안 반대급부 없이 수십억 유로에 달하는 공적 자금을 공해산업에 지원하기까지 했다. 그는 공해를 일으키는 생산주의 및 농업 관련 산업 모델을 옹호했다. 합성 질소비료의 사용은 거의 감소하지 않았다. 글리포세이트 문제에 대한 역추적을 위한 조치도, 공장식 축산 종식을 위한 그 어떤 조치도 취하지 않았다. **세계보건기구(WHO)에서 인간에게 '발암 위험이 있는 물질'로 분류하고 많은 비정부단체에서 환경 위험 물질로 간주하는 글리포세이트는 2020년 이전에 프**

랑스에서 사용이 금지될 예정이었다.[216] 하지만 프랑스 정부는 이 물질의 사용 금지 시기를 연기하더니, 결국 금지 일정에서 제외시켰다. 그리고 그해, 살충제 판매량이 폭증했다.[217]

내가 정치권이 아무런 대책도 세우지 않는다고 하자, 기후학자 크리스토프 카수는 "에마뉘엘 마크롱 대통령 취임 후 몇 달 만에 절망에 빠졌다"라고 지친 목소리로 말했다. "제가 견딜 수 없는 것은, 실천 없이 말만 앞세우는 이들입니다. 기후와는 협상이 불가합니다. 지구물리학은 단순한 논쟁거리가 아닙니다. 이산화탄소 배출량은 엑셀 파일의 숫자가 아닙니다. 변경이 불가한 것입니다. 그것은 폭염과 고통, 죽음으로 드러납니다. 기후위기의 심각성과 위급성을 부정하는 담론은 가짜입니다."

무책임한 정치는 기후위기 자체보다 더 큰 불안을 일으키기도 한다. 가장 두려운 것은 이토록 위중한 상황 속에서도, 어떤 조치도 취해지지 않고 있다는 사실이다. 사라(26세, 농업 노동자)는 아르데슈 지방에 있는 소규모 농장을 물려받을 계획이다. 환경학적 문제를 잘 인식하고 있는 그녀는 가뭄이 점점 잦아지고 있는 이 지역의 물 문제를 우려하고 있다. 그녀는 농업을 위한 공공정책이 없다는 점을 개탄하며 "정치인들의 농업에 대한 무관심이, 기후위기 자체보다 더 우려스럽다"라고 말했다.

"정치권에서 아무 일도 일어나지 않는 걸 보면 우려스럽습니다. 저는 정부가 문제를 파악하고 조치를 취하기를 기다리고 있지만, 아무래도 그럴 것 같지 않습니다. 환경문제에 대한 구조적 성찰이 없으니 재앙이 계속되고 있다는 느낌을 받아요. 저는 농장을 물려받는 게 망설여집니다. 기후위기는 분명 농사를 바꿔놓을 테니까요. 농업 분야에는 강력한 공공정책이 필요합니다. 우리나라에 맞는 농업 유형을 파악한 농업 계획이 필요하며, 이는 국가가 장기적인 비전을 가지고 있어야 가능합니다. 하지만 기대하기 어려워보여요. 올여름에는 지역의 특수성을 고려하며 국가 차원에서 물을 더 잘 관리할 조직이 필요할 겁니다. 골프장에서 물을 뿌리는 건 허용하면서, 농민들에게는 긴급사태라며 물의 사용을 제한하는 것은 있을 수 없는 일입니다. 물에 대한 계획이 없으면, 우리는 재앙을 맞이할 겁니다. 벌써 농업 분야에서는 재앙의 징조가 보이고 있어요. 저는 기후위기 자체보다 위기 관리의 부재가 더 걱정스럽습니다."

희생된 세대

이런 기후부정은 이 문제를 잘 아는 사람들에게 불안감을 안겨준다. 이는 세대별로 다른 영향을 미치는데, 역시 청년세대에게 불리하게 작용한다. **기후학자이자 IPCC 제1그룹 공동의장인 발레리 마송-델모트는 현재 진행 중인 위기에 직면한 세대 간 불평등에 대해 강조한다.**[218] **2022년 6월 폭염이 지속되는 와중에 그녀는 과학 저널 〈사이언스〉의 연구**[219]**를 소개한다.**

"전 세계에서 1960년에 태어난 사람들은 평생 평균 4번 폭염에 노출됩니다. 이에 비해 2020년에 태어난 아이는 현재의 공공 기후정책으로 7번, 온실가스 배출량이 급격히 감소할 경우(2199년까지 + 20 C)에는 6번, 이 배출량이 매우 급격히 감소할 경우(+ 1.50 C)에는 4번의 폭염에 노출될 것입니다."

이 과학자는 단호하게 결론짓는다. 즉 신세대는 기성세대보다 훨씬 더 많은 위험에 노출되리라는 것이다.

"이 논문은 다른 기상이변(산불, 흉작, 가뭄, **홍수**, 열대성 저기압)에 대한 노출에 대해서도 유사하게 평가합니다. 다른 요인들이 기후온난화가 아동과 그의 권리에 미치는 영향을, 특히 학교에 대한 접근 중지(적응하지 못하는 학교, 폭염으로 인한 휴교, 침수 가능 지역에 있는 학교)를 증가시킬 수도 있지요.”

이런 무대책의 결과를 고스란히 감수해야 하는 세대는 청년세대다. 우리 청년들은 이 상황을 관리하고 이 모든 재난을 겪어야 한다. 우리 세대가 가장 큰 영향을 받으니, 우리가 목소리를 내는 것은 당연한 일이다. 오늘날의 정책 결정권자들은 이런 현실을 고려해 공익을 추구해야 한다. IPCC 공동의장도 말한다.

“이런 세대 간 관점은 우리의 선택과 형평성, 정의의 함의를 고려해 오늘날의 청년세대를 위해 행동해야 하는 우리의 책임을 강조합니다.”

영국의 바스 대학 교수이자 환경불안에 관한 연구의 제1 공동저자인 심리학자 캐롤라인 히크먼은 2021년 9월 〈르몽드〉 기사[220]에서 기후위기에 대한 무대책은 “청년들에게 가해지는 정신적 상처이며, 청년세대에 대한 집단책임이라는 측면에서 인권 침해”라고 강조한다. 기후 폭탄은 청년들의 사기를 꺾는 원인이다. 최근의 한 사건은 청년들을 심리적으로 더 압박했다. 언론의 비판적인 보도에도 불구하고 팬데믹은 생태계의 위기와 무관하지 않다. 게다가 이때부터 일부 언론은 30세 이하의 청년들을 가리켜 ‘희생된 세대’라고 부르기 시작했다.

팬데믹, 추방된 청년들

“2020년에 스무살 청년으로 살아가는 것은 힘든 일이다.”

에마뉘엘 마크롱은 코로나 바이러스가 두 번째로 확산됐던 2020년 10월 14일, 〈프랑스2〉와 〈TF1〉 방송 인터뷰에서 이렇게 말했다. 그러나, 청년세대는 이 위기 속에서 어떤 배려도 받지 못했다. 이는 분명한 사실이다. 게다가, 논평가들은 청년들을 희생양으로 삼는다. TV 방송에서는 진행자들이 청년들을 맹비난하며 학생 파티나 붐비는 술집 동영상을 보여준다. 2020년 7월 27일, 〈CNEWS〉에서는 청년들이 팬데믹 안전수칙[221]을 지키지 않는다고 비난했다. 2020년 10월 28일, 〈LCI〉에서 저널리스트 장-미셸 아파티는 "청년들이 문제를 일으키는 이유는, 우리가 그들에게 지나치게 관대하기 때문"이라며 분노를 표했다.

"대통령은 2020년, 코로나 팬데믹 중 스무살로 살아가는 건 어렵다고 했지만, 바이러스를 퇴치하는 것도 어려워요! 1914년에도 스무살로 사는 건 어려운 일이었습니다. 청년들은 사회 전체에 해를 끼칠 수 있다는 말입니다!"

일부 청년들이 바이러스 확산에 책임이 있다고 비난받은 것은 명백한 사실이다. 그러나, 대부분의 청년들은 그들의 연장자들을 바이러스로부터 보호하기 위해 정한 규칙을 준수했다. **2021년 1월, 코로나 팬데믹이 시작된 이후 전체 사망자 중 15~44세는 0.5%를 차지한 반면[222] 65세 이상은 93%를 차지했다[223]는 사실을 상기하자. 2022년 3월, 프랑스의 연구분석통계평가기관 DREES[224]의 발표 자료에 따르면, 코로나 바이러스 감염으로 인한 입원율은 15~44세의 경우 6%에 그쳤으나, 65세 이상은 70%에 달한다.** 즉, 청년들은 개인적으로나 직업적으로 성장하는 중요한 시기에 나이 든 사람들을 구하기 위해 학업과 아르바이트, 사회생활을 포기한 채 갇혀 있었던 것이다.

청년세대는 희생을 감수했다. 그럼에도 청년들은 매주 손가락질을 받고, 때로는 바이러스 확산의 책임자라는 비난까지 받았다. 나는 청년들이 보여준 공감 능력과 위엄을 강조하고 싶다. 사람들은 청년세대가 이 사건 때문에 치른 대가를 알기나 할까? 청년세대는 노인세대가 직접적으로 혜택을 받은 공중보건의 관점에서뿐만 아니라 지난 몇 년 동안의 정책 개악과 예산 절감으로 공공병원이 불안정해지는 바람에 희생을 치렀다. 이런 현실에 비추어볼 때 그들의 남다른 노력이 언론이나 정치권으로부터 칭찬받지 못한다는 건 이해할 수 없는 일이다.

그리하여 나는 정기적으로 청년세대에게 퍼부어지는 이기주의자라는 비난[225]을 제대로 반박할 기회를 얻게 됐다. 1981년 이후 10년마다 한 번씩 실시된 EVS(유럽 가치관 연구)[226]의 실증적 데이터[227]가 청년들이 이타심을 잃지 않았다는 정반대의 결과를 분명하게 보여주기 때문이다. 가장 최근에 실시한 2018년 조사에서도 생존해있는 각 세대의 이타주의 수준은 비슷하게 나타났다. 그러니, 이제 청년들이 기성세대보다 이기적이라는 비난은 그만하자!

청년들은 팬데믹 안전수칙을 지키도록 가장 먼저 강요받았으며, 이를 지키지 않았을 때는 맹비난을 받았다. 그리고 이 위기상황에서 가장 먼저 배제됐다.

위태로운 경사로

많은 청년들은 점점 불안해지는 생활환경에 대처해야만 했다. 경제학자 다비드 카일라는 다음과 같이 설명한다.

"과거 임시노동과 계절노동은, 청년들의 일할 기회를 늘리고 고용계약해지 수당을 통해 최저임금 이상의 보수를 받을 수 있게 했다. 하지만 팬데믹 사태로 계약직과 임시직이 없어지고, 장기계약 직원들을 위한 부분 실업 제도의 혜택도 받지 못하게 됐다. 그 결과, 청년들은 큰 타격을 받았다."

바로 이것이 문제였다. 당시 정부가 경제활동 중단을 보상하기 위해 제안한 긴급대책에는 학생들을 위한 지원책이 전혀 없었다. 아르바이트 일거리가 갑자기 끊어진 학생들은, 월세를 낼 수 없게 됐다. 가족과 떨어져

홀로 격리된 청년들의 정신건강 대책도 없었다. 인턴십을 마치지 못한 직업고등학교 학생들을 위한 지원책도 없었다. 인턴십이나 수련을 마쳤지만 실업수당이나 **적극적 연대 소득(RSA)**[228]도, 일자리도 없는 청년들을 위한 지원책도 물론 없었다.

〈Cop1 학생연대〉의 연구에 따르면, 학생들 중 50%는 2020년 마지막 학기에 식량부족을 겪었다. **자선단체에서 식량 지원을 받은 청년들 중 79%는 팬데믹 때문에 처음 겪는 일이라고 했다.**[229] 아베 피에르 재단이 청년들 사이에 폭증하는 불안정성을 경고했지만, 어떤 조치도 없었다. 무료급식을 받기 위해 긴 줄을 선 청년들이 TV 화면을 채운 후에야, 정부는 관심을 갖기 시작했다.

1차 격리가 시작된 후, 약 9개월이 흐른 2020년 11월에서야 정부는 상황을 파악하고 청년을 대상으로 하는 지원을 확대하기로 결정했다. 학생 식당에 1유로짜리 식사가 도입된 것이다. 처음엔 생활장학금을 받는 학생들(전체의 37%)만 1유로 식사를 먹을 수 있었고, 이듬해에는 생활 장학금을 받지 않아도, 생계에 어려움이 있음을 입증한 학생들에게 추가로 1유로 식사의 기회가 제공되었다(최근 2025년 1월, 프랑스 의회는 전체 학생들에게 1유로 식사를 제공하는 법을 통과시켰다). 또한 무료 심리치료 수표를 도입했다. 학생은 이 수표로 총 3회 심리치료를 받을 수 있었으며, 1회까지 갱신도 가능했다. 그만큼, 많은 학생들이 절망에 빠져 있었던 것이다. **그러나 이 수표를 받는 심리학자의 숫자가 적고 대기 시간이 길기 때문에 프랑스 학생 280만 명 중 1만 8,000명만 이 제도의 혜택을 받았다.**[230]

동시에 정부는 새집으로 이사하는 젊은 노동자에게 1,000유로의 보조금을 지불하겠다는 계획을 대대적으로 홍보했지만, 이 계획은 한 달도 되지 않아 철회됐다.[231] 실제로 〈주거 행동〉 웹사이트에 따르면, 이 보조금

이 장관에 의해 '안정적'이라고 발표됐음에도 불구하고 '플랫폼에 등록된 신청 건수가 이 보조금에 할당된 예산이 감당할 수 있는 한도를 초과했기 때문'이라고 한다.[232] 정부는 도움이 필요한 청년의 수를 3만 명으로 추산했지만, 무려 5만 명이 신청서를 제출한 것이었다. 정부는 예산을 늘리는 대신 보조금을 없애기로 결정했다.

2020년 7월에 제안된 정책 중에는 '청년 한 사람에게 한 가지 해결책을'이라는 플랜이 있었는데, 이 플랜은 팬데믹이 대확산하는 기간에 청년들의 요구를 충족시키기 위해 발표돼 크게 홍보됐다. 하지만 앞서 설명했듯, 이 플랜은 실패했다. 인턴십 계약 숫자는 늘었다. 고용주에 대해 공적자금을 지원함으로써 말이다. 그러니, "정부가 아무것도 하지 않았다"라고할 수는 없을 것이다. 그러나 전체 청년층, 특히 졸업생들에게는 대부분조치가 늦거나 불충분하거나, 아예 없었다.

팬데믹이 망친 학업

팬데믹 기간, 청년들이 받은 또 다른 고통은 교육, 학업에도 있다. 초중고는 학부모가 직장에 나갈 수 있도록 2020~2021년 '겨우' 9.7주 동안 휴교했고, 장-미셸 블랑케르 교육부 장관은 이 사실을 몹시 자랑스러워했다. 대학은 2020년 10월 말부터 2021년 2월까지 문을 닫았다. 재개한 후에도 대면 수업은 매우 제한적이었다. 이 점을 봐도, 정부의 위기관리 대상에서 청년들은 밀려났다. 정부의 첫 번째 관리 대상은 붕괴되는 병원 시스템 보존과 그를 위한 노년층의 건강이었고, 두 번째는 경제였다. 청년세대를 위한 대책은 전혀 없었다.

선발시험과 졸업시험은 연기되거나 변경됐으며, 특히 해당 날짜에 격리된 학생들은 이로 인해 더 많은 스트레스를 받았다. 대학생들은 매우 불평등한 조건에서 공부해야 했고, 일부 학생들은 중간고사를 망쳤다. 확실한 것은 팬데믹 기간에 졸업한 학생들은 정상적인 조건에서 학위를 취득하지 못했다는 사실이다.

수치화하기는 어렵지만, 이 때문에 그들이 인턴 자리를 찾는 데 어려움을 겪었으리라는 것, 졸업장의 가치가 떨어졌으리라는 것은 쉽게 짐작할 수 있다. **2018년과 2019년에는 인턴십의 숫자가 4.4% 증가한 반면, 2020년에는 22% 급감했다.**[233] **특히 20세 미만의 인턴십은 2019~2020년 39% 감소했다. 당시 나는 경제학자 질 라보(Gilles Raveaud)와 인터뷰를 했는데,**[234] **그는 이미 노동시장 진입이라는 측면에서 팬데믹의 결과에 대해 경고했다.**

"2020년에 졸업한 수십만 명은 다른 이들보다 더 불행한 삶을 살게 될 것입니다. 그건 확실합니다. (...) 기업들이 팬데믹 이후 재고용을 시작하면 2021년 졸업자들을 고용할 것입니다. 기업의 관점에서 2020년 졸업자들은 죽은 거나 다름없어요! (...) 그들이 잃어버린 것은 결코 되찾을 수 없을 겁니다!"

"청년들의 절망에는 많은 이유가 있다"고 이 경제학자는 단호하게 말한다. 우리는 그 이유들을 통계에서 일부 확인할 수 있다. **관리자고용협회(APEC)**[235]**가 2022년 4월 발표한 보고서에 따르면,**[236] **5년제 대학교육을 마친 청년 졸업생의 취업률은 팬데믹 이전 수준으로 돌아가지 못하고 있다.**[237] 졸업 직후 사회 초년생의 평균 급여도 2년 연속 하락했다. 그들 중 25%는 자격이나 수준에 전혀 맞지 않는 일을 하고 있다. 이 수치는 팬데믹 이전보다 확실히 높다. 인문, 언어, 예술 분야 졸업생들 중 다수가 전공 분야에서 경력을 쌓는 것을 포기할 수밖에 없었다. 이 분야 채용률이 2019년 대비 20%p나 낮아졌기 때문이다. 이 보고서에 의하면, 2020년 졸업자들 중 상당수는 '희생자'가 맞다. 데이비드 카일라에 따르면, 이 청년들은 이번 팬데믹의 최대 피해자다. 1년 이상 실직 상태로 있던 사람이 노동시장에서 불리한 것은 말할 필요가 없으며, 석사 학위자가 자전거 배달을 계속해야 하는 것도 경력에 매우 불리하다.

노에미(21세)는 농업 노동자인 아버지와 마트 진열대 책임자인 어머니가 '필수 업무'[238]**에 종사하는 동안, 모르비안 지역의 부모님 집에 격리돼** 있었다. 그 기간 원룸에 갇혀 지내야 했던 다른 청년들에 비하면, 그녀는 운이 좋은 편이며 그녀 자신도 그렇게 생각한다. **그러나 고대하던 에라스무스(ERASMUS) 프로그램**[239]**이 취소됐고, 1차 격리 이후 노에미는 어떤** 계획도 세울 수 없었다. 결국 부모님 집에 계속 머물러야만 했다. 그녀는 팬데믹 기간 발표됐던 대통령의 성명을 씁쓸하게 회상했다.

"최악입니다. 우리 청년들은 우리 삶의 일부를 희생했음에도, 사람들은 가끔 우리를 비난하는 것 외에는 우리에 대해 전혀 언급하지 않았어요. 대통령이라는 사람이 TV에 나와서 프랑스인들의 상황에 대해 말하면서도 청년, 학생들에 대한 이야기는 단 한마디도 하지 않았어요. 대책도 발표하지 않고요! (...) 대학 당국에 대면 수업에 대해서 물어보면 '글쎄, 지금으로서는 우리도 몰라요. 결정되면 알려 줄게요'라는 말만 반복했어요. 무엇 하나 확실한 게 없었죠."

격리 해제 직후, 노에미는 교수의 도움 없이 논문을 써야만 했다. 그렇게 논문을 쓰는 것은 특히 힘든 일이기에, 그녀는 사회학 학사과정을 마친후 학업을 잠시 중단하기로 결정했다. "지쳐서 도무지 석사과정을 시작할수 없었어요."

나는 노에미처럼 팬데믹 기간에 학업을 망쳤다는 증언을 넘쳐나도록 들었다. 이런 경우는 전국적으로 확인된다. **16~25세의 87%는 자신의 학업**

이 팬데믹 때문에 망가졌다고 말한다.[240]

우울증을 부르는 팬데믹

팬데믹은 청년들의 경제, 직업, 학업에 피해를 끼쳤다. 그러나, 그들이 팬데믹과 관련해 가장 많이 언급하는 것은 정신적 고통이다. 마리우스(가명)는 1차 격리가 시작될 당시 23세의 공대생이었다. 그는 코로나 양성 판정을 받은 사람과 접촉했다는 사실을 알게 된 후 노르망디에 있는 부모님 집으로 갈 수가 없었다. 그는 격리 기간이 그렇게 길어질 것이라고는 생각하지 못하고 친구와 함께 학생 아파트에서 살았다. 하지만 곧 외출도 못하고 좁은 집에 친구와 갇혀있다 보니 점차 스트레스가 쌓였고, 같이 사는 친구와의 관계도 악화됐다. 마리우스의 정신건강은 계속 나빠졌고, 결국 공부를 중단해야 했다.

"집중하기 정말 힘들었어요. 갇혀 지내니 숨이 막혀서 우울증에 걸렸죠. 그런 심정을 이해하는 교수님들도 계셨지만, 어떤 교수들은 우리가 공부하기 싫어서 핑계를 댄다고 비난했습니다. 학과장 교수님께 집중이 되지 않는다고 말씀드렸는데, 그분은 전혀 이해하지 못하시더라고요. 제 자신도 만족스럽지 못한 수준의 과제물을 기한이 넘어서 제출했더니, 학교 측에서는 제 상황을 이해하거나 도와주기는커녕 저를 비난하기만 했어요. 엔지니어는 시간을 잘 지켜야 한다면서요. 당시 저는 너무 지쳐 있었어요. 좀 더 유연하게 대처했어야 했는데 아쉽습니다."

결국, 경찰과 다투는 사건까지 겪으며 그의 인내심은 바닥이 났다.

"식료품을 사려고 외출했는데, 프린터 잉크가 다 떨어졌기에 화이트로 외출증명서의 날짜와 시간을 고쳤습니다. 양손에 장바구니를 들고 집으로 돌아오는데 경찰이 저를 막아 세우더군요. 경찰은 제 말을 전혀 듣지 않았습니다. 저는 제가 그곳에서 몇 미터 떨어진 곳에 산다고 설명했지만, 그들은 사정없이 제게 벌금 딱지를 발부했어요. 우울해지더군요."

사미르(20세)는 1차 격리가 시작됐을 때 기술대학 학사과정에 다니고 있었다. 프랑스 남서부의 작은 마을 출신인 사미르는 각종 장학금을 받으며 공부할 수 있었던 것에 대해 운이 좋다고 생각한다. 그는 팬데믹 기간 파리 지역 내 9제곱미터짜리 원룸에 갇혀 지냈다. 그는 "처음에는 쉽지 않았지만, 점차 익숙해지긴 했다"라고 했다. 그러나, 그는 심적 상태에 대해 묻자 이렇게 털어놓았다.

"같은 장소에서 자고, 끼니를 해결하니 새장에 갇힌 기분이에요. 우울해졌죠."

그러나 그는, 자기가 가장 불운하지는 않다고 강조했다.

"저는 혼자가 아니라고 생각했어요. 다른 사람이 할 수 있다면 저도 할 수 있다고 다짐했죠. 작은 원룸에서 여럿이 갇혀 살던 사람들을 생각하면, 그래도 저는 형편이 훨씬 나았으니까요. 저만의 공간이 있었으니."

경제적 상황도 썩 좋지는 않았다. 2020학년도가 시작될 무렵에는 일부 보조금 지급이 늦어지는 바람에, 그는 형과 누나의 도움에도 불구하고 결국 무료급식을 받으러 줄을 서게 됐다. 기술대학 학기가 끝날 무렵 진로를 바꾸기로 결심했다. 그는 "꼭 팬데믹 때문에 그런 것은 아니고, 제 의지에 따른 것"이라고 했다.

내가 인터뷰한 청년들 중 대다수가 팬데믹 기간 혹은 이후 심리적 고통을 겪었다고 증언했다. 일부는 그 정도가 심각했다. 제레미(27세)의 경우가 그렇다. 팬데믹 초기, 제레미는 초등학교 교육대학의 5학년 재학 중이었다. 논문을 써야 했던 그는 일하면서 연수를 받았다. 동료와 함께 발랑시엔 근처 초등학교의 한 학급을 관리한 것이다. 그는 "힘들긴 했지만, 아이들을 가르치는 일이 좋았다. 동료 교사들도 정말 좋은 사람들이었다"라고 말했다. 하지만 팬데믹과 함께 시련이 닥쳤다. 그는 부모님 집에 격리된 채 재택근무를 하며 논문을 써야 했다.

"가장 힘들었던 점은, 명확성과 일관성이 부족하다는 것이었습니다. 우리는 맹목적으로 앞으로 나아가고 있었고, 저는 이런 상황에서 아이들을 어떻게 해야 할지 알 수 없었죠. 다행히 동료들끼리 서로 도왔지만, 마치 생존자들이 여기저기 흩어져 스스로를 지켜야 하는 종말론적 영화 같았어요."

그는 논문도 쓸 수 없었다. 학교에서 '실습 데이터'를 구해야 했는데, 그럴 수 없는 상황이었다. 논문도 쓸 수 없었고, 석사 2년 과정도 마칠 수 없었으며, 근무조건도 열악했다. 상황은 가족 문제로 인해 더욱 나빠졌다. 작은 집에 갇혀 살며 충돌하다 보니 가족 간 갈등이 극에 달했고, 결국 그는 1차 격리가 끝나자 집에서 '나오고 말았다.' 내가 그를 인터뷰했던 2022년 8월 말, 제레미는 2년째 부모와 연락을 끊고 살던 중이었다. 2020년 9월, 여자친구와 함께 살기로 결정한 그는 석사 2년 과정을 처음부터 다시 시작했다. 그는 집에서 멀리 떨어진 학교에 다시 배정돼, 실습을 하면서 논문을 다시 쓰기 시작했다. 1차 바이러스 확산 때문에 석사 2년 과정을 마치지 못한 그에게, 2차 확산이 덮쳤다.

"공포와 긴장의 연속이었어요. 그래도 잘하고 싶어서 가끔은 며칠 연속 밤을 샜고, 그리고 나서 차를 타고 시속 80km로 달려야만 했죠."

어느 날, 학생들과 함께 있던 그에게 초등교육 장학사가 갑자기 나타났다. 장학사는 그를 교장실로 데려가더니, '그를 비하하는 발언을 홍수처럼 쏟아냈다'.

"그녀는 제가 '학생들에게 지적으로 위험한 존재'라고 하더군요. 충격이었어요."

그는 자신의 상황을 설명했지만, 장학사는 듣지 않았다. 교실로 돌아가는 길에 눈물이 나고 숨이 막히면서, 머리가 어지럽고 열이 나기 시작했다. "저는 이를 악물고 학생들에게 숨기려고 노력했습니다. 다행히 곧 수업이 끝났지요." 오후 4시 30분, 그는 서둘러 차에 탔지만 공황발작이 시작됐다. 그는 길가에 차를 세울 수밖에 없었다. 이틀 후 병원에 간 그는 '번 아웃' 진단을 받았다. 그는 일을 그만둘 순 없다고 했지만, 의사는 "일을 그만두지 않으면, 당신은 자살할지도 모른다"라고 경고했다. 결국 일을 그만뒀지만, 상황이 나아지지 않았다. 그는 자신이 학교와 관련된 모든 것을 두려워한다는 사실을 깨달았다.

"컴퓨터를 보고 불안발작이 일어나기도 했어요."

의료진은 1년의 병가가 필요하다고 진단했다. 1년 동안 제레미는 의료진에게 면밀히 모니터링될 것이다. 그가 '외상 후 스트레스 장애'를 앓고 있다고 진단한 의료진에 의해 말이다. 지금도 이 장애를 관리해야만 하는 그는, 공부를 다시 시작하겠다는 용기를 내지 못했다. 교사가 되고 싶다는 꿈도 포기했다.

"제가 가지고 있는 석사 학위는 아무 쓸모도 없습니다. 노력해봤지만 이걸로는 일자리를 찾을 수 없어요. 그래서 1년 전부터 실직 상태입니다."

의료 전문가들은 언론에서 청년들이 처한 상황에 대해 여러 차례 언급했다. 일례로, 정신과 의사 크리스토프 앙드레는 2021년 1월 〈코티디앙(Quotidien)〉 TV에서 "불안과 우울 증상을 보이는 20~30대 환자 수가 격리 후 2배로 늘었다"라고 지적하며, "청년들은 성장을 위한 모든 것을 박탈당하고 있다"라고 덧붙였다.

모든 것이 시작될 나이에 모든 것이 멈춰버렸다. 첫 학기, 첫 인턴십, 첫 직장, 첫 해외연수, 첫사랑, 파티, 스포츠, 연극, 영화, 축제, 여행 등 청년 시절의 모든 것이 멈춘 것이다. 사회적 소통은 주로 온라인에서 이뤄지니, 모든 것이 가상(假想)이 됐다. 개인적, 사회적, 직업적 발전과 즐거움을 주는 모든 것이 사라져버렸다. 그렇다고, 개인주의로 고소당할지도 모른다는 두려움에 떨지는 말자!

개인들의 고충에 대한 증언이 전국적인 규모로 이어졌다. 2021년 11월 16일 발표된 〈아동의 권리에 관한 연례 보고서〉에서 클레어 에돈은 청년들의 심리적 상태가 얼마나 심각한지에 대해 다음과 같이 발표했다.[241] 그녀는 우울증을 앓는 청년들이 늘어났다는 사실을 강조하고 정신과 치료가 충분히 이뤄지지 않는다는 사실을 매우 유감스럽게 생각한다. **또 다른 충격적인 통계는 청년 세대(남성들보다는 여성들의 비율이 훨씬 높다)의 자살 시도 수치가 격리 조치 이후 급격히 증가해 이전 3년 동안의 평균보다 22% 증가했다는 것이다.**[242]

2021년 3월 말에 보도된 기사에서 〈렉스프레스〉는 정신의학계의 '쓰나미'에 대해 언급한다.[243] 센-마리팀 지방의 한 병원에서 일어난 일이다. 정신적 문제가 있는 미성년자들이 '정신과 병동에 몰려들었다'라고 이 병원의 정신과 병동 책임 간호사 프리실 제 라르댕이 말했다. (...) 그녀에 따르면 이는 '전례 없는 일'이라고 한다. 정신과 병동은 젊은 환자들로 넘쳐났으며 의사들은 이들을 '가능한 한' 입원시키고자 종일 분주히 뛰어다녔다. 팬데믹은 대학생과 청년 직장인들에게 고통을 주고, 당시 고등학생들에게도 타격을 줬다. 현재 프아투-샤랑트 지방에 있는 대학에서 물리학과 화학을 전공하는 샤를로트(18세)가 그들 중 한 명이다.

"저는 고등학교 시절을 전부 팬데믹과 함께 보냈어요. 코로나 바이러스는 제가 고교 1학년 때 확산되기 시작해, 멈추지 않았어요. 엄청난 스트레스를 받았고, 세상에 혼자라는 느낌이 들었어요. 정말 힘든 경험이었습니다."

샤를로트는 음악가 부부인 부모님이 자신을 지원해준다고 말했다. "그런 부모님이 계시니, 감사할 일"이라며, 자신의 고충을 털어놓는 것에 미안함을 표했다. 하지만 그녀는 불안하다. 그녀는 어떨 때는 자신이 '정말 형편없는 사람'처럼 느껴진다고 털어놓았다.

"제가 지나치게 불안해했다는 생각도 들지만, 팬데믹 때만큼 많이 울었던 적이 없습니다. 스트레스 때문에 몸이 아팠던 적이 여러 번 있었어요. 부모님들이 저를 정성껏 보살펴주시는 데도 말이에요."

내가 만난 청년들 중 일부는 격리 기간 자기가 특권을 누렸다고 털어놓았다. 수영장이 있는 넓은 집에 격리되는 등, 쾌적한 환경에서 지냈다는 것이었다. 하지만 소통이 결핍된 고립 상황, 미래를 계획할 수 없는 불확실한 상황은 그들의 정신건강을 해쳤다. 많은 청년들이 인생의 소중한 시간을 도둑맞았다고 느낀다. 그들에게 가장 속상한 일들 중 하나로, 생일파티를 하지 못한 것을 꼽는다. 18세 생일이나 20세 생일, 25세 생일을 갇혀서 혼자 보냈던 생일. 그날은 도둑맞은 세월의 상징이 되기도 한다.

해외연수가 취소된 것도 무척 안타까운 일이다. 팬데믹 전에는 매년 16만 명 이상이 해외로 떠났다. 하지만 2020년에는 그 16만 명이, 2021년에는 더 많은 학생들이 격리돼 프랑스를 떠날 수 없었다. 나는 마드리드에서 에라스무스 프로그램을 이수했다. 그래서 이 해외연수 경험이 얼마나 중요한 것인지 잘 안다. 나는 이 프로그램을 이수하면서 저널리즘의 세계로 통하는 문을 열었고, 소중한 친구들을 만났다. 그리고 지금도 사용하는 외국어를 습득했고, 대학 시절 최고의 추억을 쌓았다. 많은 청년들이 중단된 에라스무스 교환학생 프로그램과 무산된 프로젝트, 긴 격리 기간으로 인해 이별한 커플, 시험 당일 격리가 시작돼 무산된 선발시험에 대해 슬픈 표정으로 말한다. 최고로 좋은 기회를 놓쳤다고 느끼는 것이다. 최고의 기회를 다시 붙잡을 수는 없다.

브르타뉴 지방에 격리됐던 21세의 노에미는 그동안 섭식장애와 행동장애를 겪었다고 내게 고백했다. "우습게 들릴지 모르겠지만, 제 방에 혼자 있다 보니 종일 거울만 보면서 뾰루지에 집착하기 시작했어요." 그녀는 팬데믹 기간 중 치료사를 찾아갔지만, 평온함을 되찾지는 못했다.

"코로나 팬데믹 이후 매우 불안해요. 모든 것이 잘못됐다는 느낌이 들어요. 지난 2년 동안 모든 것이 어긋났다는 생각에 숨쉬기도 힘듭니다."

어긋난 미래, 세계의 희망

마지막으로, 환경학적 측면을 언급하지 않고 팬데믹을 말할 수는 없다. 팬데믹은 환경파괴와 인간의 오만이 인간사회에 미치는 영향을 잘 보여준 사례다. 새로운 병원성 유기체를 출현시킴으로써 환경파괴가 어떤 결과를 야기할 수 있는지 보여준 것이다. 이것은 시작에 불과하다. 그러나, 이런 일을 예방하는 조치는 한 가지도 취해지지 않았다. **유엔 생물다양성 전문가 그룹은 2020년에 발간된 보고서**[244]에서, **"코로나 바이러스는 일련의 오랜 전염병의 시작에 불과할 가능성이 높다"라는 결론을 내렸다.** 인류가 생태 발자국을 줄이지 않는다면, 보건위기는 점점 더 잦아질 것이고, 더 심각해질 것이다. 이 주제를 조사한 저널리스트 마리-모니크 로빈은 "우리가 생태계를 계속 파괴한다면, **우리는 전염병 대확산의 시대에 접어들게 될 것"**[245]이라고 말한다.

이런 상황 속에, 정부는 환경보존에 대한 확고한 의지를 보이지 않는다. 다시 한번 강조하자면, 혹독한 팬데믹이 미친 가장 큰 영향은, 다름 아닌 인식의 변화다. 우리 사회가 얼마나 취약한지 알려준 것이다. **이제 우리는 우리 사회가 치명적이며,**[246] **모든 것이 하룻밤 사이에 무너져버릴 수 있다**

는 사실을 알게 됐다. 25세 대학생 코랄린은 팬데믹으로 인해 미래에 대한 신뢰를 잃었다.

"그렇게 긴 시간 사회가 멈춰버리는 것을 보면서, 저는 우리 삶의 시스템에 한계가 있다는 사실을 깨달았어요. 무너질 것 같지 않던 강력한 시스템이 팬데믹 때문에 몇 년이나 멈춘 것입니다."

나는 25세 때 파리에 있는 21제곱미터 원룸에 혼자 격리된 적이 있다. 이때 잘 지냈다고 하기는 어렵지만, 이미 경제와 환경문제에 관심이 많았던 저널리스트였던 나는, 예상치 못한 상황이라고 느껴지는 않았다. 심지어 이런 사건이 더 빨리 일어나지 않았다는 사실이 더 놀라웠다. 이 기간, 나를 지탱해준 것은 무엇이었을까? 희망으로 가득 찬 다음 글이었다.

"우리는 내일 우리가 살아가고 있는 시대로부터 뭔가를 배우고, 우리 세계가 수십 년 전부터 따랐지만 그 결함이 백일하에 드러나고 있는 발전 모델을 검토하며, 우리 민주주의의 약점을 파악해야 합니다. 소득과 배경, 직업과 상관없는 무상의료와 복지국가는 비용이나 부담이 아니라 소중한 자산입니다. 그것은 운명이 타격을 가할 때 맞설 도구입니다. 이번 팬데믹은, 이런 사실을 보여줍니다. 시장의 법칙에서 벗어나야만 하는 재화와 용역이 있다는 사실도요. 우리의 식량, 우리의 보호책, 우리의 돌봄력을 남에게 위임하는 것은 미친 짓입니다. (...) 우리는 앞으로 몇 주, 몇 달 안에 획기적인 결정을 내려야 할 것입니다."

이것은 에마뉘엘 마크롱이 2020년 3월 12일에 한 연설의 일부로, 그의 5년 임기 중 가장 많이 시청된 연설이다. 그는 우리 시스템의 한계를 갑자기 인식한 듯 식량과 모두를 위한 보건, 사회 시스템처럼 반드시 필요한 것들에 대해 이야기하고, 내가 소중히 여기는 연대 등의 가치들을 언급했다. 이유는 잘 모르겠지만, 그 순간 나는 그의 연설에 공감했다. 그리고,

지난 3년 동안 마크롱의 정책에 관한 자료를 수집했다. 당시에는 그가 하는 말을 믿었다. 우리가 집단적으로 각성해 우리 시스템의 광기에 맞서기 시작했고, '이후의 세상'을 향해 함께 나아가거나 적어도 그러기 위해 노력할 것이라고 진심으로 믿었다. 단지 노력하는 것만도 굉장한 것이니까 말이다. 하지만, 그것은 순진한 생각이었다.

　몇 달 후, 무려 40억 유로의 예산[247]이 에어프랑스 구제에 배정됐다. 반면, 사회예산이나 환경예산은 없었다. 또한 자동차 산업에 80억 유로[248]가 지원된 반면, 붕괴 직전의 공중보건 시스템에는 10년에 걸쳐 19억 유로가 지원되는 데 그쳤다. 그 후 기후법 완화, 실업 개악, 환경 행동 억압,[249] 포괄적 안전에 관한 법률 제정 등의 조치가 이어졌다. 내가 상상했던 '이후의 세계'와는 딴판이었다.

　심각한 재앙이 일어났고, 재앙으로 각성한 이후의 세상은 이전 세상보다 나빠진 것밖에 없다. 이런 현실을 깨닫자, 나는 암울해졌다. 저널리스트가 아니라 젊은 시민으로서 말이다. 모든 청년들이 공공정책에 대해 잘 알고 있지는 않더라도, 팬데믹과 화재, 2022년 여름의 폭염, 그리고 붕괴된 의료체계에도 불구하고 우리 모델이 문제시되지 않았다는 사실 정도는 알 것이다. 앞으로도 이와 비슷한 사건이 발생할 수 있지만, 우리가 그것을 예방하기 위해 행동하지 못할 것이 확실시되는 지금, 이 세상에 살고 있는 것을 기뻐할 이유는 없는 것 같다.

청년세대의 문화, 사회적 교착상태의 거울

청년들은 왜 비관적인가? 그 이유를 찾기 위한 사회적, 경제적, 정치적 오디세이는 그들을 대상으로 하는 문화를 언급해야 완전해진다. 문화는 우리의 집단적 상상력, 특히 청년들의 상상력에 중요한 역할을 한다. 하지만 청년세대 문화의 일부는 점점 매우 어두운 빛깔을 띠게 됐다. 이 때문에 이 세대에게서 관찰되는 비관론은 더욱 짙어질 수도 있다. 영화, TV 시리즈, 책 모두 암울한 콘텐츠가 왜 청년세대에 영향을 미치는지 설명하기 전에, 청년들은 책을 읽으며 대체로 활발하게 자기계발을 한다는 사실을 언급해야 한다.

청년세대, 주요 문화소비자

'청년들은 더 이상 책을 읽지 않는다', '청년들의 교양 수준이 떨어졌다.' 참 진부한 믿음 중 하나다. 일례로 〈르 피가로〉 2022년 6월 기사[250]에는 **"진짜 비극은 청년들이 책을 읽지 않는다는 것이다"**라는 문구가 여러 번 등장한다. 그러나, 2022년 5월 〈르몽드〉에 발표된 설문조사를 보자.[251] 청소년과 청년들이 종이책보다는 화면을 응시하는 시간이 점점 늘고 있는 것은 사실이다. 하지만, 그렇다고 독서를 포기하지는 않았다. SNS가 책을 추천해 주기도 한다. 일례로 틱톡의 '북톡'을 비롯한 많은 플랫폼에서 독서 경험을 공유하고 책을 추천하는 공간이 있다. 프랑스 국립도서센터는 2022년 3월에 20~25세 청년들은 일주일에 3시간 2분 동안 책을 읽으며, 이들 중 84%는 독서를 좋아하거나 매우 좋아한다는 연구결과를 발표했다. 이것은 2016년에 비해 증가한 수치다.

사회학자 안 뮈셀은 그의 저서[252]에서 청년들의 81%가 책 없이는 행복해질 수 없다고 대답한 '제너레이션 왓'의 2016년 설문조사를 인용한다. 아니다, 청년들은 결코 독서를 포기하지 않았다. 그들이 고전을 덜 읽는 것은 사실이다. 하지만 소설과 에세이, 만화 등을 읽는 데 여전히 많은 시간을 할애하고 있다. 또한, 책에는 종이책만 있는 것이 아니다. **통계는 오디오북 청취(연간 매출이 27%나 증가)**[253]**와 SNS 활동을 위한 읽기와 쓰기**[254]**를 간과하고 있다.**

미국 작가인 마크 프렌스키(1946~)의 표현을 빌리면, 디지털 네이티브는 새로운 기술과 함께 태어나 웹에서 자신의 관심사와 호기심을 충족시키는 맞춤형 문화를 제공받는 방법을 잘 알고 있다. 요컨대 '청년들이 더 이상 책을 읽지 않는' 이 현상을 보고 한탄하는 사람들은 청년들이 읽는 다양한 종류의 책과, 청년들이 다양한 매체를 자유자재로 사용하는 대담함에 대해 잘 모르는 것으로 보인다.

2019년에 수행된 프랑스 국립청소년교육연구소의 연구[255]**는 청년들이 진정한 문화적 '잡식성 동물'처럼 행동한다고 결론지었다.** 이 보고서에 따르면, 18~30세는 디지털에만 집중하지는 않는 가장 활동적이고 창의적인 연령대다. 청년들은 연극과 무용, 음악, 글쓰기, 그림, 비디오 게임, 독서에 대한 욕구가 있다. 그들의 문화 활동을 가로막는 주요 장애물은 예산이다. 청년들은 문화 붕괴를 다루는 기사들이 반복 주장하는 것처럼, 디지털 콘텐츠의 수동적인 소비자가 아니다. 반대로, 그들은 엄청난 양의 문화를 소비하고 생산한다! 청년들은 아마추어 예술 활동에 가장 능숙한 집단이다. 튜토리얼을 광범위하게 사용하고 콘텐츠를 쉽게 공유한다. 그들의 예술 활동 중 음악이 가장 높은 비중을 차지한다.

2019년도 청소년에 대한 DJEPVA(역주-청소년과 대중교육, 공동생활의 정책을 입안하고 실행하는 정부 부서) 지표는 적극적인 문화 활동에 대한 의미 있는 수치를 제공해준다. 청년세대의 91%가 아마추어 창작활동에 참여하며 적극적으로 사회적 상호작용을 하고 있다. 그들은 수공예나 장식(청년들의 65%), 사진과 비디오(60%)에 열심이다. 청년들 중 48%는 춤을 추고 노래를 한다(48%). **청년들 중 18%는 7가지 이상의 아마추어 예술 활동을 하고 있다.**[256]

청년들이 문화적 질식 상태에 있다? 곧 청년 문화가 소멸될 것이다? 이런 걱정은 참으로 쓸모없는 것이다. 이쯤에서 나는 청년 대상 문화 콘텐츠에 대한 질문을 던지고 싶다. 그것은 미래에 대한 긍정적인 비전이 없는 젊은 세대의 절망을 반영하고, 나아가 그것을 설명하거나 야기하는 것처럼 보이기 때문이다.

디스토피아의 개화

디스토피아는 유토피아의 반대말이다. 유토피아는 인간이 평등하고 행복한 완벽한 사회를 상상하며 미래에 대한 목가적인 비전을 제시하는 반면 디스토피아는 현 체제의 정치적이거나 환경적인 일탈을 방지하려는 극단적인 비관주의로 특징지어진다. 지난 50여 년 동안 디스토피아 분야의 주요 참고 문헌은 1949년에 출간된 조지 오웰의 소설 〈1984〉로, 비교적 가까운 미래에 일어나게 될 핵전쟁 이후의 전체주의 사회를 묘사한 작품이다. 하지만 2000년대 이후 새로운 디스토피아 이야기가 유행해 책과 영화, TV 시리즈, 비디오 게임 등 그 형식에 상관없이 청년들에게 큰 인기를 얻고 있다.

2011년 1권이 출간된 베스트셀러를 각색한 청소년 공상과학 3부작 〈다이버전트〉(2014, 2015, 2016)는 종말 이후 세계에서 인간을 범주별로 분류하고, 이 범주에 속하지 않는 사람들, 즉 '다이버전트'는 제거하는 이야기다. 〈미로〉(2014)에서는 치명적 바이러스로 황폐해진 세상에서 청년들이 미로에 갇혀 있는데, 미로를 지키는 괴물들은 청년들의 탈출을 막고자 끊임없이 진화한다. 이 영화는 프랑스에서 개봉되자 300만 명 이상의 관객을 기록했다.

그러나 최고의 디스토피아는 할리우드 역사상 최고 흥행작이자 라이온스게이트가 만든 영화 중에서 최대수익을 올린 영화 〈헝거 게임〉 시리즈[257] 3부작(2012)이다. 이 영화는 반란 이후 정부가 국민들을 두렵게 하는 동시에 즐겁게 함으로써 통제하려고 만든 '텔레비전 게임쇼'에서 살아남고자 서로를 죽이는 10대들의 이야기를 담고 있다. 이는 자본주의가 이끌어가는 스펙터클 사회에 대한 우화다.

최근작 〈오징어 게임〉(2021)은 청년세대만을 대상으로 하진 않지만, 살인 게임으로 변질된 아동 게임을 보여준다. 2억 2,900만 명의 넷플릭스 가입자가 〈오징어 게임〉을 시청해 이 시리즈는 플랫폼 역사상 최대 성공을 거뒀다.[258] 이 작품은 〈헝거 게임〉과 같은 소재를 담지만 그보다 잔인하고 폭력적이다. 매우 부유한 사람들이 재미 삼아 매우 가난한 사람들의 삶을 가지고 노는 초자유주의 시스템을 그려내며, 후자는 가난에서 벗어나고자 이 게임에 목숨을 건다.

〈오징어 게임〉을 기획 및 감독한 황동혁은 이 작품을 "자본주의의 은유"라고 한다. 그는 2008년 한국 경제위기 이후 상황에서 영감을 받아 시나리오를 썼다고 한다. 그는 〈가디언〉과의 인터뷰에서 "〈오징어 게임〉은 우리가 살고 있는 세상"이라고 말했다.[259] 철학을 가르치고 있으며 철학자 마크 피셔의 작품을 번역한 박사학위 준비자 루이 모렐(Louis Morelle)은 다음과 같이 말한다.

"종말론적 이야기에는 쾌락이 있습니다. 1990년대 재난 영화에서는 도시화된 경관이 파괴됐고, 2000년대의 좀비 영화에서는 사회가 파괴됐습니다. 2008년 금융위기 이후에는 한층 정치적인 방향으로 전환됩니다. 우리는 이 이야기들을 재생해 통합한 다음 잊어버리는데, 이것은 문화에 대한 일종의 집단 치료법입니다."

같은 맥락에서 2011년 연재를 시작한 시리즈 〈블랙 미러〉의 에피소드도 역시 설득력이 있다. 사실 나는 이 시리즈 중에서 몇몇 에피소드를 보면서 등에 식은땀을 흘렸다. 이 시리즈는 디지털과 오락사회의 역효과를 강조하기 위한 목적에서 청년들에게 민감한 주제(SNS, 비디오 게임 또는 음란물)를 다루고 있다. 그리고 몇몇 에피소드에서는 현실이 허구에 너무 가깝다는 사실을 기꺼이 인정해야 한다. **모든 인간에게 '사회적 등급'이 부여되고 계층화되는 에피소드**[260]를 보고 난 후, 나는 중국 정부가 특정 지역에서 시민들의 평판을 평가하고자 사회적 신용 시스템을 구축했다는 사실을 알게 됐다. 악몽이 되살아난 것이다!

〈메탈헤드〉 에피소드에는 인간들을 죽이도록 프로그래밍 된 로봇 개가 나온다. 몇 년 후, 이 로봇 개와 흡사한 스팟 로봇 개가 보스턴 다이내믹에서 출시됐다. 이 로봇 개는 싱가포르에서 사회적 거리두기 시행에 사용됐다. 생물 다양성이 붕괴되자 기업들이 로봇 꿀벌을 만드는 에피소드도 있는데, 여기서는 꿀벌들이 수분 매개라는 원래 임무를 그만두고 수천 명의 인간을 죽이도록 프로그래밍 된다. 몇 년 후, 미국 월마트사에서 '수분매개용 로봇'을 출시했다. 〈블랙 미러〉, 〈메탈헤드〉 시리즈는 많은 청년들에게 하나의 기준이 됐다. '이것은 블랙미러다'라는 문장은 '빅 브라더가 당신을 보고 있다'를 의미한다. 디스토피아 이야기들이 이렇게 인기를 얻는 이유가 무엇일까? 우선, 경제와 정치의 불확실성이다. 즉, 이 이야기들은 시청자들에게 '다가올 법한 미래'를 비추고 있는 것이다.

문화산업의 비관적 파괴력

디스토피아 장르의 새로운 점은 그것이 청년들을 향한 것이고, 상상 세계가 완전히 그 영향을 받을 만큼 전파력이 엄청나다는 사실이다. 〈헝거 게임즈〉는 이미 10여 년 전에 만들어졌고, 여기서 싸우는 여주인공은 내 세대 여성들의 우상이었다. 내가 인터뷰한 18~29세 청년들은 대체로 이런 디스토피아 책과 TV 시리즈물, 영화를 선호한다. 레이첼(20세, 건설노동자)은 책을 썩 좋아하지는 않지만, "〈헝거 게임즈〉에 푹 빠졌다"라고 말한다.

"15세 때 이 책을 다 읽었는데 참 흥미로웠어요. 책을 읽은 다음 영화를 봤는데 정말 좋았어요. 책을 읽으면서 실제로 이런 일이 일어나서, 모든 게 전복됐으면 좋겠다고 생각했습니다. 〈블랙 미러〉도 재미있는데 좀 생경하네요. 너무 음울해요. 이걸 보면 대비를 해야겠다는 생각이 드는 동시에, 현실보다 더 암담한 세상도 있다는 것에 약간 '위안을 받죠.' 내가 사는 세상에 아직 그 지경은 아니라는 것에 안도의 한숨을 쉬는 거죠."

"매우 암울한 세상에 대비해야 한다"라는 것은 청년들의 증언에서 반복되는 주제다. 그런 말을 하는 이들 모두가 특별히 사회참여적이거나 정치와 환경에 대한 관심이 각별하진 않았다. 하지만 그들 중 다수가 "이런 콘텐츠들을 통해 우리가 무엇을 예측해야 할지 알게 될 것"이라고 말했다. 2010년대에 비약적으로 발전했던 청소년 대상의 디스토피아는 험한 세상과 체제에 순응하지 않고 모든 것을 전복시키려는 주인공이 종종 등장한다. 루이 모렐은 청년들에게 영향을 미치는 콘텐츠의 흐름이 바뀌었다고 말한다.

"우리 세대는 호그와트처럼 완벽한 마법 학교를 동경했고, 우리 다음 세대는 학교 밖에서 현실을 흔들기를 원하지요."

애니메이션과 만화, 비디오 게임 등 문화산업 전체가 이런 비관적인 전환을 피하지 못하는 듯하다. 청년들을 대상으로 하는 문화 콘텐츠들은 현재의 세상과 미래에 우울한 시선을 던진다. 이 분야에서 선구자격인 나라는 단연코 일본이다. 일본의 집단적 상상력은 원자폭탄으로 상처를 입었고, 어두운 이야기들을 쏟아냈다. 자본주의 비판적이고 환경주의적인 (〈바람계곡의 나우시카〉, 〈모노노케 히메〉) 미야자키 하야오의 영화는 20세기 후반 어린이들에게 환상을 안겨줬던 월트 디즈니 영화와는 달리, 심오한 대안이 될 수 있었다. 지난 20년 동안 대부분의 일본 만화가 프랑스 청소년들의 서가를 점령했다. 특히 지난 10년 동안 뚜렷한 증가세를 보였다. 〈아키라〉나 〈에반게리온〉 같은 만화는 거칠고 삭막한 세계를 보여준다. 1980~1990년대에 제작된 이 작품들은 최근 서양 관객들을 만났다.

비디오 게임도 마찬가지다. 많은 게임이 종말 이후 세계를 배경으로 한다. 1997년 처음 출시됐고 2018년에 마지막 게임이 출시된 〈폴아웃〉 시리즈는 이런 트렌드의 상징적 예다. 22세기와 23세기에 핵전쟁으로 인류는 멸종하다시피 한다. 폭력과 증오, 야만이 지배하는 분위기 속에서 대피소에 몸을 피한 소수만 살아남는다. 2013년 출시돼 세계적인 성공을 거둔 〈라스트 오브 어스〉는 몇 년 전 인류를 멸망시킨 팬데믹에서 살아남은 두 명이 등장한다. 대단한 게임이다!

몇몇 비디오 게임은 자본주의 시스템을 노골적으로 비판한다. 일례로, 〈파이널 판타지 7〉에서는 법을 무시하는 민간기업이 저지른 환경파괴에 맞서 싸우는 환경 테러리스트 그룹이 등장한다. 1997년에 처음 출시된 이 게임은 엄청난 성공을 거뒀고, 2020년 리메이크됐다. 시대와 완벽하게 어울리는 게임이다. 이런 흐름을 종합해보면, 극단적 자본주의가 일으킨 공포와 정치인들의 무책임이 맞물리면서 문화가 점차 시스템에서 일탈하게 된 것으로 보인다.

지옥 같은 카타르시스

　프랑스에서는 '레 파라지트'라고 불리는 3명의 작가와 감독들이 2019년 카날 플뤼스 방송에서 〈붕괴〉 시리즈를 제작했다. 각 에피소드의 목표는 슈퍼마켓에서 상품이 동나고, 부유층이 망명하고, 기후온난화가 부정되는 등 자본주의 시스템의 붕괴로 인한 결과를 보여주는 것이다. **이 시리즈가 공개되고 나서 1년 뒤에 〈르 프앵〉지는 '〈붕괴〉는 모든 것을 예측한 시리즈물인가?'[261]라는** 헤드라인을 달았다. 극도로 불안감을 자극하는 이 시리즈는 크게 성공했고, 세계 각국의 언어로 번역되고 국제 에미상 후보에 올랐다. 제작 당시 모두 29세였던 작가와 감독들은 환경문제에 깊은 관심을 가지고 있으며, 우리 시스템이 가진 한계에 대해 경고하고자 했다. 그중 한 명인 제레미는 "이 시리즈는 예측 가능한 상황에 대한 총 연습"이라고 말한다.

　"사람들에게 충격을 줌으로써 이 모든 일이 실제로 일어날 수 있다는 사실을 깨닫게 하는 것, 이것이 우리의 제작 의도였어요. 특히 젊은 시청자에게 충격을 주고 싶었습니다. 유튜브의 핵심 시청자는 18~35세이고, 우리는 카날 플뤼스 방송과 협상해 그 방송의 플랫폼에 이 시리즈를 무료제공하기로 했지요."

　이 시리즈는 고연령대 시청자들 사이에서 거부감을 일으켰다. 반면, 청년들에게는 큰 인기를 끌었다.

　"50세 이상의 사람들은 우리, 청년들이 분위기를 망쳐놓고 해결책을 제시하지 않는다고 비난합니다. 하지만, 해결책은 이미 존재하고 우리는 그것이 무엇인지 압니다. 많은 사람들이 이 시리즈를 하나의 기준으로 여기기 시작했고, 어떤 사람들은 이 시리즈 덕택에 상황의 심각성을 인식하고 삶이 바뀌었다고 했습니다. 하지만, 상황의 심각성을 이미 알고 있는 사람들은 괴로워서 끝까지 볼 수 없었지요. 그들은 다른 사람, 일례로 부모님들에게 이 위급한 상황을 알리는 자료로 이 시리즈를 활용합니다. 어떤 청년들은 이 시리즈가 그들의 우려를 영상으로 보여줬으며, 부모님들이 이에 대해 아무런 대책이 없는 것이 두렵다고 합니다."

대성공을 거둔 또 다른 시리즈는 〈왕좌의 게임〉이다. 루이 모렐은 이 시리즈를 "기후위기에 대한 우화"로 해석했다. "이 엄청난 재앙(화이트 워커의 침략과 모든 것을 파괴하는 겨울)을 귀족들은 볼 수 없고 백성들은 막을 수 없다." 이는 1980년대 이후 문화에 미래주의적 상상력이 사라졌다는 이론을 정립한 철학자 마크 피셔의 분석과 부합한다. 우리는 자본주의가 우리를 파괴하고 있다는 것을 알고 있음에도, 자본주의에서 벗어날 방법을 상상할 수 없기 때문이다. 그래서 우리는 자본주의의 종말과 그 이후의 바람직한 미래보다는 종말(디스토피아)을 상상하는 편을 선호한다. 반대로, 암울한 현실에서 도피하는 것을 원할 수도 있다.

도피주의의 유혹

그런데, 디스토피아 세계관의 인기가 조금씩 식고 있다. 그 자리에, 현실도피성 오락물이 들어온 것이다. 넷플릭스에서 방영된 〈브리저튼〉 시리즈의 성공이 이런 흐름을 보여준다. 2022년 〈오징어 게임〉보다 더 큰 성공을 거둔 이 시리즈의 배경은 환상적인 19세기 영국이며, 등장인물인 귀족들은 연애에 몰두한다. **중학교 지구생명과학(SVT)**[262] **교사인 레슬리(27세)는 이런 유형의 콘텐츠를 좋아한다.** 그녀는 환경문제에 대해 많은 정보를 얻고 있지만, 이 때문에 우울해지는 것을 원치 않는다.

"유쾌하고 재미있는 게 좋아요. 결말이 안 좋으면 참을 수 없어요. 시리즈가 끝날 때까지 기다리기도 하지만, 결말을 인터넷으로 찾아보고 해피

엔딩이 아니면 아예 처음부터 안 보죠."

그녀는 특히 〈사내 맞선〉 같은 한국 드라마를 즐겨본다.

"이런 가벼운 드라마는 저를 일상에서 벗어나게 해요. 지금 여기서 벌어지는 상황, 문화와 거리가 멀어요. 저는 그런 걸 찾아요. 디스토피아가 싫어요. 도망치고 싶어요. 영화 〈돈 룩 업〉은 보지 않았고, 보고 싶지도 않아요."

루이 모렐은 이 시리즈들의 배경이 대부분 과거임을 지적한다. 〈브리저튼〉 시리즈의 배경은 19세기 영국 귀족사회이고, 만화 시리즈 〈마블러스 미세스 메이즐(The Marvelous Mrs Maisel)〉의 경우 1950년대 뉴욕이며, 시리즈물 〈이상한 것들〉은 1980년대의 이상화된 미국을 배경으로 공포와 향수를 뒤섞는다.

"〈이상한 것들〉은 과거인 1980년대에 현시성(現時性)을 부여한 시리즈로, 과거 시절의 향수를 보여줍니다. 인간적인 상상력의 덫이지요. 30~40대 크리에이터들은 자신의 어린 시절을 미화해 10~20대에게 팔지요."

이 시리즈는 넷플릭스에서 엄청난 성공을 거뒀다. 시청자들이 얼마나 열광했는지, 마지막 시즌 사운드트랙인 케이트 부쉬의 〈저 언덕으로 뛰어 올라가자〉라는 노래는 2022년 여름 틱톡 차트 등 음악 플랫폼 차트에서 1위를 차지했다. 미래를 바꿀 수 없기에, 우리는 환상 속의 과거로 도피한다. 루이 모렐은 이런 현상을 1960년대와 1970년대 환각 상태와 관련된 문화 운동과 대립시킨다.

"우리는 사고방식을 바꾸면 사회의 모든 규칙을 바꿀 수 있다고 생각했지요. 대중문화에는 노동, 사회적 규제에 맞서는 투쟁이 있었습니다."

베트남 전쟁에 반대하는 연대, 노조 투쟁과 집단 파업 등 당시의 연대는 구체적인 승리를 끌어낼 수 있었다. 반대로 오늘날 사회운동과 활동가 운동은 종종 실패로 끝나곤 한다. **프랑스에서 승리를 거둔 마지막 주요 사회**

투쟁은 2006년, 노동자에게 불리한 노동법인 최초고용계약(CPE)을 철회시킨 것이다. 루이 모렐은 이 승리를 이끌어낸 연대에 대해 언급하며, "현 상황에서 희망을 가진다는 것은 어려운 일"이라고 말한다.[263] "우리는 현실을 부정하던 세대에서 상황의 심각성을 내면화한 세대로 바뀌었고, 대신 현실은 더욱 우울해졌습니다."

철학교사인 모렐은, 자신의 수업을 듣는 고등학생들이 비관적이라는 사실에 주목한다. "이전 세대와 달리 이들은 모든 일이 잘 풀리거나 해결책이 나올 것이라고 생각하지 않아요. 예를 들어 그들은 자신들을 받쳐주지 않는 경제와 민주주의의 힘을 신뢰하지 않습니다. 이전 세대들은 이해하기 쉽지 않겠지만, 이 같은 자신감 부족은 그들의 세계관에 결정적인 영향을 미칩니다."

청년 문화는 그들이 절망하는 원인이자, 절망의 결과(증상)로 보인다. 비관적이고 잔인한 내용들이 많다는 것만 봐도 알 수 있다. 이는 위기 속에서 정치인들은 무책임하고, 정치는 무용하다는 것을 깨달은 청년세대의 절망을 반영한다. 그리고 이런 문화적 카타르시스는 대중의 각성과 연대가 절실해졌음을 암시한다. 청년들은 기존 정치의 변두리에서, 레이더 반경 밖에서 새로운 형태의 정치를 시작하고 있다. 그들은 집단 속에서 다시 희망을 발견할 것이다!

"젊으니까 일어나,
너무 많이 일어나지는 말고"

청년들의 현실 부정과 참여

"젊으니까 일어나,
너무 많이 일어나지는 말고"
청년들의 현실 부정과 참여

청년들은 자신이 원하는 것 이전에,
자신이 원하지 않는 것을 알기 때문입니다.

- 장 콕토 -

청년들과 국가 간의 관계가 악화될 때

청년들의 사회참여에 대해 이야기하기 전에, 나는 청년들이 최근 몇 년 동안 사회 구성원이 되는 방식에 영향을 미치는 한 가지, 그들과 국가권력의 관계에 대해서 말하고자 한다. 청년들과 국가권력의 관계는 국가권력의 구현이라고 할 법한 경찰에 대한 불신으로 특징지어지는 듯하다.

청년들과 경찰의 대립은 갑자기 생긴 문제가 아니다. 가장 흔한 예는 **말 그대로 변두리 지역인 방리외(Banlieu)**[264]에서 찾을 수 있다. 특히 클리쉬수브와의 비극은 사람들의 기억 속에 깊이 각인돼 있다. 2005년, 15세와 17세의 두 청소년 자이드 베나와 부나 트라오레는 불심검문을 피해 들어간 변전소 안에서 감전사를 당했다. **이 비극은 방리외**를 불바다로 만들면서 일부 주민과 경찰 사이의 폭력적인 충돌로 이어졌으며, 이 모습을 찍은 영상은 전 세계로 퍼졌다.

이 끔찍한 사건은, 방리외 같은 특정 지역에서 일상적으로 일어나는 불심검문이 주민과 경찰(나아가 국가)과의 관계를 얼마나 악화시킬 수 있는지 보여준다. 불심검문은 폭력이 될 수 있다. 특히 그것이 범죄자의 낙인을 찍을 때, 당한 사람에게는 매우 폭력적이다. 2020년 **인권보호센터**[265]의 보고서는 단호하다. 즉 프랑스에서는 차별적인 불심검문이 사회학적 현실이라는 것이다. '흑인이나 아랍인으로 인식되는' 젊은 남성은 다른 사람들보다 불심검문을 받을 가능성이 20배나 더 높기 때문이다.' **또한 국립과학연구센터(CNRS)[266]의 사회학자이자 연구 책임자인 세바스티앙 로세[267]는 다음과 같이 지적한다.**

"사람들이 누군가의 신원을 확인하면서 그를 대하는 방식은 부유한 지역과 빈곤한 지역에 따라 완전히 다르다. 빈곤 지역에서는 경찰관과 헌병이 대부분 청년들에게 반말을 하고, 이따금 그들의 몸을 밀치며, 때로는 무례하고 모욕적인 태도를 취하고, 부적절한 발언을 한다."

파리 주변 방리외에 속하는 슈아지-르-르와(Choisy-le-Roi)에서 자란 모하메드-아니스(24세)는 방리외 주민들의 상황에 대해 설명했다.

"어릴 때부터 경찰은 우리 동네에 종종 들어와 사람들을 검문해서 그들을 화나게 하고 시간을 빼앗았어요. 물론, '모든 경찰'이 다 그렇지는 않겠지요. 하지만, 우리는 거의 매일 경찰의 인종차별을 경험하거나 목격해요. 검문은 기본이고, 경찰은 우리에게 반말을 해요. 경찰은 우리에게 그들의 힘을 과시하려 합니다. 파리에서 백인 친구들과 같이 다닐 때도, 지나가던 경찰이 차를 세우고는 아무 이유도 없이 친구들 앞에서 가방을 열어보라고 하더군요. 저한테만요. 경찰이 가고 나면, 친구들은 충격받았다고 하지만 제게는 일상이죠."

그는 피곤한 목소리로 자신이 겪었던 인종차별 사례들을 덤덤하게 나열했다.

"그런 경우, 어떤 기분이 들어요?"

"이 이야기를 할 때마다 저는 이런 일이 너무 흔하게 벌어진다는 생각이 들어 서글퍼집니다. 가끔은 그 사실을 잊어버리고 불심검문을 당하면 '난 정말 바보 같아, (내 상황을) 잊고 있었어'라고 생각하죠. 사실 제가 도대체 무슨 나쁜 짓을 했기에, 제 얼굴에 뭐가 묻어 있기에 저를 검문하는지 궁금합니다."

"이런 일들로, 경찰에 대한 신뢰를 잃지 않았어요?"

"물론이죠. 사고가 나면 경찰을 부르는 게 상식이지만, 저는 고민이 될 겁니다. 몇 년 전, 폭행을 목격하고 경찰을 불러서 도와달라고 했어요. 그런데, 경찰이 도착해서 저를 보더니 아무 말 없이 저를 바닥에 내동댕이치는 것이었어요. 아무것도 이해하려고 하지 않았어요. 이유는 뻔하죠. 제가 아랍인처럼 보였기 때문입니다. 제가 사는 곳에서는 경찰을 부르지 않고 우리끼리 문제를 해결합니다. 경찰이 우리를 도와주지 않을 거라는 걸 잘 알고 있기 때문이죠."

그러나 그는 "경찰을 미워하지는 않는다"라고 했다.

"저는 저도, 저와 함께 성장하는 청년들도 경찰을 신뢰할 수 있었으면 좋겠어요. 경찰은 법과 질서의 수호자이니까요. 우리는 경찰 자체를 싫어하는 게 아닙니다. 하지만 우리로서는, 경찰을 두려워할 수밖에 없어요."

2021년 1월, 인권협회들은 피해자뿐만 아니라 경찰관 모두의 수많은 증언을 바탕으로 차별적인 것으로 간주하는 검문에 반대하는 집단소송을 프랑스에서 처음으로 시작했다.[268] 이런 불심검문은 일부 청년들의 경찰에 대한 이미지 악화에 큰 역할을 한다. 의심하는 분위기를 조성하기 때문이다. 불심검문을 받는다는 건 곧 불법을 저질렀다고 의심받는다는 걸 의미한다. 검문을 당한 사람은, 경찰에게 보호받는다는 느낌을 갖기 어렵다. 빈곤 지역 주민들이 겪은 차별과 폭력은 '집단 기억'이 되고, 이 기억은 대대로 전해져 경찰에 대한 불신감을 심어준다.

이 일상적인 폭력은 2018년 〈프랑스 텔레비전〉의 의뢰로 마르크 발이 제작한 다큐멘터리 〈경찰, 불법적인 폭력〉의 주제다. 이 영상은 다음과 같은 말로 시작된다. "프랑스 모든 도시의 서민 동네에서는 청년과 경찰들이 서로를 신뢰하지 않는다. 그냥 신원 확인만 해도 잘못돼서 주민들이 소요를 일으키거나 경찰이 폭력을 행사할 수 있다."

언론인들은 이 다큐멘터리에서 18명의 미성년자가 파리 12구 경찰기동대를 폭력 혐의로 고소한 2015년 사건에 대해 언급한다. 이 사건은 2018년 4월 경찰관 3명이 불법적인 무력 사용을 이유로 집행유예 5개월을 선고받으면서 끝났다.

게다가, 경찰의 예방조치 혜택을 받는 지역도 제한적이다. 세바스티앙 로셰는 "주로 오토바이와 약물 사용의 위험성과 관련해 예방 대상이 된 청소년의 숫자가 늘어나면 경찰에 대한 신뢰도가 높아진다"라고 지적한다. "시민 문화와 투표에 대한 믿음도 영향을 받지요. 경찰은 국가의 얼굴이며, 경찰이 친절하면 국민들은 체제를 지지합니다. 그러나, 주로 부유한 지역에만 해당되는 이야기죠."

이 사회학자는 경찰력이 제대로 기능하지 않을 경우, 특히 빈곤한 지역이 영향을 받는다고 생각한다. 경찰의 존재와 지속적인 검문으로 인한 경찰과의 '과도한 접촉'은 심지어 나쁜 행동을 조장할 수도 있다.

"해외의 연구 결과, 우리는 이것이 범죄의 요인이라는 것을 알고 있다."

세바스티앙 로셰는 프랑스에서는 예산 부족으로 이런 연구가 수행되지 못했다고 개탄한다. "영국과 미국에서도 확인된 사실이다. 나쁜 경찰은 범죄의 요인이다." 그는 다음과 같이 덧붙인다. "이는 심지어 학업 성공과 우울증에도 심리적 영향을 미친다. 경찰의 행동방식은 엄청난 영향을 미친다." 이는 국가권력에 대한 신뢰가 무너질 때, 국민으로서의 소속감도 떨어진다는 것을 확인시켜 준다. 우리는 체제 내에서 대우받을 때, 그 체제에 통합됐다고 느끼기 때문이다.

이는 투표에 대한 우리의 인식에 영향을 미친다. 민주주의는 선거라는 절차가 있고 그것이 유용하다는 사실, 통치하는 사람들이 통치받는 사람들의 의견을 고려한다는 사실, 그리고 경찰이 제 기능을 하지 못할 때 이 체제에 대한 신뢰를 약화시킨다는 사실에 기반한다. 파리 주변 방리외의 경찰과 청년들 사이의 극도로 긴장된 관계는, 그들만의 일에 그치지 않는다. 지난 몇 년 동안, 이런 분위기가 프랑스 사회 전체로 확산된 듯하다. 원인은 노란 조끼, 코로나 팬데믹, 경찰 폭력 등 많다. 주변에서 쉽게 접할 수 있는 국가권력, 경찰과의 관계가 나쁠 때 우리는 체제를 거부하게 된다. 이 체제의 꼭대기에 있는 이들이 우리를 무시하는 것처럼 느낄 때는 더욱 그렇다.

국가가 우리를 무시할 때 청년들, 특히 불안정한 청년들은 에마뉘엘 마크롱이 그들에게 가하는 모욕으로 인해 깊은 상처를 받았다. 2018년 9월, 실직한 젊은 원예사가 일자리를 못 찾아서 큰 걱정이라고 말하자 대통령은 "내가 길만 건너면 당신에게 일자리를 찾아줄 수 있다"라고 대꾸했고, 이 말은 아주 유명해졌다. 2022년 6월, 한 여고생이 그에게 성폭행 혐의로 기소된 장관들의 유임에 대해 질문하자(이 학생은 대다수의 국민들을 대신해 질문을 던진 것이었다) 대통령은 무죄 추정의 원칙을 강조하며 많은 카메라가 지켜보는 가운데 빠르게 자리를 떴다. 그러자 이 어린 소녀는 간청했다. "대통령님, 제발 대답 좀 해주세요!" 그 여고생은 대답을 듣고자 대통령에게 정중하게 부탁을 했던 것인데, 다음 날 아침, 경찰이 그녀의 학교로 찾아와 그녀에게 '이것저것' 캐물었다. 이 여학생에 따르면, 그것은 사실상 '협박'에 가까웠다.

협박부터 굴욕까지는 일사천리로 진행됐다. 경찰은 2018년 12월 6일 망트라졸리의 한 고등학교에서 12~20세 청소년 153명을 즉각적으로 검문했다. 이 청소년들은 그들이 봉쇄하려던 학교의 운동장에서 무릎을 꿇고 두 손을 머리에 올린 채 고개를 숙였다. 수많은 사람들이 본 이 동영상에 대해, 한 경찰은 이렇게 말한다. "학생들이 다들 얌전합니다." 이 일로 논란이 일자, 장-미셸 블랑케르 교육부 장관과 크리스토프 카스타네르 내무부 장관은 "동영상을 맥락 속에서 봐달라"고 요구했으며, 경찰은 결코 정치나 당국의 제재를 받지 않았다.

공화국의 대통령이 국민의 질문을 무시하고, 국민이 말을 많이 하면 경찰을 보내고, 국민이 다니는 학교까지 찾아가서 위협하고, 심지어 국민이 받은 굴욕에 대해 외면해도 되는 것인가? 대통령과 국가기관이 이처럼 청년들을 노골적으로 무시함으로써 일부 청년들과 권력의 관계는 크게 손상됐다.

여기에 법이 사람에 따라 차별적으로 적용된다는 느낌이 덧붙여진다. 일례로, 정치인 파트릭 발카니[269]는 탈세 혐의로 유죄 판결을 받았지만 건강을 이유로 여러 차례 석방됐다. 그런데, 건강악화 때문에 석방됐다는 발카니가 신나게 춤을 추는 동영상은 밈[270]이 돼 틱톡이나 트위터에서 계속 재생되고 있다. 니콜라 사르코지와 알렉상드르 베날라, 프랑수아 피용같은 정치인이 연루돼 언론에 자주 등장한 사건들 역시 SNS에서 수도 없이 조롱의 대상이 됐다. 이 정치계급은 스스로가 저지른 파렴치한 행동으로 인해 불신을 받고 있으며, 사람들은 사르코지가 2016년에 말했던 '참으로 수치스런 일'이라는 발언을 트위터에서 계속해서 리트윗하고 있다. 이들은 마치 치외법권 지대에 존재하는 것처럼 특별대우를 받고 있으며, 이는 일부 청년들이 훨씬 가벼운 범죄를 저질렀을 경우 받는 처벌과 극명한 대조를 이룬다. 이런 불평등 속에서, 청년들이 불만과 불신을 표현할 방법은 풍자뿐이다. 게다가, 정부의 공공정책에 강력하게 반대하는 이들에게 경찰은 '질서유지'를 명분으로 점점 더 난폭하게 대응하고 있다. 지난 5년 동안, 많은 청년들이 경찰의 강력대응으로 피해를 입었다.

국가가 폭력이 될 때

2020년 11월 10일, 나는 파리 10구에 있는 콜베르 고등학교 앞에서 호주 텔레비전 채널 ABC를 위해 취재 중이었다. 대부분이 미성년자인 일부 학생들이 팬데믹 상황에서 학교의 보건 프로토콜이 부재한다는 사실에 항의하기 위해 학교를 봉쇄할 계획을 세우고 있었다. 교사노조의 지지를 받은 이들은 환기도 잘 되지 않는 교실에 35명의 학생을 몰아넣지 말고 학급을 나눠 수업을 받게 해달라고 요구했다. 나는 이제 막 프랑스에 도착한 호주 기자들과 함께 오전 7시경 그곳에 도착했다. 나는, 한 시간 동안 학생들이 학교 출입을 막기 위해 조용히 쓰레기통을 옮기는 모습을 지켜봤다. 길 끝에 모여 있던 경찰도 그들을 멀리서 관찰하고 있었다.

나는 최근 몇 년 동안 수많은 시위를 취재하면서 경찰이 얼마나 다루기 힘든 존재인지 알게 됐다. 하지만, 설마 평화를 사랑하는 미성년자들에 대해서는 좀 더 관대할 거라고 기대했다. 그러나, 너무나 순진한 생각이고 기대였다. 헬멧을 착용하고 방패와 곤봉을 든 경찰들은, 몇 명 되지도 않는 고등학생들을 무자비하게 진압했다. 그 어린 학생들이 어떤 공격성의 징후를 전혀 보이지 않았음에도 말이다. 이런 광경에 익숙하지 않은 호주 기자들이 깜짝 놀랐다. 고등학생들은 팬데믹 사태 속에서 공중보건을 위한 요구를 한 것이었고, 이렇게 상식적이고 합법적인 요구를 했다는 이유로 어린 학생들은 경찰에게 전례 없는 폭력을 당했다. 이 폭력이 경찰과의 첫 만남인 이들도 있었다. 이들은, 남은 삶 속에서 경찰이라는 존재를 어떻게 인식하게 될까? 상상에 맡기겠다.

몇 킬로미터 떨어진 브라상스 고등학교에서도 같은 상황이 벌어졌다. 경찰이 콜베르 고등학교 학생들을 공격하는 것을 보고 충격을 받은 우리는, 청년들을 인터뷰하고자 이 학교에 갔다가 분노에 찬 증언을 들었다. 처음으로 학교를 봉쇄해 봤다는 여학생이 말했다. "이해가 안 돼요. 정말 이해할 수가 없습니다. 우리는 폭행당했어요. 아무것도 하지 않았는데 폭행당했다고요. 정말이에요."   ·

시민권을 행사하다가 부당한 대우를 받은 이 청년들이 국가와 어떤 관계를 맺을 수 있을까? 공화주의 권력과의 관계가 부당행위와 그들의 권리에 대한 불존중으로 나타난다면 도대체 어떤 청년이 국가를 신뢰할 수 있단 말인가? 이런 질문들이 나를 괴롭힌다. 이 경찰의 폭력사태에서 반공화주의적 저항의 씨앗이 싹트고 있을지 모른다. 그 결과는? 생각하면 등골이 오싹해진다.

실제로 국가는 경찰을 통해 방리외에서 사용했던 방법을 점차 전국적으로 확대했다. 동시에 그에 따른 폭력을 일반화함으로써 시위의 권리는 설 자리를 잃었다. 나는 특히 종종 청년들과 가족들로 이뤄진 환경보호 행렬 때 시민들에게 가해지는, 그리고 페미니스트 활동가들에게 가해지는 폭력에 대해 생각하고 있다.

2020년 3월 7일(이것은 여러 날짜 중의 한 날짜다), 충격적인 이미지가 유포됐다. 여성 시위대가 여성에 대한 폭력에 항의한다는 이유로 경찰에 의해 구타당하는 이미지였다. 믿을 수 없는 일이었다. 〈콘비니 미디어〉[271]는 후에 그들 중 3명을 인터뷰했는데, 이들은 모두 20대로 충격에 빠진 상태였다. 그들은 경찰이 거리에서 평화롭게 행진하는 군중을 '마구 때렸다'고 설명했고, 사진과 동영상에는 경찰이 폭력을 행사하는 장면이 찍혀 있었다.

경찰은 한 젊은 여성의 목을 움켜쥔 채 땅바닥에서 질질 끌고 갔다. 그 후 3명의 젊은 여성이 체포돼 경찰서로 연행됐다. 그녀들의 증언에 의하면, 경찰은 그녀들에게 "입 닥쳐"라고 계속 외친 것은 기본이고, "뚱보년! 이 뚱땡이 갈보년!", "내가 감방에서 네년의 성기를 핥아 줄게, 이 쌍년아!" 같은 욕설을 퍼부으며 폭력을 행사했다. 3명 중 1명은 4일간 외출 금지 처분을 받았다.

16세의 고등학생 릴리안도 끔찍한 일을 당했다. 2019년 1월 12일, 그는 스트라스부르에서 그가 참여하지도 않은 시위를 진압하기 위해 경찰이 쏜 고무탄을 턱에 맞아 심각한 부상을 입었다.[272] 그는 이 사건으로 입에 쇳조각을 문 채 몇 달 동안 집에서 꼼짝하지 못했다. 트라우마가 생긴 것은 말할 필요가 없다.

마지막으로, 나는 언론과 NGO에 의해 여러 차례 기록된[273] 젊은 난민들에게 가해지는 충격적인 폭력행위들(가스 주입, 구타, 압수, 심지어 침낭이나 텐트를 찢어 버리기)을 언급하지 않을 수 없다. 그들의 거주 환경, 그들이 의료서비스에 접근하는 것이 어렵다는 점을 고려할 때 이는 더욱 심각한 사건이다. 이런 사건들은 일회적인 것처럼 보일 수 있지만, 이것들은 단순히 일이 잘못돼 발생한 것이 아니다. 이 사건들은 정치적 선택의 결과이며, 지난 5년 동안 크게 증가했다.

모든 청년들이 경찰의 폭력이나 권한 남용의 피해자는 아니지만, 그들과 경찰의 관계(따라서 권력과의 관계)는 훼손됐다.

2020년, 18~30세의 79%가 경찰 폭력이 '프랑스의 현실'이며, 경찰이 저지른 잘못이 '경찰조직에 의해 은폐되는 경우가 많다'고 답했다.[274] 이런 사실을 확인한 나는 2020년 〈르 방 스 레브〉 미디어에 경찰 폭력에 대한 탐방 기사를 싣기로 결정했다. 이를 계기로 나는 경찰 폭력을 당한 많은 청년들을 인터뷰할 수 있었고, 그들은 이로 인해 얼마나 큰 충격을 받았는지 털어놓았다. 20대인 얀은 시위에서 진압봉으로 구타를 당해 치아의 대부분을 잃었다. 그는 자기가 이 시위에서 결코 폭력을 행사하지 않았다고 주장했다. 얼굴이 흉하게 변해버린 그는 카메라 앞에서 경찰에 대한 적개심을 강하게 표출했다. "경찰 모자를 보면 바로 달려가서 이가 다 빠져버린 얼굴로 웃어주고 싶어요."

20세인 빅터도 비슷한 이야기를 했다. 사건 당시 수습기자였던 그는 바닥에 쓰러진 채 의식을 잃을 때까지 곤봉으로 맞았다. 그때, 죽을 수도 있겠다는 생각을 했다며 울분을 토했다. 나는 이 책을 쓰면서 그에게 다시 전화를 걸어 이 트라우마가 그와 경찰과의 관계에 어떤 영향을 미쳤는지 물었다. "이 일이 경찰에 대한 저의 신뢰에 영향을 미친 건 분명합니다. 당시 저는 제가 전혀 예상치 못한 상황에서 저 혼자만 그런 일을 당한 줄 알았습니다. 그런데 마르세유에서 기자로 일하다가 또 같은 일을 당했고, 그때부터 경찰을 신뢰할 수 없게 됐어요."

나는 아르데슈 지방에 살았을 때 경찰과 아무런 문제도 없었고, 오히려 경찰을 믿고 의지할 수 있었다. 오브나에서 참여했던 시위 현장에서도, 경찰이 우리를 보호해준다고 느꼈다. 하지만, 빅터처럼 도시 지역에서 시위를 취재하면서 경찰에 대한 인식이 바뀌었다. ABC 채널에서 일하며 2018년 12월에 있었던 노란 조끼 시위를 취재하던 중, 나는 시위대를 곤봉으로 때리고 최루탄[275]을 발사할 준비를 하던 경찰에게 시위대 행렬에서 나가게 해달라고 요청했다. 나는 방금 목격한 경찰의 폭력에 충격을 받고 눈물을 흘리며 경찰들에게 나와 동료들이 이 지옥에서 탈출할 수 있게 해 달라고 간청했다.

그런데, 기자로 신분이 밝혀진 나도 통과가 허용되지 않았다. 경찰은 내 요청을 거부했다. 게다가, 한 경찰은 내 가방을 움켜잡더니 인정사정없이 나를 땅바닥에 내동댕이쳤다! 나는 몇 초 동안 아스팔트 위에서 꼼짝도 하지 못했다. 결국 나는 화분 뒤까지 기어가서 몸을 숨겨야 했고, 거기서 겁에 질린 채 몇몇 시위자들이 경찰에게 폭력을 당해 심각한 부상을 입는 것을 목격했다. 내가 겪은 일은, 다른 사람들이 경험했던 것에 비하면 가벼운 편이다. 하지만, 당시 23세였던 나는 이 사건을 계기로 내가 사는 나라의 경찰을 신뢰할 수 없게 됐다.

2020년에 18~24세의 62%가 경찰을 신뢰한다고 답했는데, 이는 전체 인구보다 4%p 낮은 수치다.[276] 세바스티앙 로셰는 내가 경험한 것은 상당히 평범한 사례라고 설명한다. "경찰에 대한 신뢰는 노란 조끼 운동과 관련해 무너졌습니다. 왜냐하면 경찰 폭력에 대한 정확한 문서가 있었고 동영상이 증거로 유포되고 있었기 때문이지요. 그래서 경찰 측에서 부인할 수가 없었습니다. 따라서 이 문제에 대한 정보의 양은 90년대의 그것보다 훨씬 더 많았습니다."

오늘날, 경찰이 저지른 모든 형태의 폭력이 문제시되고 있다. 경찰의 폭력을 가장 민감하게 느끼는 세대는 청년세대다. 이들은 경찰의 폭력과 충돌하는 최전선에 있다. **'청년세대는 최전선에서 인종차별과 경찰 폭력에 반대한다'**는 제목의 《라크루아》 기사는[277] 경찰 폭력에 분노한 프랑스 청년들이 들고 일어났다고(일부는 경찰 폭력을 직접 경험했기 때문이고, 다른 일부는 소셜 네트워크에서 경찰이 폭력을 행사하는 영상을 보았기 때문이다) 보도한다.

국가가 청년 시민들에게 멸시, 모욕, 폭력을 가하면서 국가와 청년과의 관계는 크게 변화했다. 방리외에서 처음 관찰된 경찰에 대한 불신은 지난 10년 동안, 특히 노란 조끼 운동에 대한 탄압 이후 전국적으로 퍼져 나갔다. 청년들은 이런 변화와 상호신뢰 위기의 최전선에 있다. 그들이 경찰 폭력의 첫 번째 희생자이며, 경찰 폭력이 선을 넘었기 때문이다. 여기서, 청년 선거기권율이 급증하는 이유 중의 하나를 짐작할 수 있다.

청년세대의 투표, 단절의 투표

2022년 4월 초, 대선 1차 투표 직전 극도로 긴장된 정치적 분위기 속에서 코미디언 피에르-에마뉘엘 바레는 그가 '우파'라고 비난하는 '바보 같은 노인들'이라는 제목의 영상을 게시했다. 그중 일부를 발췌한다.

"젠장, 선배님들은 모든 걸 가지셨지요! 완전고용, 사회보장, 최저임금, 공무원, 60세 퇴직, 주 35시간 근무, 실업보험(...), 그리고 지금 당신들은 사회적 성취를 파괴하려는 후보에게 투표하고 계시나요? (…) 그렇다면 베이비붐 세대는요? 부채를 상환하기 위해 공공지출을 줄이려는 겁니까? 하지만 빚은 당신들이 진 겁니다, 이 멍청이들아! 복지국가가 그렇게 싫으면 국민연금에서 환불해준 보청기랑 다초점 렌즈 안경, 100% 환불되는 틀니도 빼 버리세요!"

그는 기성세대를 거침없이 비난한다. 기성세대는 청년세대가 앞으로 더 긴 시간을 살아가야 하는, 이 세상의 병폐에 대한 책임이 분명히 있음에도 파렴치할 만큼 이기적으로 행동한다는 것이다.

"당신들은 모든 것을 가졌지만, 아무것도 남겨놓으려 하지 않습니다

(...). 당신들 때문에 모든 것이 오염됐습니다. 공장식 밀집형 축산을 시작했고, 오를레앙을 오가는 비행기 안에서 시가를 피우면서 푸아그라를 먹었으며, 스타즈 80 크루즈로 빙하를 녹였습니다. 당신들이 지구를 망친 것입니다. (...) 그럼에도 저희는 당신들을 정중하게 대하고 있습니다! 팬데믹 2년 동안 우리는 집에서 꼼짝도 하지 못했습니다. 그래서 아무도 만나지 못했고요. 과자 한 봉지라도 사러 가려면, 당신네들의 주름진 엉덩이를 보호하기 위해 FFP2 마스크를 써야 했습니다. 그런데, 병상을 1만 7,000개나 없앤 사람을 다시 대통령으로 뽑겠다고요?"

현재까지 SNS에서, 특히 청년들의 대표적인 SNS인 틱톡에서 수만 번 공유된 이 논쟁적인 영상의 조회 수는 300만 회에 달한다. 피에르-에마뉘엘 바레는 금기를 깨고 있는 것이다. 세대 간 갈등이 어제오늘 일은 아니지만 이런 비판은 새롭다. 기성세대는 청년세대를 이해하지 못하고 그들이 현재 입고 있는 손해에 책임이 있을 뿐만 아니라 선거를 통해 그들의 미래도 망치고 있다는 것이다.

그리고 1차 선거에서 70세 이상 프랑스인의 41%(24세 미만은 20%)가 마크롱 후보에게 투표했다. 이 투표는 많은 인터넷 사용자들에 의해 환경 보전에 반대하고 불평등을 심화시키는 투표로 해석된다. 이것은 '기성세대'의 투표다. 즉 미래를 두려워하지 않고, 현재의 특권으로 보호받으며, 나이가 많아서 자기들은 기후 위기와 무관하다고 느끼는 사람들이 마크롱 후보에게 표를 준 것이다. **내가 한 인터뷰에서 가장 정치에 관심이 많은 청년들은 분노했다. 그중 한 명인 사무엘(가명, 22세)**은 다음과 같이 말한다.

"아, 이번 투표 결과를 보니 기성세대가 이기적이라는 생각을 버릴 수가 없었습니다. 그래서 저는 이 세대를 싫어하게 됐어요. 그들은, 그들이 저지른 짓의 결과가 나타날 때쯤이면 이 세상에 없을 테니, 저렇게 태연하겠지요."

물질을 위해 표를 던진 이들로 인해, 환경위기를 극복할 희망이 무너지는 것을 본 청년들은 분노한다. 나는 분노에 매몰되거나 따라가지는 않으려 하지만, 그 심정은 이해가 된다. 대체로 기성세대는 현 체제를 유지하려는 경향이 강한 반면, 청년들의 표심은 정치적 스펙트럼의 극단에 위치한 정당으로 향한다.

이번 대선에서 투표한 18~24세 유권자에게 가장 인기 있는 후보는 불복하는 프랑스당(LFI, La France insoumise)의 장-뤽 멜랑숑으로, 그는 이 연령대에서 31%를 득표했다.[278] **국민연합당(RN, Rassemblement National)의 마린 르펜은 26%로 2위를 차지했다. 25~34세의 34%는 불복하는 프랑스당(LFI)에, 25%는 국민연합당(RN)에 표를 줬다.** 마크롱의 득표율은 24세 미만에서 전국 평균보다 훨씬 낮은 20%를 기록했다. 총선 1차 투표에서는 이런 역동성이 더욱 두드러졌다! **18~24세 중 42%는 신민중생태사회연합당(NUPES, Nouvelle Union Populaire Écologiste et Sociale)에, 18%는 국민연합당(RN)에, 13%는 집권연합당(Coalition Présidentielle)에 투표했다.**[279]

그리고 대통령 지지자들 사이에서도, 특히 청년들 사이에서 불협화음의 목소리가 들려온다. 2022년 5월 말, 나는 당시 24세였던 파리정치대학교 재학생 메흐디 엘 미르(Mehdi El Mir)와 함께 TV에 출연했다. 나는 에두아르 필리프의 정당 오리종(Horizons)의 활동가이자 에마뉘엘 마크롱의 지지자인 이 학생의 발언에 놀랐다. 메흐디 엘 미르는 대통령의 첫 임기 5년을 환경보호의 측면에서 면밀히 돌아보며, 이 5년 동안의 환경정책이 '미온적'이라고 규정했다. 또한 '위장 환경주의'를 맹렬히 비판하고, "진정한 환경혁명을 위해 정치 패러다임을 바꿔야 한다"라고 촉구했다. 나는 그의 주장에서 그 어떤 모순도 발견할 수가 없었다. 결국 나는, 생전 처음으로 에마뉘엘 마크롱의 지지자 중 한 명의 주장에 동의하게 됐다.(이 청년이 〈집권연합당〉에서 무슨 일을 하는지는 묻지 마시라.)

좌파 투표: 환경학과 반자본주의를 통한 과거와의 단절

최근 모든 선거에서 청년세대는 좌파 후보를 1위로 뽑았다. 18~24세 청년들 중 42%가 국회의원 선거에서 신민중생태사회연합(NUPES)에 투표했다.[280] 투표 외에도 기권자를 고려하면 청년들은 '좌파적' 가치를 선호한다. 벵상 티베르즈는 그의 저서에서[281] 이를 정확하게 보여준다. 최신 세대일수록 그들의 가치는 더욱 '진보적'이다. 이는 연령 효과(청년들의 '이상주의적' 기질이 시간이 지나면서 사라진다는 주장)라기보다는 세대 효과에 가깝다. 즉 신세대의 좌파적 가치는 시간 속에서 지속되는 것이다. 내가 인터뷰한 대부분의 청년들은, 환경적 이유 때문에 **불복하는 프랑스당(LFI)**이나 **신민중생태사회연합(NUPES)**에 투표했다. 스파르(26세, 무직)는 자신을 급진좌파라고 생각하지 않으며 장-뤽 멜랑숑을 싫어하지만, 대선에서는 이 **불복하는 프랑스당(LFI)** 지도자에게 투표했다고 한다.

"누구에게 표를 줄까? 결정이 쉽지 않았어요. 장-뤽 멜랑숑은 여론조사에서 마크롱과 르펜을 이길 유일한 후보이자, 진정한 환경과 경제 공약을 내놓은 유일한 후보였기에 표를 줬습니다. 지금은, 그의 공약이 모든 것에 우선해야 합니다. 기후 재앙이 사회의 모든 측면에 영향을 미칠 테니까요. 투표할 때마다, 썩 마음에 드는 후보는 없어요. 그래도 기권하기에는 상황이 너무 급박합니다."

이렇게 급박하기 때문에 일부 청년들은 부모와 의견을 달리하기도 한다. 아미나타(23세)의 증언은 이런 반응을 잘 보여준다. 그녀의 아버지는 대형 석유 기업의 프로젝트 담당 매니저로 아프리카의 여러 국가에서 일했고, 그의 가족은 높은 생활수준을 유지했다. 그러나, 성인이 된 아미나는 아버지가 하는 일이 지구를 보호하는 일과 양립할 수 없다는 사실을 깨달았다. 그녀는 환경운동가는 아니다. 하지만, 2022년 장-뤽 멜랑숑에게 투표하기로 결정했다.

"저는 아버지와 환경문제에 대해 이야기하지는 않았습니다. 그때는 아버지의 시대였고, 아버지로서는 나름의 어려움이 있었을 테니까요. 아버지는 기술자였고 대기업 직원인 것을 자랑스럽게 여겼습니다. 그런 아버지에게, 아버지가 하는 일이 지구를 위해 좋지 않다고 말할 순 없었지요. 하지만, 저는 이 문제를 가장 중시하는 정당에 투표하러 갔습니다. 기후위기 때문에 스트레스를 받고 있거든요. 어제, 한 달간 계속된 폭염 후에 비가 내렸습니다. 그러자 사람들이 노래를 부르며 환호했어요. 그 정도로 더웠던 거죠. 이게 우리의 현실입니다. 그렇기에, 저는 지금 시스템을 유지하자는 정당에는 표를 주지 않을 겁니다."

사실, 환경을 보호하자는 주장이 강할수록 좌파 투표의 사회학이 더 많이 진화한다. **총선 직전 게재된 〈르 피가로〉 기사 '부촌에 사는 청년들의 멜랑숑화(化)'**[282)]는 특권층 청년들이 좌파에 투표하는 현상에 대해 설명한다.

"이들 선거구에서는 좌파 연합이 기업 임원들과 파리 경영대학원 졸업생들을 끌어들입니다. 왜일까요? 이 '아빠의 아들'들은 기후에 대해 불안해하는 것입니다."

좌파의 가치는 전통적으로 청년들을 유혹하지만, 이는 전혀 새로운 것이 아니다. 그러나 환경학적 비상 상황은 이런 추세를 부분적으로 강조했다. 왜냐하면 환경문제를 실체화하고 전파하는 정당이 '좌파'로 인식되기 때문인데, 상황의 심각성을 고려할 때 다소 걱정스러운 독점이라 할 수 있다.

극우에 의한 파열 : 안전에 의한 변화

투표장에 가는 청년들의 두 번째 투표는, 정치적 스펙트럼에서 첫 번째 투표와 정반대인 극우 정당에 표를 주는 것이다. 장 조레스 재단의 연구[283]에 따르면, '예전에는 더 좋았다'는 쇠퇴주의가 청년들이 극우 정당에게 투표하는 데 큰 영향을 미칠 수 있다는 것을 알 수 있다. 이 연구에 따르면 서민계급 출신의 많은 프랑스 청년들은 역설적이게도 그들이 경험하지 못한 시대, 즉 부모나 조부모 세대가 살았던 시대를 우울함과 부러움이 뒤섞인 감정으로 바라보고 있다. 일부 청년들이 극우 정당에 표를 주는 것은, 세대 불평등에 대한 억울함 때문이다. 즉, 우리 청년들은 이전 세대가 누렸던 번영국 프랑스(상당 부분 신화화된)의 혜택을 누리지 못하고 있다는 감정 때문이다. 그 비율을 간과하면 곤란하다. **2022년 총선 때 24세 미만 유권자의 23%가 1차 선거에서 극우 정당에 투표했기 때문이다.**[284] 재정복당(Reconquête!)의 대표인 에릭 제무르(Eric Zemmour)는 프랑스가 퇴보한다는 느낌, 환상적인 과거에 대한 향수에 호소한다.

극우 정당에 표를 준 청년들 중, 극우파에 공개적으로 반대하는 언론인인 나와 인터뷰할 인물을 찾는 것은 쉽지 않았다. 하지만 나는 포기할 수 없었다. 나는 나의 SNS 계정을 통해 여러 차례 요청하고 익명을 약속한 후에야, 간신히 이들의 증언을 모을 수 있었다. 테오(가명, 18세)는 그가 왜 극우 정당에 투표하는지 빠르게 설명했다. 내가 무엇을 기대한 투표였는지 묻자, 그는 갑자기 화를 냈다.

"안타깝지만, 저는 더 이상 언론인을 신뢰하지 않습니다. 저는 제 생각에 빠지지 않으려고 당신을 팔로우하고 만난 것뿐입니다."

나는 실망했지만, 서면으로 좀 더 심도 있는 논의를 제안하고 질문지를 보냈다. 하지만 거절당했다. 테오는 내 프로젝트에 대해 이런저런 질문을 던지고는, 내가 '복사해서 붙여넣기'한 답변을 보냈다고 비난했다. 그가 나를 불신하는 건 분명했다. 하지만 그는 말하고픈 욕구를 드러냈다. 왜 자신이 극우 정당에 투표하는지 내게 자세히 설명하며, 자신의 논리가 타당하다는 것을 어떤 식으로든 내게 증명하고 싶은 눈치였다. 며칠 후, 나는 정성이 느껴지는 테오의 답장을 받았다. 그의 허락을 받아 여기에 일부를 게재한다.

"저는 프랑스 남부 작은 마을의 가난한 가정에서 태어났습니다. 의료 분야 파트타임 노동자인 어머니는 월 800유로로 벌었고, 아버지는 퇴직연금으로 월 1,400유로를 받았지요. 누나는 정신 장애인이었고요. 그래서 부모님은 원래 저를 낳으려고 하지 않았습니다. 저는 노동자 주택단지에 있는 중학교에 다녔는데 정말 힘들었습니다. 부모님은 제가 '일을 하게' 하려고 강제로 국제 고등학교 중국어과에 보내셨죠. 학교는 모든 학생들에게 최고의 기회를 주기로 결정했습니다. 즉 '수준을 맞추고' '그들을 위로 끌어 올린다'며 최악의 학생들과 쓰레기들, 비행 청소년들을 우리 반에 집어넣은 거죠. 결국, 성실한 학생들만 피해를 입었지요. 수준별 수업을 도입하고 학교에 규율을 다시 도입하는 제무르의 방향이, 제게 어떤 의미를 가지는지 그 이유를 확실히 이해하실 겁니다."

영재 수준으로 뛰어난 학생이었던 그는, 월반을 해서 다른 학생보다 고등학교를 2년 일찍 졸업했다. 하지만 그의 일상은 고통스러웠다. 가정폭력과 학교폭력에 시달렸던 것이다. "저는 아주 어렸을 때부터 그 어떤 상황에서도 감정에 휘둘리지 않고 강인함을 유지하는 법을 배웠습니다." 그는 16세에 **바칼로레아**에 합격하고 그랑제콜 준비반에 들어갔다가 18세에 프랑스 중부의 한 공과대학에 입학했다. 그는 자기가 국립기숙사가 지급하는 생활 장학금과 성적 우수 장학금을 받고 아르바이트도 하면서 '지금까지 어려움을 잘 헤쳐 나왔다'고 말한다.

　그의 가족과 친구들은 모두 좌파 정당에게 투표를 한다. 이 점에서 그는 프랑스 교육 시스템이 필연적으로 좌파 투표로 이어진다고 생각한다. "얼마 전부터 다시 열심히 수업을 듣고 있는데, 이제 모든 것이 명확해졌습니다. 솔직히 말해서 프랑스 교육 시스템이 좌파적이라는 건 부정할 수 없는 사실이에요. 우리는 녹색당에 투표하도록 포맷된 겁니다." 그는 기후위기를 부정하지는 않지만, 최우선 과제라고 생각하지는 않는다.

　"뉴스에서든, 통계에서든, 일상생활에서든 프랑스에는 많은 문제가 있고, 이런 문제에 가장 잘 부응하고 가장 효율적인 해결책을 제시한 것은 제무르와 르펜의 정책이었습니다. 저는 특히 더럽고 위험한 도시에서 자라면서 종종 생각하곤 했지요. 저들 중 누가 쓰레기를 아무 데나 버릴까? 누가 마약 캡슐을 아무 데나 버릴까? 누가 AK 소총을 손에 넣는 것일까? 그런 다음 관찰했습니다. 그리고 제가 사는 도시의 뉴스를 계속 보다가, 특정 사건들이 반복되는 걸 알아냈죠. 이 모든 것이 사법기관이 무기력해 제대로 처벌을 하지 않아 생긴 결과였습니다."

　그에 따르면, 가난에는 일체 변명의 여지가 없다.

　"우리 농민들은 꼭 필요한 사람들이고 상황이 매우 불안정한데도, 왜 AK-47을 구해서 쏴대지 않는 걸까요? (...) 제가 생각할 때 그것은 하나의 문화이고, 종교에 지나친 권위를 부여하면 국가적 평화와 통합을 해치게 됩니다. 법은 종교적 규율에 앞서 존중돼야 하며, 이는 모든 종교에 해당됩니다. 프랑스에 무질서를 야기하는 이들은 이 아름다운 나라의 국민이 될 자격이 없습니다."

　그래서 그는 '파시스트로 비난받았지만 '프랑스의 이익'을 지킬 수 있다고 생각되는 유일한 후보, 즉 1차 투표에서는 제무르를, 2차 투표에서는 르펜을 뽑기로 결심했다. 이 5페이지 분량의 문서에서 그는 나에게 그가 속속들이 알고 있는 극우 후보들의 정책에서 그를 유혹하는 각 요소에 대해 다음과 같이 설명한다. 그는 이 후보들의 교육 정책과 원자력 발전을 위한 조치, 'LGBT/WOKE (성소수자/워커즘)' 프로젝트에 반대하는 투쟁에 찬성하고, 우리가 공공자금을 성전환 수술에 투입할 수 있다는 생각이나 그가 보기에 '항상 미성년자는 아닌' 외국인 미성년자의 형량을 감형해 주어야 한다는 생각을 비난한다. 그리고 마지막에 그는 나에게 '모든 것이 2원론적인 것은 아니다'라고 강조했다.

"항상 이성적으로 행동해야 하고, 가능한 한 편견 없이 상황을 파악해야 하며, 자기 의견을 명확하게 밝혀야 합니다."

그는 내가 '좋은 기사'를 쓰기를 바란다는 말로 글을 마쳤다.

폴(가명, 26세)은 파리 북동쪽 센생드니 지역 중산층 가정 출신이며, 이제 막 파리정치대학을 졸업했다. 그는 마린 르펜에게 투표한다고 반드시 그녀의 사상을 지지하는 것은 아니라고 설명했다. 그는 **마린 르펜의 정당인 국민연합당**(RN, Rassemblement National)에 '여러 문제'가 있다고 보기에, 그녀가 대통령으로 당선될 수 없다는 것을 알고 '안심'했다고 한다.

"**국민연합당**(RN)**에 표를 준다는** 것은 제가 중요시하는 주제(안전, 사법, 노동, 문화)에 신호를 보낸다는 것을 의미합니다. **국민연합당**(RN)이 표를 많이 얻을수록 다른 정당은 이 당에 표를 주는 사람들의 관점을 더 많이 수용해야 해요."

2017년 에마뉘엘 마크롱에게 투표한 폴은, 이번에는 다른 선택을 했다.

"제가 중요하게 생각하는 이슈에 관한 한 다른 후보들은 저와 관련이 없어 보였습니다. **공화당**(LR, Les Républicains)**과 집권 여당**[285]**은 경제적으로 너무 자유주의적이고, 예를 들어 안전의 문제에서 충분히 신뢰**

할 수 없으며, 안전과 문화 분야에서 불복하는 프랑스당(LFI, La France insoumise)과 이견을 보입니다."

그는 자신의 투표가 인종차별이 아니라, '안전'을 위한 것이라고 주장한다.

"제가 자란 곳에서 저는 강도와 묻지마 폭행, 갈취, 동성애 혐오적 공격이나 모욕 행위를 자주 목격했습니다. 하지만 공권력과 교육 당국은 구체적인 조처를 취하지 않았습니다. 시에서도 수수방관이었고, 학교 차원에서 내놓은 해결책 역시 현장을 전혀 모르는 탁상공론이었습니다."

테오와 폴은 공통적으로, 공권력에 대한 깊은 유감을 드러낸다. 그들은 폭력을 당하거나 목격했지만, 폭력을 행사한 사람을 공권력이 처벌하는 것을 보지 못했다. 따라서, 나는 이 두 사람 모두 국가의 무능력에 의한 피해자라고 생각한다.

"저는 좌파였지만, 조금씩 마음이 바뀌어 **국민연합당(RN)**에 투표를 하게 됐지요. 그리고 지금도 지원/재통합과 제재 사이에 균형을 잡아야 한다고 생각합니다. 하지만, 지금 다른 정당들의 정책은 100% 확정된 것이 아니에요."

정치적 이슈를 파악하는 폴의 능력을 고려할 때, 그가 환경문제에 둔감하다는 것은 믿기 힘든 일이다. 내가 기후 비상사태에 대해 묻자, 그는 이렇게 답변했다. "생태계를 지키기 위한 싸움이 시급하고 노동자들이 더 나은 삶을 열망하는 이 시점에 경제 자유화는 시대 흐름에 역행하는 것처럼 보입니다. 저는 **집권 여당이나 공화당(LR)이 국민연합당(RN)보다 스타트업 정당에 가까워 보입니다.**"

빈곤과 폭력. 이 둘 중 한 가지 이상이 지배적인 환경에서 벗어나려는 청년들은, 일탈자들에게 매우 엄격한 경향이 있다. 테오가 특히 그런 경우다. 이들은 어려운 환경에서 태어나 성장했지만, 스스로 어려움을 극복했다. 그렇기에, 다른 이들도 자신처럼 할 수 있다고(할 수 있는데 하지 않는다고) 생각한다. 그리고, 자신의 기준에 미치지 못하는 이들을 경멸한다.

그리고, 인터넷이 이런 성향을 강화한다. **그들은 종종 이런 필터 버블**[286]**에 갇혀, 위험은 실제로 어디에나 존재하며 이 나라의 가장 큰 문제는 자국민이 비유럽인들에 의해 대거 대체된다는, 이른바 '대규모 대체'**[287]**라고 믿게 된다. 이런 주제의 동영상은 널려있다.** 극우파는 특히 SNS를 효율적으로 활용한다. 실제로 이런 사상의 흐름은 아주 일찍부터 웹으로 옮겨져 뉴스 웹사이트와 블로그, 그리고 주류 미디어를 우회해 자신의 생각을 전파하는 유튜브 채널로 확산됐다. 쥘리앵 로셰디와 파파시토, 바 티스트 마르셰, 조르주 마타란, 반체제 인사 랍토르 등 극우 인사들은 각각 수십만 명의 구독자를 보유하며 웹에서 매우 인상적인 성공을 거뒀다.

이들은 유튜브의 코드인 브이로그나 전통적인 대면 카메라 작업을 통해 '대규모 대체' 이론을 홍보하거나 페미니즘을 비판하는 수많은 동영상을 제작한다. 이런 방법은 청년층과의 소통에 효과적이다. 이들은 **재정복당(Reconquête!)과 국민연합당(RN)의 사상 홍보에 기여했다. 다시 말해, 극우파는 인터넷을 이용해 여러 주요 주제에 대해 매일 오버턴 창**[288]**을 활짝 열고 있다.** 인종차별주의와 반워크 특히 반페미니즘 담론은 웹을 통해 청년들에게 확산되고 있다. **반페미니즘 담론은 현재 파쇼권**[289]**으로 향하는 관문이지만, 이 담론을 펼치는 이들 모두가 파시스트인 것은 물론 아니다.**

이런 이데올로기들은, 인생의 어려운 시기에 지루함을 달래기 위해 웹에 접속하는 사람들에게 어필할 수 있다. 일부는 특정 사회단체에 속해 있다는 착각을 불러일으키는 결속된 커뮤니티에 빠져들 수도 있다. 노동조합은 불안정한 청년 노동자들의 삶에 거의 존재하지 않으며, 청년 실업자들의 삶에는 전혀 존재하지 않는다. 후자는 사회적 고독이 극심한 상태이므로, 파시즘 등 자극적인 이데올로기에 더 취약하다. 청년들이 처한 물질적 빈곤, 미디어 및 정치에 대한 관심 부족은 소외계층 출신 청년들의 투표 성향을 일부 설명할 수 있다. 정치학자 톰 슈발리에는 이 투표가 계급 투표인 경우가 많다고 내게 확인해줬다.

"학력과 투표율은 비례합니다. 특히 좌파 정당 투표율은요. 학력이 낮은 청년일수록 **공화당(LR)**에 투표할 가능성이 높습니다."

폴과 테오는 학력도 높고 사회적 문제, 경제적 문제를 깊이 인식하고 있는 청년들이다. 따라서, 이들은 나름대로 깊이 생각한 후 확신을 가지고 마린 르펜이나 에릭 제무르를 찍은 경우다. 폴과 테오가 그들이 극우 정당을 찍는 청년들의 대다수를 대표하지 않는 것은 분명하다. 청년들이 극우 정당을 찍는 이유 중 무시할 수 없는 부분은, "외국인들이 우리 몫을 빼앗았다"라는 피해의식이다.

급진좌파와 극우파는 현 체제와의 단절을 제안해 청년들의 표를 끌어모은다. 이렇게 청년층의 투표가 양극화돼 있는 건 사실이지만, 한 가지 잊으면 곤란한 사실이 있다. 청년층을 비롯해 나머지 국민들에게도 2022년 프랑스의 제1정당은 여전히 '기권당'이라는 것이다. 일부 언론은 신속하게 이런 기권을 청년층의 정치 무관심과 신세대 개인주의의 승리로 해석했다. 나는 이런 분석에 의문을 제기하기 전에, 30세 미만의 기권이 늘어난 배경에 대해 잠시 살펴보려 한다.

기권 : 청년들의 제1정당

지난 몇 년 동안 각종 선거에서 청년들의 기권율이 크게 높아져 언론에서 논란을 불러일으키고 있다. 어떻게 이럴 수 있는가? 청년들은 더 이상 투표를 하지 않는 것인가? 민주주의가 위험에 처했다! 자신들이 가진 투표권을 이렇게 포기해도 되는 것인가? 청년들은 왜 이렇게 정치에 무관심한 것인가? 청년들의 투표율이 점점 낮아지고 있다는 것은 분명한 사실이다. 하지만 청년들을 비난하기 전에, 그들이 투표에 관심을 잃어버린 이유를 찾아보자.

청년들의 '자연스러운' 기권

대의민주주의가 등장한 이래, 청년층은 어느 시대에나 노년층에 비해 투표율이 낮았다. 청년층은 이념적 선호가 구체화되지 않은 시기이기 때문이다. 이는 생명주기의 자연스러운 효과다. 유럽 청소년 대상 공공정책 전문가인 정치학자 톰 슈발리에(Tom Chevalier)도 블라스트 방송 인터뷰에서 말했다. "청년기는 인생의 시작단계로, 자아 정체성이 확립되지 않은 시기입니다. 학업, 진로탐색, 구직 등으로 인해 불안정한 상태이므로, 정치적 성향 또한 정립되기 어렵습니다."

이런 심리적 이유 외에, 물리적 이유도 있다. 학업이나 구직 중일 때는 이동이 잦아지는 경향이 있어서 투표율이 저조해진다. 구체적으로 보면, 청년들은 공식적으로 선거인 명부에 등록돼 있으며 기술적으로 투표할 수 있지만, 그들의 거주지에 등록이 돼 있지 않아 대리인을 지정하지 않는 한 투표 당일에 투표소에 갈 수 없는 경우도 많다. 프랑스에서는 대부분의 유럽 국가와는 달리 주소 변경에 따른 선거인 명부 등록이 자동으로 이뤄지지 않는다. 많은 청년들이 이사 후 새로운 주소지의 선거인 명부에 등록할 생각을 하지 않는다. '선거인 명부에 제대로 등록되지 않은' 유권자가 700만 명에 달하며, 그중 43%가 25~29세다.[290] 이 선거인 명부 미등록이야 말로 청년들이 선거에 기권하는 이유 중 하나다.

기권을 부르는 또 다른 문제가 있다. 이는 청년층에 한정되지 않는 문제인데, 그것은 우리 프랑스의 선거제도가 꽤 어렵다는 사실이다.

이해하기 힘든 선거제도

기권의 또 다른 요인은 특히 지방선거[291]의 경우 한층 더 부각된다.[292] 정보 부족과 제도에 대한 교육 부족으로 인해 많은 청년들이 어떤 선거에서 무엇이 쟁점인지, 따라서 무엇이 관심사인지 이해하지 못한다. 이는 최근 마티유 오르플랭(Matthieu Orphelin)[293]이 청년들을 대상으로 그들과 제도와의 관계에 대해 실시한 설문 조사에서 나타났다. 어떻게 해야 기권을 방지할 수 있겠느냐는 질문에 그들 중 53%는 정치 제도에 대해 더수준 높은 교육을 실시해야 한다고 답했으며 47%는 선거에 대한 정보 부족을 매우 유감스럽게 생각했다.

지역 신문 〈라 프로방스〉의 영상 보도[294]에서 한 젊은 여성이 국회의원 선거 당일 웃으며 말했다. "오늘 투표가 있었나요? 몰랐어요!" 그녀는 불편한 듯 카메라를 피했다. 마르세유에서도 한 청년이 수줍은 표정으로 카메라를 쳐다보며 "솔직히 투표가 있는 줄 몰랐습니다"라고 말했다. 영상 아래에는 대부분 책망하고 비난하며 '말도 안 돼! 나중에 징징대지 마!'라든가 '정말 부끄럽다!' 등의 댓글이 달렸다. 내가 인터뷰한 청년들은 자기들이 제도를 잘 이해하지 못하고 있다는 사실을 쉽게 인정했다. 22세의 알렉시스는 지친 목소리로 말했다. "뭐가 뭔지 모르겠어요. 누가 무엇을 하는지도 모르겠고... 너무 복잡해요."

법이 어떻게 통과되는지 아느냐고 묻자 조에(가명, 18세)는 이렇게 대답했다. "솔직히 말해서, 몰라요. 수업 시간에 배운 거 같긴 한데 기억이 나지 않아요. 국회의원 선거에 대해서는 들어본 적도 없어요."

20세의 리나(가명, 20세)도 국회의원 선거가 뭔지 몰랐다고 내게 털어 놓았다. "설명을 들어본 적이 없는 것 같아요. 제가 기억을 못하는 것인지도 모르지요." 조에, 리나 모두 익명이다. 그들은 자신들이 입을 열기도 전에 내가 그들에 대한 판단을 내릴 수도 있다는 사실을 알고 있었기 때문이다. 사회가 종종 그렇게 하니까 말이다. 그들은 아마도 이 복잡한 정치 시스템을 잘 모른다는 사실을 공개적으로는 인정하지 않을 것이다.

그러나 이론상으로 청소년들은 이제 도덕과 시민교육을 받는다. 중고등 학교에서 선거는 고등학교 마지막 학년에서 공부할 가능성이 높으며, **교사는 민주주의의 역사적 기원, 국민주권, 세속주의, 민주주의 수호, 유럽의 건설, 사회정책 등 많은 개념 중에서 1년에 최소 4가지 개념을 선택해 학생들에게 가르쳐야 한다.**[295] 따라서 투표 교육은 교사의 재량에 달려있으며, 투표 교육은 선택될 경우 1년에 18시간만 배정되는 커리큘럼의 일부가 된다.

나도 고등학교를 졸업할 때까지 총선이 무엇인지 몰랐다. 법이 어떻게 만들어지는지도 잘 몰랐다. 호기심이 많고 인권과 페미니즘, 환경학, 심지어 지정학에 관심이 많았음에도 말이다. 하지만 프랑스 정치는 너무 복잡하고 지루하며 무엇보다도 별로 유용하지 않은 것 같았다. 내가 정치적 성향을 묻자, 20세의 앙브르는 "글쎄요, 잘 모르겠어요"라며, 다음과 같이 설명을 덧붙였다. "저는 모든 정당에 대해 잘 알지는 못해요. 모든 걸 다 알 수는 없으니까요. 정말 잘 알고 있다면 결정을 내릴 수 있겠지만, 지금은 아무것도 모르기 때문에 투표를 할 수 없습니다. 그래서 제 투표는 공정하지 않을 것입니다."

정치학자 톰 슈발리에는 다음과 같이 주장했다. 즉 '정치적 능력'(제도와 정당, 이슈에 대한 지식)과 정치적 관심도, 따라서 참여도 사이에는 직접적인 상관관계가 있다는 것이다. "여기에는 미묘한 차이가 존재합니다. 많은 사람이 생각하는 것과는 달리 새로운 세대의 교육 수준은 점점 더 높아졌고, 특히 인터넷 덕분에 고등교육과 정보에 더 쉽게 접근할 수 있습니다."

반면, 일부 청년들은 정보를 알고 있음에도 일부러 투표하지 않는다. 공개적으로 제도를 거부하기 때문이다. **뱅상 티베르는 이 같은 현상을 '거리를 유지하는 시민들'이라고 설명한다.**[296] 그리고 정치에 대한 이런 거리두기(나아가서는 불신)는 왜 청년들이 기권하는지 그 이유를 상당 부분 설명해준다.

제도권 정치에 대한 거부

앞서 말했듯이 전통적으로, 즉 투표를 통해 이뤄지던 정치에 대한 거부감은 약화된 권위가 유발한 불신으로 설명된다. 경찰에 대한 거부감을 넘어, 정치인에 대한 거부감 역시 계속 증가하고 있다. 이는 모든 세대에 공통적으로 나타나는 현상이지만, 기성세대와 달리 투표를 '의무'로 여기지 않고 특히 정치인들 간의 은밀한 타협에 대해 엄격한 태도를 취하는 청년들 사이에서 심화되고 있다.

프랑수아 올랑드 전 대통령과 니콜라 사르코지 전 대통령의 5년 임기가 그랬던 것처럼 지난 5년 역시 온갖 종류의 부패와 스캔들로 얼룩졌다. **젊은 층의 70%는 이런 문제에 대해 매우 잘 알지는 못하지만 정치인은 부패하다는 생각을 가지고 있었으며,**[297] **자신의 민감도에 따라 베날라나 맥킨**

지, 우버 파일, 프랑수아 드 뤼기의 랍스터,[298] 혹은 정부 인사들의 성폭행이나 성폭력, 성차별 사건 등 많은 사건 중에서 적어도 한 가지 이상을 내게 언급할 수 있었다.

즉, 이런 사건들은 정치 계급의 이미지를 개선하는 데 도움이 되지 않고, 많은 청년들이 '다 썩었어' 식의 태도를 취하도록 부추겨서 투표를 멀리하게 만든다. '유럽 가치 연구' 프로그램이 2018년에 실시한 '가치' 연구에 따르면, 18~29세의 27%만이 의회를 신뢰하고 오직 23%만이 정부를 신뢰한다고 답했다.[299]

정치계급의 고령화

청년들과 정치인들의 평균연령은 평균 2배 이상 차이가 난다. 2022년 프랑스 국회의원의 평균연령은 49.6세다.[300] 즉, 청년층들은 정치 대표자들과 자신을 동일시하기는 어렵다. 최근 몇 년 동안 국민 대표들의 나이가 상대적으로 젊어진 것은 사실이지만, 35세 미만 시장(정치인으로서는 무척 젊은)의 수는 1983~2014년 30%p 감소했다.[301] 이는 현직에 있는 정치 계급이 자리를 내주기를 조직적으로 거부한다고 해석할 수도 있다. 당연하게도 청년들은 직장 생활을 시작할 때 겪는 어려움을 정치 생활을 시작할 때도 겪게 된다. 〈괄호 속의 부머들〉에서 프랑수아 드 클로젯은 이 '현직 공화국'과 그 '결과'를 비난한다.

어른들과 노인들이 너무 밀접하게 통제하는 민주주의는 청년들의 지지를 잃게 된다. **이런 일이 바로 베이비붐 세대가 너무 잘 관리하고 있는 우리 제5공화국에서 일어나고 있다.**[302] 사실, 이런 연령 차이는 또 다른 문제로 이어진다. 청년들이 마음을 열어야 할 때, 기성세대의 고루하고 편협한 생각 속에서 자신의 길을 찾는 데 어려움을 겪는 것이다. 카미유 푀그

니는 점점 뚜렷해지는 이런 간극을 다음과 같이 설명한다. 즉 대중의 행동과 태도는 '점점 덜 권위주의적이고 민족 중심적'인 방향으로 바뀌며(그러므로 이것은 단순히 나이의 문제가 아니다), 타자에 대한 관용은 청년세대가 기성세대보다 훨씬 더 높다.

일례로, 이민 문제를 보자. 30세 미만에서는 이민의 긍정적인 효과를 강조하는 답변이 많았다. 이민이 한 국가의 경제나 문화생활에 미치는 영향을 0점(매우 부정적)에서 10점(매우 긍정적)까지 평가하라는 질문에, 가장 젊은 응답자들은 60대 이상보다 훨씬 높은 점수를 줬다. 성 소수자 문제를 보자. 신임 카롤린 카유 영토공동체 장관의 자기방어는 재앙에 가깝다. 그녀는 2013년에 '모두를 위한 결혼'을 '자연에 반하는' 계획으로 규정했던 자신의 발언이 문제가 되자, 말을 바꿔 "나도 동성애자 친구들이 많아요"라고 했다. 하지만, 그런 말바꾸기 수법은 젠더와 성적 지향 문제에 대해 잘 알고 있는 청년들에게는 통하지 않는다.

미투 운동의 신뢰도를 떨어트리기 위해 '머리가 살짝 돈 여자들'이 말도 안 되는 이야기를 하며 남자의 명예를 훼손한다고 비난하는 에릭 뒤퐁-모레티 법무부 장관의 말도 역시 놀랍다. 성폭행 혐의를 받고 있던 제랄드 다르마냉과 '남자 대 남자'로 대화를 한 뒤에 문제를 해결했다고 주장하는 대통령 자신은 말할 것도 없다. 인터뷰 도중 툭 튀어나온 짤막한 문장들이 드러내는 사고방식은 1990년대 이후 태어난 세대에게는 그야말로 비상식적이다!

정치 대중화를 위해, 매일 평균 연령 20세의 시청자들과 대화하는 트위치 스트리머 장 마시에는 "늙어가는 정치계급의 실패가, 청년세대의 정치 거부에 일조한다"라고 말한다. "정치인들의 발언은 청년들이 볼 때 명백한 사실에 어긋납니다. 꼭 지구가 평평하다고 주장하는 것 같지요. 청년들은 정치인들이 이런 말도 안 되는 소리를 하면 아예 토론이나 투쟁에 참여를 안 하겠다고 생각하지요. 그래서 정치는 '노인들의 일'이라는 생각이 굳어집니다. 그들은 스스로에게 이렇게 말하지요. '이것 봐, 이 이상한 사람들이 옛날이야기를 하고 있네.' 정치의 부조리에 대한 인식과 현실 사이의 이 같은 이분법은 오히려 이런 환경에 대한 거부감을 부채질할 것입니다. 청년들은 정치인들의 발언을 들으면 한숨을 내쉬고 이를 갈면서 '늙은 바보들이 하는 일에는 끼어들고 싶어 않아'라고 다짐합니다."

마지막으로, 많은 정당의 공약에서 환경문제의 낮은 비율은 이 문제에 관심을 가진 청년들에게 큰 걸림돌이다. 선거운동은 유권자의 관심을 끌기 위해 안전과 세속주의 정교분리 정책에 중점을 둔다. 이는 숫자만큼 표가 월등히 많은 노년층을 향한 것이다.

노동계급의 탈정치화

청년들이 기권하는 또 다른 이유는, 산업시대로부터 물려받고 사회 전체가 보유하고 있는 정치적 전통, 특히 노동계급이 중요하게 생각하는 정치적 전통이 점차 사라지고 있기 때문이다. 실제로 젊은 노동자들은 1980년대까지 매우 강력했던 노동조합을 통해 오랫동안 정치에 관심을 가져왔다. 즉, 그 당시에 정치화와 당원 가입은 그들의 사회생활을 이루는 필수적인 부분이었던 것이다. 그러나 노조가 영향력을 상당 부분 상실했다는 것은 더 이상 비밀이 아니다.

사회학자 스테판 보와 제라르 모제르는 그들의 공저서[303]에서 노조문화의 쇠퇴 이유를 명확하게 설명한다. 실업률이 급증하는 상황에서 프랑스 공장 내의 정치문화가 쇠퇴했기 때문이라는 것이다. 노동조합주의는 정치 무대에서 자신의 권리를 찾기 위한 집단 투쟁이었다. 이는 민중의 현실과

멀게 느껴지는 '결정권자'들의 정치 영역을 이어주는 연결 고리였다. 노조가 없으면 이런 연결고리는 사라진다. 그리고, 노동계급의 현실과 국가의 지배계급 사이는 더욱 벌어진다. **결국 투표도, 사회운동에도 참여하지 않는 청년들이 탄생하게 된다.**[304]

노조 쇠퇴의 직접적인 결과로, 청년 노동자들은 노조의 도움 없이 혼자서 매일 고통을 견뎌내야만 한다. 평생직장을 잃고 노조가 약화됨에 따라 이제 노동을 통한 사회화와 정치화는 불가능해졌다. 청년들은 이제 더 이상 동료들과 동일한 생활 조건을 공유한다는 사실을 인식하지 못하기 때문에 자신의 요구를 관철시킬 수단이 없다. 계급의식이 사라져 버린 지금, 이제 모두는 각자도생해야 한다!

민주주의 제도, 혁신이 필요하다

프랑스인들과 투표의 관계 변화를 관찰하면 청년들의 또 다른 기권 이유에 접근할 수 있다. 뱅상 티베르즈는 베이비붐 세대가 투표를 '의무'로 여긴다는 사실을 보여준다. 전쟁 후 프랑스인들은, 투표권을 전쟁에서 죽은 사람들의 희생으로 획득했다는 인식이 생겼고, 투표를 의무로 여기는 경향이 강해졌다. 그러나, 청년들은 다르다. "(청년들에게) 투표는 의무라기보다는 권리다." 기후위기에 초점을 맞춘 지난 유럽의회 선거에서 청년들의 투표율이 늘어난 것을 봐도, 그들은 선거에서 제기된 이슈에 관심이 있을 때 투표를 한다는 것을 알 수 있다.

그렇다면, 실제 높은 관심을 일으키지도 않고 상황을 바꿀 가능성도 적어보이는 정당에 투표하는 것일까? 어떤 선거는 더 이상 청년들의 열망을 충족시키지 못한다. 프랑스의 경우 대부분의 선거(대통령 선거, 국회의원 선거, 지방선거)가 다수결 투표인데, 특히 이런 투표는 불공정한 것으로 인식되는 경우가 많다. 명칭에서 알 수 있듯이 투표가 끝나면 최고 득표자가 선거에서 승리한다. 요컨대 이 투표는 작은 차이를 좋아하지 않는 것이다. 간단히 말해서 이 투표는 소규모 정당을 배제하는 것 외에도 실제로 지지하는 후보에게 투표하는 것보다는 '전략적인' 선거 행동을, 즉 '유용한 투표'를 할 것을 장려한다.

2022년 대통령 선거가 치러졌을 때 1차 투표와 2차 투표 사이의 기간은 다수결 투표가 일부 청년들에게 분노를 불러일으킨다는 사실을 보여주는 좋은 예다. 프랑스가 에마뉘엘 마크롱을 재선시킬 것인지, 아니면 마린 르펜에게 권력을 넘겨줄 것인지 선택해야 했을 때, 학생들은 이 부적절한 선택에 항의하기 위해 소르본 대학을 봉쇄하기로 결정했고, 곧 고등사범학교와 파리 정치대학이 여기 합류했다. 학생들이 내건 플래카드에는 '혁명은 의무'라든가 '기후대책을 세워라'는 문구가 적혀 있었다. 블라스트 방송과의 인터뷰에서 학생들은 '터무니없는' 선택을 강요하는 선거제도에 분노를 표출했다.

당연히 이들의 행동은 언론과 SNS에 빠르게 퍼져 나갔다. **학생들이 "마크롱도 안 되고 르 펜도 안 돼!"라고 외치는 동안 코미디언 소피아 아람은 '치솔도 안 되고 충치도 없다'라는 트윗을 올렸다.**[305] 〈피가로〉의 칼럼니스트인 올리비에 바보는 이렇게 비꼬아 폄하했다. "나 역시 학생들처럼 행동할 겁니다. 바닥에서 뒹굴고 프랑스가 내가 원하는 후보를 뽑을 때까지 소리칠 것입니다. 제가 네 살 때 이렇게 했는데 효과가 있었어요."

에마뉘엘 마크롱은 프랑스 앵포 방송에서 직접 테이블을 두드리며 "민주주의는 규칙으로 이뤄져 있다고 생각합니다. 모든 규칙에 이의를 제기하기 시작하면 무정부 상태가 됩니다"라고 말했다. 이 학생들이 프랑스 청년세대를 대표하는 것은 아니지만, 이들의 투쟁은 현존하는 민주주의 제도가 더 이상 그들의 희망을 줄 수 없다는 것을 보여준다.

22세의 자이넵은 제도와 선거 방식이 바뀌어야 할 필요성을 완벽하게 요약한다.

"저는 평생 투표를 해본 적이 없습니다. 대통령 선거든 국회의원 선거든 안 하기로 했습니다. 저는 제가 투표에 기권함으로써 불만을 표출한 것이라고 생각합니다. 정치인들은 가까이 하기에는 너무나 먼 존재로 여겨집니다. 그들에게서는 친밀감이 느껴지지 않아요. 그들은 나를 대변하지 않습니다."

그녀는 제5공화국 조직과 대통령이라는 인물의 문제에 대해서도 언급한다.

"저는 우리나라 대통령이 그의 정치적 수단과 무관하게 너무 많은 권력을 가지고 있다고 생각해요. 저는 언젠가는 우리가 지금의 상황에서 벗어나게 해줄 후보에게 투표할지도 모릅니다. 하지만 공약대로 하는 것은 불가능하다고 생각해요. 그래서 좌절할 수밖에 없는 거죠. 이 모든 이유로 저는 투표를 거부합니다."

인구 피라미드에 눌린 청년세대

청년층 기권의 마지막 이유는, '숫자'다. 현실적으로, 내일 청년들이 한 명도 빠짐없이 투표소에 몰려가도, 2022년의 프랑스에서는 그들이 수적으로 열세이기 때문에 이길 수 없다는 사실이다. 연령 피라미드를 잠깐 살펴보면 청년들이 노인들을 상대할 수 없다는 사실을 알 수 있다! **이용 가능한 최근 자료인 2019년 통계 결과를 보면, 18~29세의 프랑스인은 920만 명, 즉 전체 인구의 13.7%를 차지하는 반면 60세 이상은 1,740만 명, 즉 26.7%를 차지한다!**[306] 즉, 청년들은 노인들의 표를 이길 수 없다. 이

지점에서 눈물이 나려고 한다. 예를 들어, 지난 2022년 대선에서 34세 미만 유권자의 40% 이상이 1차 투표에 기권한 반면 60~69세 유권자의 기권율은 12%에 불과했다. 프랑스에서는 60~69세 '고령자'가 더 많다. 게다가 투표율도 더 높다. 결국, 그들의 표를 이길 수 없다.

악순환이다! 청년들은 투표율이 낮으니 정치인들은 그들에게 관심을 잃고, 자신들에게 무관심한 정치인들을 보며 청년들은 점점 정치와 멀어진다. 여기서 인구통계학적 불평등의 최종 결과가 나타난다. 권력 획득에 내재하는 인기 전술이 바로 그것이다. 유권자들이 가장 중요하게 생각하는 이슈를 옹호하면, 당선 가능성이 높아진다. 따라서 인구통계학은 청년들에게 마차의 5번째 바퀴(쓸모없는 존재-역주)로 머물기를 강요한다. 현실주의적인 정치인들 중 아무도 청년층을 우선시하지 않는다. 그래서는 선거에서 승리할 수 없기 때문이다.

이 장의 마지막에서 우리는 청년들이 '기권'이라는 선택을 한 것에 개탄할 수 있다. 하지만, 그들이 이런 선택을 한 이유는 타당하다. 일부 언론에 따르면, 청년들은 기권을 통해 프랑스 공화국의 발에 침을 뱉는다고 한다. 하지만 잘 들여다보면, 실상 프랑스 공화국이 청년들의 미래를 짓밟고 있다. 청년들이 투표하지 않는 이유를 이해하지 못한다는 것은, 제도의 결함을 보지 않고 제도를 지키려고만 한다는 뜻이다.

다행히, 일부 청년들은 지금의 상황을 좌시하지 않고 투쟁에 나서기로 결심했다. 그리고 사회참여를 통해 미래를 밝혀주는 희망의 등불이 되고 있다. 이제 이 책의 마지막 부분인 '청년세대가 사회문제에 참여하는 새로운 형태의 발견'으로 넘어갈 차례다. 운이 좋다면 미래에 대한 믿음을 회복하는 무언가를 여기서 찾을 수 있을 것이다!

정치참여의 여러 형태

앞서 설명했듯, 청년들은 정치에서 누군가가 자신을 대표한다고 느끼지 못한다. 이런 점에서 제5 프랑스 공화국의 민주주의 시스템은 매우 불만족스러운 것으로 드러난다. 즉각 영향을 미치고 싶은 사람은 직접 행동에 나서는 편이 낫다. 청원과 보이콧, 시위, 점거 또는 SNS에 글을 올리는 것이 투표보다 정치적으로 더 적극적이라는 인상을 줄 수 있다. 정치학자 사라 픽카르는 이를 '직접정치'라고 부른다. 이는 의사 결정권자에 대한 위임의 관계를 문제삼는 것이다. 즉 이것은 자신의 현실에 맞는 직접정치를 선언하는 방식이다. 톰 슈발리에는 이렇게 해도 민주주의에 전혀 아무 위험이 되지 않는다고 말한다.

"이는 대의 민주주의에는 위험할 수 있지만, 민주주의에는 위험하지 않습니다. 민주주의의 범위는 투표보다 훨씬 광범위하지요. 일례로 직접 민주주의의 다른 문제도 있습니다. 이런 관점에서, 새로운 세대는 역동적입니다!"

나의 목표는 참여도를 측정하는 전통적인 레이더에서 벗어나 있다. 하지만, 미래에 대한 진정한 희망을 제시하는 이 새로운 형태의 시민 참여를 강조하고 싶다. 물론, 모든 청년들이 참여하는 것은 아니다. 상당수의 청년들은 여전히 소극적이다. 특히 양극단의 두 계층(자신에게 유리한 시스템에 만족하는 부유한 청년들, 정치에 대한 정보조차 접하기 힘들 만큼 가난한 청년층)이 그렇다. 하지만, 많은 청년들이 이 새로운 형태의 정치적 행동에 나서고 있다.

거리에서 목소리 내기

1981년에는 18~29세 3명 중 1명만 시위를 했는데, 현재는 해당 연령대 2명 중 1명이 시위 참여 경험이 있다.[307] 이런 형태의 동원은 투표와 양립할 수 있지만 체계적이지는 않다. 알렉시스는 22세로 블랑크포르에서 자랐다. 시청 공무원인 아버지와 미용사인 어머니를 둔 그는 현재 칵테일 전문 바텐더가 되기 위한 교육을 받고 있다. 그는 자신이 투표를 하지 않는 것이 '정치를 전혀 이해하지 못하고' '대표된다고 느끼지 못하기 때문'이라고 내게 설명했다. 하지만, 그는 사회가 직면한 문제에 대해 우려하고 있다. "저는 저의 의견을 가장 잘 표현할 수 있는 곳이라고 생각하기 때문에 시위에 참석합니다. 인종차별 반대 시위나 성소수자 인권 옹호 시위에도 가고요. 노란 조끼 시위에도 갑니다. 부모님이 그 영향을 직접적으로 받으셨으니까요."

그러나, 몇몇 청년들은 경찰 때문에 시위참여가 점점 어려워진다고 털어놓았다.

온라인에서 목소리 내기

SNS에는 이전에는 진지하게 연구된 적이 없는 여러 가지 다양한 형태의 참여가 이뤄지고 있다. 따라서 이 현상의 규모를 측정하기는 어렵지만, 이 현상이 집단적이라고 할 만한 징후는 존재한다. 특히 양성평등, 환경, 동물권 등 청년층의 관심이 높은 투쟁 계정이 늘고 있다.

정신적 부하에 대해 이야기하는 @taspensea(팔로워 17만 5,000명), 섹슈얼리티와 페미니즘에 대해 이야기하는 @jemenbatsleclito (팔로워 70만 명) 등 인스타그램의 페미니스트 계정들은 수십만 명의 팔로워를 보유하고 있으며, 특히 트위터에서 기후 비상사태와 그린워싱에 대해 강력하게 경고하는 @bonpote(팔로워 15만 5,000명), grain_de_possible(팔로워 16만 5,000명) 등 환경 분야도 마찬가지다. 환경 코미디언 @wannperisse(32만 8,000명)의 계정도 팔로워가 많았다.

이런 현상은 틱톡에서도 마찬가지다. 예를 들어 동물권을 옹호하는 저널리스트 위고 클레망은 거의 50만 명의 구독자를 보유하고 있다. 소규모의 경우, 성소수자 이슈와 관련해서는 @parlonslesbiennes 계정(팔로워 3만 4,000명)이 유머러스하게 정보를 전달하고, @mybetterself 계정(팔로워 8만 5,000명)은 신체 수용과 페미니즘에 대해 이야기한다. 대부분의 크리에이터는 여러 플랫폼에서 활동하지만, 청년 참여가 가장 활발한 플랫폼은 틱톡으로 보인다. 2021년 1월 월간 활성 사용자 1,490만 명 중 38%는 13~17세, 37%는 18~25세, 20%는 24세, 25세에서 34세 사이가 20%다.[308] 전체 사용자의 95%가 34세 미만이다.

게시물은 글이든 동영상이든 여러 플랫폼에 비공개 메시지나 스토리로 쉽게 공유되며, 신속하게 입소문을 탄다. 일부는 미디어가 제대로 다루지 않는 부분을 게시물을 통해 보완하려 한다. 어떤 이들은 지역사회의 행동을 촉구한다. 환경을 파괴하는 기업이나 제품을 보이콧하거나 청원서에 서명하는 것이다. 일례로, 많은 청년 활동가와 환경 관련 NGO가 함께 하는 해양생태계 보호 청원에 거의 20만 명이 서명했다.[309]

20세의 마리온에게 온라인 참여는 "정치에 무관심하다"라는 부당한 평가를 받는 그녀 세대의 피난처다. "사람들이 우리 의견을 들어주고 또 우리도 우리의 차이를 표현할 플랫폼이 있습니다. 네트워크에 있는 모든 지원계정은 큰 힘이 됩니다. 우리는 협회 외에도 여전히 대의를 위해 함께 모이고 요구 사항을 전달하는 방법을 아는 세대입니다. 적어도 저는 그렇게 느낍니다."

이것은 이런 트렌드가 성공했다는 징후일까? SNS에서 여론과 영향력을 확보하는 경쟁이 얼마나 중요한지 잘 알고 있는 정당들은, 정보 중계와 채널을 이용해 새로운 당원을 모집하고 있다. 〈젊은 공산주의자들〉의 커뮤니케이션 담당자 레나르는 〈버즐〉 방송과의 인터뷰에서 "집회가 있으면, 우리는 사람들에게 참여를 호소하는 영상을 제작한다"라고 밝혔다. "사무총장이 인터뷰를 하거나 현안에 대응할 때도 영상을 제작하죠."[310]

온라인 참여는 추상적인 토론에 그치지 않고 실질적인 성과를 가져올 수 있으며, 청년들은 이 분야에 적극적이다.

대의를 지지하기 : Z 이벤트라는 극적인 사례

소셜 네트워킹에 대한 청년들의 참여는 때로는 가시적인 결과로 이어지기도 한다. 이 분야의 절대적 챔피언인 Z 이벤트 스트리머들은 자선 활동을 위해 구독자로부터 매년 수백만 유로를 모금한다. 이 이벤트는 2016년 두 명의 '게이머' 아드리앵 누가레(닉네임 '제라토르')와 알렉상드르 다샤리(닉네임 '다크')에 의해 만들어졌다. 50시간 동안 계속해서 국내 최고 유명 스트리머들이 한 방에 모여 각자가 평소 하던 활동을 하는데, 대개는 채팅을 통해 시청자들과 소통하면서 비디오 게임을 한다. 방송은 실시간으로 진행되며 거의 대부분 청년들로 이뤄진 시청자들은 비영리단체(들)에 기부하도록 초대된다.

모금액은 엄청나다. 2020년 국제앰네스티는 500만 유로 이상을 모금했고, 2021년에는 기아 퇴치 활동을 위해 1,000만 유로를 모금했다. 2022년 행사 규모를 고려해 해양생물보호단체(SSCS)[311]와 세계자연기금(WWF)[312] 등 5개 환경보호단체 모금액 1,018만 2,126유로를 나눴다(기록 경신!). 그르노블에 사는 26세 엔지니어 루이는 매년 이 행사가 열리기를 고대한다.

"저는 항상 주말을 컴퓨터 화면 앞에서 보냅니다. 제1회 Z 이벤트 때 제가 가장 좋아하는 유튜버가 참여했기 때문에 기부를 했지요. 그렇게 트위치를 알게 됐고 지금까지도 계속하고 있습니다."

그의 현재 월수입은 약 2,000유로지만, 첫 번째 행사 때는 예산이 훨씬 적었다.

"그때는 학생이었으니 몇 유로만 기부했죠. 지금은 100~200유로씩 합니다."

로라는 중국어를 공부하는 학생이다. 그녀는 장학금을 받아 파리에서 월 700유로로 생활하면서도 Z 이벤트에 기부하고 있다.

"작년에 트위치를 시작하면서 기부를 시작한 이유는 유용한 자선단체를 지원하는 것이 중요하기 때문입니다. 그래서 저는 35유로를 기부했어요. 얼마 안 되는 액수지만 그래도 안 하는 것보다는 낫죠."

청년들이 이런 형태의 이벤트에 참여하는 것은 물론 이런 플랫폼이 스트리머와 시청자 사이에 개인적인 유대감을 형성하기 때문이다. 청년들은 종종 집에서 몇 시간 동안, 때로는 몇 년 동안 스트리머의 동영상을 시청한다. 많은 청년들이 숙제와 요리, 청소 등 다른 활동을 할 때 친근감을 느끼기 위해 트위치를 배경음으로 켜놓는다. 그래서 좋아하는 스트리머가 특정 단체에 기부해달라고 요청하면 그를 알고 있고, 따라서 신뢰할 수 있다고 느끼는 것이다.

로라는 2022년 대선 때 처음으로 투표를 했는데, 정치보다 그녀가 좋아하는 스트리머들을 더 신뢰하느냐고 묻자 즉시 "물론이죠"라고 대답했다.

"저는 어떤 정치인보다 그들을 신뢰합니다. 그들은 매우 투명해요. 자금 지출 내역을 보여주니까요."

이 이벤트 영상에 달린 댓글들은, 일부 청년들이 이 이벤트에 참여하고자 1년 내내 저축을 한다는 사실을 강조한다. 이런 유형의 이벤트가 성공했다는 사실은 '청년들은 이기적'이라는 통념을 깬다. 그들에게는, 참여를 통해 영향력을 느낄 수 있는 행동방식이 필요할 뿐이다.

청년들의 윤리적 소비 지수

청년들은 윤리적 소비에 얼마나 관심이 있을까? 관심이 있다면 얼마나 실천을 할까? 여전히, 청년들 중 다수는 초소비주의 마케팅을 수용하고 있다. 특히 SNS에서 인플루언서들이 이 마케팅을 활용할 때 그렇다. 리옹 지역에서 간호학을 전공하는 리나(가명, 20세)는 서민가정 출신으로 장학금을 받고 있다. 그녀는 수입의 대부분을 쇼핑에 지출한다고 한다.

"패션은 저의 열정입니다. 인스타나 틱톡에서 여성 인플루언서들의 사진이나 영상을 많이 보고, 영감을 받아 나만의 의상을 만듭니다. 자라와 풀 앤 베어, 버쉬카 등에서 쇼핑해요. 제 친구들도 저와 비슷해요."

그녀는 이런 소비 습관이 환경에 미칠 수 있는 부정적인 영향을 알고 있었지만, 소비 습관을 바꿀 수는 없을 것 같다고 대답했다.

"솔직히... 아니요. 제가 이기적인 건 알지만... 제 나이엔 안돼요. 저도 살아야 하는데... 왜 남들보다 적게 가져야 하나요? 제가 옷을 못 사게 하는 건 제 열정을 빼앗아가는 거예요. 비행기도 마찬가지예요. 졸업 후 해외여행을 하고 싶어요."

한편, 점점 더 많은 청년들이 자신의 소비가 환경, 동물, 인권 등에 미치는 영향을 인식하고 있다. **2020년 여름, 여론조사업체 유고브(YouGov)에서 실시한 설문조사 결과, 특정 브랜드를 보이콧한 적이 있는 프랑스인 중에서 18~24세 연령층이 44%로 가장 높은 비율을 차지했다.** 청년들이 특정 제품의 불매를 결정하는 주된 이유 중 2위는 환경에 미치는 영향이다. 이는 국민 전체로 보면 4위에 해당하는 불매 이유로, 청년들의 환경에 대한 높은 관심을 재확인할 수 있다.[313]

24세의 마리는 프랑스 남부에 거주하며 실버타운에서 일하고 있다. 그녀는 몇 년 전 개인적인 경험을 통해 자문하게 됐다.

"두 달 동안 맥도날드에서 일한 후, 보이콧을 결심했습니다. 맥도날드는 환경에도, 인간에게도 재앙이기 때문입니다. 그런 곳에서 일하는 직원들은 실제로 우울증에 걸리지요. 우리는 그 이면을 보기 전에는 그런 사실을 깨닫지 못합니다."

그래서 그녀는 자신의 소비 선택 이면에 무엇이 있는지에 관심을 갖기 시작했고, 보이콧할 제품 목록을 매우 빠른 속도로 늘렸다.

"저는 구매하기 전에 항상 인터넷에서 윤리와 스캔들을 확인합니다. 예를 들어 아마존은 보이콧해야 할 대표적인 기업입니다. 프랑스에서 세금을 내지 않을 뿐만 아니라 노동조건도 비참하지요. 문제는 알면 알수록 우리가 살 수 있는 게 별로 없다는 사실을 깨닫게 된다는 거죠."

그녀는 유기농 및 로컬푸드를 선호한다고 내게 설명한다. 물론 수입이 많지 않은 상황에서는 모든 분야에서 완전하게 윤리적인 소비만 할 수는 없다. 일례로, 그녀는 동물실험을 거쳤거나 '환경을 오염시키는' 화장품은 구입하지 않는다. 윤리적 브랜드는 비싸기 때문에 그녀는 자신이 사용하는 많은 제품을 직접 만드는 법을 배웠다. 다른 제품은 다음과 같이 구한다.

"우리 동네에는 제가 친구들과 함께 좋은 제품을 공유하는 그룹이 있답니다. 너무 비싸지 않은 윤리적 브랜드를 친구들과 공유하는 거지요. 우리 모두는 더 나은 소비를 하려고 애씁니다! 물론 완전하지는 않지만..."

마리처럼 모든 소비를 신념과 일치시키려는 청년은 드물 것이다. 하지만, "위구르족의 노동을 착취한다"라는 비난을 받는 제품을 보이콧하는 청년들은 많다. 인터뷰 중 소비에 대한 질문을 했더니, 많은 청년들이 "비윤리적 기업의 제품을 불매하고 있다"라고 대답했다. 나는 인터뷰를 하면서, 동물과 환경을 보호하기 위해 채식을 결심한 청년들이 적지 않다는 사실을 알게 됐다. 물론, 여전히 비윤리적인 제품을 사거나 비행기를 타는 청년들도 많다. 기성세대가 흔히 청년들에게 가지는 편견과는 달리, 많은 청년들은 자신의 불완전성(또는 모순)을 인식하고 있다. 모든 비윤리적인 소비를 멈추지는 못하지만, 적어도 비윤리적 제품 한 가지 이상을 보이콧한다는 것은, 그 자체로 주변에 관심을 가지고 생각할 줄 알며 그 생각을 실천할 줄 안다는 명백한 증거다.

협회 자원봉사자나 활동가로 일하기

진정한 의미의 참여는 자신의 시간과 인격을 어떤 대의에 바치는 것을 의미하며, 흔히 자원봉사의 형태로 나타난다. 연구에 따르면 점점 더 많은 청년들이 자원봉사를 실천하고 있는 것으로 나타났다.

사회학자 안 뮈셸은 그의 저서 『젊은 정치』[314]에서 "청년들 중 20% 이상이 이타적이거나 행동파적인 단체에 참여하고 있다"라고 주장한다. 삶의 조건 연구 및 관찰을 위한 분석센터(CRÉDOC)[315]의 청소년 기관 DJEPVA[316] 지표에 따르면, 18~30세의 55%가 협회나 단체에 소속돼 있다고 응답했다. 전체 인구의 해당 비율 46%에 비해 높은 지수다. 이런 소속지수는 실제 참여지수로 이어진다. 청년들의 50%(전체 인구는 42%)가 월 1회 이상 노숙자를 돕거나 저소득층 아동들의 예술 활동을 지원하는 등 다양한 단체 봉사활동을 하고 있다. 이런 청년들을, 과연 이기적이라고 할 수 있을까?

20세의 롤라는 스트라스부르에 사는 학생이다. 그녀는 고등학생 때 비정부기구 **유토피아56**을 통해 협회에서 자원봉사를 할 수 있다는 사실을 알고, 지금까지 꾸준히 참여하고 있다. 현재 롤라는 틈틈이 노숙자 지원단체에서 봉사를 한다.

　"팔고 남은 빵을 모아 노숙자들에게 나눠주고 있습니다. 빵만 나누는 것이 아닙니다. 그들과 이야기를 나누고 유대감을 형성하지요. 어젯밤에도 빵을 나눠주러 갔는데, 노숙자들 중 한 분이 자기 텐트에서 같이 식사하자고 초대했답니다."

　그녀에게 봉사를 하는 이유를 묻자, 그녀는 다음과 같이 대답했다.

　"물론 제가 쓸모가 있다고 느끼고 싶어서죠. 사실 저는 이 일을 하면서 인류에 대한 희망을 갖게 됐습니다. 저는 SNS에서 많은 활동을 하고 있고, 지금 돌아가는 상황을 보면 암울해지죠. 그런데 일주일에 3시간씩 봉사활동을 하다 보면 얼굴에 절로 미소가 떠오르고 희망이 솟아납니다."

　25세의 마엘라는 그르노블에서 정보통신 학사학위를 취득한 후 식품업계에서 일했지만, 원했던 석사 학위는 취득하지 못했다. 현재 그녀는 망명자들에게 프랑스어를 가르치는 협회에서 자원봉사활동을 하고 있다. 그녀의 아버지는 피노체트 독재정권을 피해 망명한 칠레 이민자다. 그녀는 "저는 아버지의 망명 이야기를 들을 때마다 정말 화가 나요"라고 말했다. 관찰 실습 기간을 거친 후 그녀는 협회에 가입했고, 매주 두 시간씩 망명자들에게 프랑스어 수업을 하고 있다.

　"제 학생들은 주로 아프리카에서 온 사람들입니다. 그들 중 일부는 펜을 잡아본 적도 없어요. 저는 이런 상황에 적응하고 창의력을 발휘해야 합니다. 그들과 접촉하면서 많은 것을 배워요 (...) 그들과 정서적 유대감을 형성해요. 물론, 선을 그어야 할 때도 있지만요. 중요한 건, 일을 마치고 돌아갈 때 보람을 느끼는 것입니다."

이 장을 마무리하면서, 기후위기에 맞선 투쟁의 일환으로 주택 단열 개선 캠페인을 벌이고 있는 22세 사샤의 사례를 언급하고 싶다. 몇 년 전만 해도 상황의 시급성을 몰랐던 그녀는, 지금은 공부를 하며 환경문제에 주력하고 있다. **사샤는 정부에 기후위기 대책을 세우라고 외치며 바닥에 앉아 파리 순환도로를 봉쇄한 사람들 중 한 명이다.**[317] 그녀는 초선 국회의원들에게 목소리를 내기 위해 국회 앞에서 초강력 접착제로 손을 땅바닥에 붙이고 있기도 했다.

활력과 설득력을 갖춘 사샤는 언론의 주목을 받으며 여러 방송에 출연 요청을 받았다. 그녀가 자신에게 적대적인 아폴린 드 말레르브를 상대하는 장면이나 TPMP[318] 출연자들이 그녀가 답변할 시간도 주지 않고 악담을 퍼부으며 그녀를 공개적으로 모욕하는 장면이 SNS에서 퍼져 나갔다. 이 방송에서 그녀는 우리에게서 바비큐 파티와 바캉스, 해수욕 등의 즐거움을 빼앗아감으로써 우리를 응징하려는 '극단적 환경운동가'의 역할을 강요당하며 완벽한 희생자가 됐다.

나는 〈아레쉬르이마쥬 방송〉의 녹화장[319]에서 그녀를 만나 그녀가 기후문제의 시급성에 대해 경고하려 했다는 이유로 언론에서 겪었던 수모에 대해 언급했다. 그녀의 요구에 따라, 나는 그녀와 함께 영상을 시청했다. 나중에 영상에 대해 논평하기 위해서였다. 이 영상(그녀는 처음 본다고 했다)을 보자 그녀는 녹화장에서 눈물을 참지 못했다. 나중에 나는 이 '극단주의 운동가'가 무엇보다도 기후위기를 두려워하는 젊은 여성이었으며, 자기가 무슨 다른 일을 할 수 있을지 몰라서 환경운동가가 됐다는 사실을 알게 됐다. 그녀는 미디어에서 항상 자신을 공격하는 사람들의 악의에 큰 상처를 받았다. 하지만 그녀는 이런 고통과 폭력에도 불구하고 다른 행동을 계속해나가고 있다.

"저는 이런 방송에 출연할 수 있는 청년으로서 큰 책임감을 느낍니다. 제 목소리를 낼 기회를 놓치지 말고 도전에 응해야 된다고 생각합니다."

그녀는 미디어가 주는 스트레스 때문에 때때로 밤잠을 이루지 못한다고 털어놓는다. 하지만 그녀로서는 '사람이 살 수 있는 지구에서 살기 위해 투쟁하는 것'이 가장 중요하다. 보라, 청년세대는 진지하게 사회문제에 참여하고 있다!

2020년대 청년들에 대한 비판방식은 대개 이렇다. 참여하지 않으면 '집단에 관심이 없다'고 하고, 참여하면 '올바른 대의'나 '올바른 방식'으로 참여하지 않는다고 한다. 하지만, 청년들은 다른 곳도 아닌 일터에서 참여를 통해 세상을 바꾼다. 규칙을 뒤집고, 급여와 명성을 최우선시하는 기존의 가치를 뒤집는다. 일부 청년들은 일과의 관계를 그들의 사회참여를 받쳐주는 기둥으로 만든다.

일을 통한 정치 참여

세대 간 격차의 가장 눈에 띄는 측면 중 하나는 청년들의 일과의 관계 및 의미 있는 직업의 선택이다. Y세대가 일에 정열을 쏟는 방식과 마찬가지로 구직 기준도 2000년대 초반 이래로 바뀌었다. 돈은 이제 더 이상 1순위 동기가 아니다. 사생활에 할당된 시간과 의미, 윤리가 많은 청년들에게 결정 기준이 된 것이다.

의미에 대한 요구 : 노동 가치의 역전

나는 여기서도 사회적 격차를 강조한다. 직업을 선택할 때 정치적인 성찰이 가능하다는 것은 특권이다. 사회 발전에 기여할 수 있는 직업을 가지고 싶은 욕망은 여전히 사치다. 그러나, 이런 예방 조치를 취하면 몇몇 회사에서는 세대 간 단절이 관찰돼 이 주제에 대한 책이 나올 정도다.[320] 일부 청년들은 다른 식으로 일하기를 원한다. 이런 현상은 특권층 청년들과 관련된 것이며, 측정이 어렵다. 이 주제에 대한 명확한 연구는 아직 없다.

첫째, 청년들의 95%에게는 사생활과 직장 생활 사이의 균형이 중요한 일이다.[321] 이는 그 자체로 정치적 행위로 간주될 수 있다. 즉 더 이상 일의 가치를 삶의 중심에 두지 않고 경력과 급여를 절대적인 우선순위로 삼지 않는 것은 1960년대 이후 지배적이었던 생산주의 논리에 대한 도전이라고 볼 수 있는 것이다. 눈에 띄지 않을 수도 있지만, 나는 이것이 다른 사회를 만드는 데 도움이 되는 또 다른 방법이라고 생각한다.

둘째, 점점 더 많은 청년들이 윤리와 직업에 부여된 의미에 대해 고려하고 있다. **일례로, 그들 중 65%는 환경파괴적인 기업에 지원하는 것을 포기할 준비가 돼 있다.**[322] 2019년 Injep[323]에서 실시한 연구에 따르면, 청년들의 59%가 자신의 일을 통해 사회에 도움을 주는 것이 '중요하다', 29%는 '매우 중요하다'고 답했다. 이런 경향은 매년 강해지고 있으며, 기후위기의 영향에 따라 더욱 강해질 수 있다. 우리가 살고 있는 지구를 파괴하고, 그로 인해 우리 자신의 생활 조건을 파괴해가면서 돈을 많이 버는 것이 무슨 의미가 있을까? 이런 인식은 점점 확산되고 있으며, 전례 없는 방식으로 노동계를 재편하고 있다.

윤리적 의무: 우선순위가 바뀔 때

내 경험은 환경적 인식의 결과로 커리어가 어떻게 바뀔 수 있는지에 대한 흥미로운 사례가 될 수 있다. 이 글을 쓰는 지금, 나는 가난하지는 않지만 부유하지도 않다. 당연히 돈은 더 벌고 싶다. 돈은 더 큰 안락함과 동의어이기 때문에 나는 돈에 무관심하지는 않다. 나는 특별히 도덕적이지도 않고, 물질주의나 소비사회에서 동떨어져 있지도 않다. 나도 한때는 호화로운 삶을 꿈꿨다.

하지만 그것은 더 이상 나의 주요한 목표가 아니다. 윤리적 문제가 나의 직업적 선택을 주도하고 있으며, 나 스스로 정의한 일반적인 공익의 기준에 부합하지 않는 미디어와의 협업은 내 연봉의 3배를 준다고 해도 거절한다. 금욕주의 때문에 그러는 것이 아니라 나와 내 세대의 미래를 위협하는 일반화된 위기의 맥락에서는 더 나은 보수가 아무 의미없다. 왜냐하면 나의 직업이 어떤 식으로든 나의 환경, 즉 지구의 파괴에 기여한다면, 나의 직업은 더 이상 관심이나 영향력, 의미를 갖지 못할 것이기 때문이다.

나는 내가 '생활수준을 높이기'를 거부하는 것이 공동체 의식 때문이 아니라 자기중심주의 때문이라고 주장함으로써 나를 정당화할 수도 있을 것이다. 환경문제를 방관할 수 없기 때문이고, 낮에 쓸모 있는 일을 했다고 만족스러워하며 잠자리에 들 수는 없기 때문이다(내가 사람들의 생명을 구하는 것은 아니라는 사실 정도는 알고 있다). 따라서 나는 개인의 행동에도 위안을 주는 무언가가 있다고 말할 수 있다. 그것은 자기 원칙에 따라 생활함으로써 자신을 재정립하고(인지 부조화에서 벗어나고), 모든 것을 다 잃지는 않았으니 더 나은 미래가 가능하다고 생각하며, 우리가 그 미래에 기여할 수 있다고 생각하게 해준다.

우리가 기후위기의 심각성을 인식할 때, 우리는 다섯 자리 숫자의 연봉보다 훨씬 더 큰 만족감을 느끼게 된다. 이것은 일부 대학생들이 내세우는 논리이기도 하다. 경영대학이나 공과대학을 갓 졸업한 청년들 중 점점 더 많은 수가 그들에게 특권적인 자리를 제공하는 시스템과 그에 따른 사회적 압력을 거부하고 있다. 그르노블에서 공과대학에 다니는 22세 제레미는 교육 내용을 바꾸도록 같은 대학 학생들과 지도교수들을 설득하고 있다고 말한다.

"저는 공과대학 임원으로 선출됐고, 우리 학교의 사회환경적 문제와 관련해 이 이름에 걸맞은 커리큘럼을 추진하기 위해 목소리를 내고 있습니다."

그는 자기 학교가 '미래의 잠재적 고용주인 파트너 기업들과 밀접하게 연결돼 있다는 사실'을 개탄한다. "그래서 몇몇 친구들과 함께 이 시스템이 지속 가능하지 않으며, 사람을 죽이는 기술로는 세상을 구할 수 없다는 사실을 인정하지 않는 벽에 맞서 싸우고 있습니다."

〈르몽드〉의 저널리스트인 마린 밀레르(Marine Miller)는 저서 『저항: 환경적 도전에 직면한 젊은 엘리트들에 관한 조사(La Révolte: Enquête sur les jeunes élites face au défi écologique)』(SEUIL, 2021년)에서 그랑제콜 학생들의 사고방식이 변화했다는 사실을 통계로 보여준다. 이 책에서 그녀는 1990년대 말과 2000년대 초에 태어난 이 세대의 일부가 '기후위기의 결과를 직접적으로, 살아 있을 때 겪게 될 것'이라는 사실을 가장 먼저 이해했다고 설명한다. 그리고 '탈영과 열병식 사이에서 분노해, 더 나은 내일의 세계를 건설하기 위해 삶을 바꾼 미래의 엘리트들'이 어떻게 바뀌어가고 있는지 변화과정을 서술한다.

장 필리프 데카(Jean-Philippe Decka) 역시 『포기하는 용기: 지속 가능한 지구를 향해 가기 위한 엘리트들의 어려운 길(Le courage de renoncer: Le difficile chemin des élites pour bifurquer vers un monde durable)』(Essais Payot, 2022년)에서 기득권을 버리고 진로를 바꾸기로 결심한 젊은 엘리트들이 '급진주의로 향하는 길'에 대해 설명한다. 내 인터뷰에서 많은 청년들, 대부분 그랑제콜을 졸업했거나 석사 학위를 소지한 많은 청년들이 유용하고 의미 있는 일을 하고 싶다고 말했다.

27세의 레오의 경우는 설득력이 있다. 그는 그르노블 정치대학에서 5년간의 공부를 하고 나서 다국적 에너지 음료 회사인 레드불에서 인턴십을 마쳤다.

"가장 스타일리시한 인턴십을 하고 싶다는 생각을 했어요. 이 회사의 영상 콘텐츠가 마음에 들었거든요. 십대 시절의 꿈이었을 정도로 익스트림 스포츠를 좋아했으니까요. 제 가치관과 맞지 않는다는 건 이미 잘 알고 있었지만 직접 확인해봐야겠다고 생각했습니다."

그리고 이때의 경험으로 충분했다. 이 청년은 자기가 이 직업적 경험을 통해 각성하게 됐다고 생각한다.

"제가 좋아했던 동영상 제작의 비하인드 스토리를 알게 됐죠. 독일에서 가장 큰 철광석 광산에서 열린 모터사이클 대회에 갔는데, 엄청나게 큰 모터사이클을 탄 사람들이 정상에 오르기 위해 경주를 하고 있었어요. 저는 에어컨디셔너가 가동되는 오두막에서 컴퓨터를 들여다보고 있었죠. 환경 측면에서 그건 재앙이었습니다. 그들이 만드는 멋진 콘텐츠는 제품을 팔기 위한 것에 불과했죠. 쓸모없을 뿐만 아니라 인간과 지구를 해치는 것들입니다."

이 대회를 마치고 돌아온 뒤에 졸업장을 받은 그는 다국적 기업의 보수가 좋은 구인 제안을 거절하고 대신 건물 옥상에 공동 텃밭을 조성하는 도시농업 협회에서 월 급여 500유로를 받고 일하기 시작했다. 몇 달 뒤에 그는 취업이 됐고, 동시에 프리랜서 비디오 제작자로 일하기 시작했다.

"저는, 제 자신이 캔을 팔기보다는 이야기를 하고 싶어 한다는 것을 알았어요."

그는 지금은 파트타이머로 일하며 주로 예술가들을 촬영하고, 사회참여 기업이나 협회를 홍보하며, 좋아하는 축제나 협회를 위해 자원봉사자로 일하고 있다.

"저는 지금 일어나고 있는 일의 증인이 되고 싶고, 지금 제가 하고 있는 일을 언론에 널리 알리고 싶습니다."

생태계를 파괴하는 시스템을 버리기

학생이 이런 선택을 하는 것은 곧 주변 사람들과 동료들, 미래의 고용주와 갈등을 일으킬 수도 있다는 사실을 이해해야 한다. 엄청난 학비와 시간을 들여 어렵고 공부한 끝에, 졸업장을 받아 든 학생이 국제적 경력과 높은 급여, 사회적 명성 등 특권을 포기하겠다고 선언하는 것은 결코 쉬운 일이 아니다. 그럼에도 2022년 4월 30일, 프랑스의 농업계열 그랑제콜인 아그로파리테크(AgroParisTech)를 졸업한 소수의 젊은 엔지니어들은 이렇게 했다. 졸업식에서 8명의 학생이 발언했다. 한 젊은 여학생이 놀라워하는 축하객들 앞에 나섰다.

"우리 중 많은 숫자는 사회와 환경을 파괴하도록 장려하는 교육을 마치고 받는 이 졸업장을, 받을 자격이 있다며 자랑스러워하고 싶지 않습니다."

다른 학생이 발언을 계속한다.

"다국적 기업을 위해 실험실에서 식물을 암거래하기(...), '양심적인' 라벨 만들어내기(...), CSR(사회적, 환경적 책임) 보고서의 초안 작성(...), 혹은 콘크리트 작업자들이 개구리와 나비를 멸종시키는 것을 합법화하기 위해 그들의 수를 세는 것. 이런 일들은 지구를 파괴합니다. 이런 일들을 하면 지구를 망치게 됩니다."

그들은 떨리는 목소리로 주저주저하며 이 학교를 졸업하는 엘리트들에게 승진이 보장되는 좋은 일자리를 포기하라고 촉구한다.

"우리는 의심하는 사람들에게 이 말을 하고 있습니다 (...) 우리는 뭔가 잘못돼가고 있다는 생각을 가지고 있는 사람이 여러분만이 아니라는 이야기를 하고 싶습니다. 정말 뭔가가 잘못돼가고 있기 때문입니다. 우리 역시 의심했고 지금도 여전히 의심합니다. 하지만, 우리는 이 시스템에 봉사하기를 거부합니다!"

나는 이 연설에 깊은 감동을 받아 최근 몇 달 동안 잊고 있던 감정, 즉 희망을 되찾을 수 있었다. 우리 세대에 속한 청년들이 행동에 나섰기 때문이다. 시스템의 엘리트 집단이라고 할 수 있는 그랑제콜 학생들을 포함한 학생들이 들고 일어났기 때문이다. 만일 우리가 숫자가 많다면 아마도 반드시 성장의 식탁을 뒤엎을 수 있을 것이기 때문이다.

아그로파리테크 연설이 끝난 후 그랑제콜을 떠나라는 요구가 빗발쳤다. 2022년 6월 2일, 프랑스의 상경계열 그랑제콜(HEC) 졸업식 때 졸업생 안-플뢰르 골은 수천 명의 축하객 앞에서 흠잡을 데 없는 영어로 자신들이 갖게 될 직업이 환경 붕괴와 기후위기의 '주요 원인'이라는 사실을 깨달았을 때 '마음이 편치 않았다고' 말했다. 그녀는 학생들에게 자신이 배운 모든 것을 의심해보라고 촉구했다.

"HEC는 우리에게 많은 문을 열어줬습니다. 이제 이렇게 열린 문을 이용해 규칙을 바꾸는 것이 우리가 할 일입니다."

2022년 6월 24일, 폴리테크닉에서 한 무리의 학생들이 머뭇거리며 졸업식장에 등장해 '아그로파리테크 학생들'에 대해 언급하더니 서서히 자신감을 되찾으며 발언을 이어갔다. 정장 차림의 한 남학생이 스포트라이트를 받으며 나지막하지만 결의에 찬 목소리로 말했다.

"우리는 방향을 확 바꾸어 우리의 학위와 인맥이 은밀하게 우리를 그 위에 올려놓은 궤도에서 벗어나야만 합니다. (...) 우리가 살고 있는 시스템의 가정(假定) 그 자체에 의문을 제기하지 않고 주변의 문제만 해결하려고 노력하는 것만으로는 더 이상 충분하지 않습니다!"

사람들의 박수가 터져 나오고 이들이 다른 학생들에게 함께 행동하자고 요청하자 학생들은 이들 각자의 연설이 끝날 때마다 다음과 같이 말했다. "우리는 결심을 했지만 혼자서는 행동할 수 없습니다. 우리는 의사 결정권자들의 적극적인 참여가 있어야만 생태적 도전에 나설 수 있을 것입니다."

또 다른 HEC 졸업생인 안-플뢰르 골도 같은 어조로 연설을 마무리했다. "우리가 경험이 충분하지 않아 이해 못 한다고 생각하는 모든 이들에게 말합니다. 혼자서 이런 도전에 직면하게 하지 마십시오! 기후위기와 생물 다양성이라는 주제는 여러분의 아이들만을 위한 것이 아닙니다. 교육을 받고, 이 문제에 관심을 갖고, 함께 힘을 합쳐 대처해 나갑시다! 그리고 만약 여러분이 이미 영향력 있는 위치에 있다면 (...), 여러분의 회사를 지금 당장 변화시키세요!"

청년들은 이전 세대에게 손을 내밀었다. 장 필립 데카는 자신의 저서에서 "이는 우리 스스로를 소외시키자는 것이 아니라 우리를 곧장 벽 안으로 몰아넣는 거대기계의 주변부에 사회를 만들자는 요구다"라고 설명한다. HEC 졸업생들의 발언은 다른 시스템을 향한 집단적 전환의 욕구이며, 지배 시스템에서 멀어지게 만드는 주변성을 거부하는 것이다. 그러므로 우리 청년세대는 무정부주의적 욕망이나 대결정치에서 멀리 떨어져 있다.

하지만 폴리테크닉과 아그로파리테크, HEC는 좌파들의 피난처가 아니다. 이들의 담론에는 정치적 색채가 없다. 그들의 담론은 과학적이고 세대

간 문제다. 그들은 그저 위협받는 지구를 살려 자신도 살고 싶고, 지구라는 공공의 이익을 보호하고 싶고, 더 나은 삶을 살고 싶고, 집단을 이뤄 살고 싶을 뿐이다. 냉소적인 사람들은 그들이 소수의 이상주의자에 불과하며 그들의 유토피아적 꿈은 이뤄질 수 없다며 반박할 것이다. 도대체 우리는 언제부터 이 세상의 불의와 역행에 맞서지 않고 체념해버렸으며, 세상이 무너지는 것을 보고도 체념해버렸단 말인가?

세대 전쟁을 종식시키기

누군가를 판단하기 위해서는,
그들이 마지막 역할을 하는 것을 보아야 합니다.

세대 전쟁을 종식시키기

누군가를 판단하기 위해서는,
그들이 마지막 역할을 하는 것을 보아야 합니다.

– 안-테레즈 드 마르그나 드 쿠르셀[324] –

공공정책이 청년들에게 등을 돌리고 있다는 사실, 직업 생활에 진입하는 데 기성세대보다 더 큰 어려움을 겪는다는 사실, 오랫동안 공부를 하고 난 뒤에도 실업이 그들을 위협하고 있다는 사실, 기후위기가 그들의 미래를 위태롭게 만들고 있다는 사실, 최근의 팬데믹이 그들의 학생 시절을 빼앗아갔다는 사실은 덮은 채, 그들을 무능하고 무지한 불평분자들로 낙인찍기는 쉽다.

"옛날 청년들이 더 나았다"라고 주장하는 이들은, 옛날 상황 역시 더 나았다는 사실을 잊어버린다. 세대 간 결속력의 부족은 청년세대의 사기를 저하시킨다. 그러나 다행히도, 청년들은 다시 집단적 참여방식을 찾아가고 있다. 그들만의 방식으로, 그리고 종종 우리를 기쁘게 할 새로운 형태로 참여한다. 이 새로운 형태야말로 더 나은 미래를 향해 나아가려는 청년들의 열망을 보여주는 증거다.

사랑과 가족, 종교, 인종차별, 성차별주의, 동성애 혐오 등 다루지 못한 많은 사회적 주제들에 대해서는 아쉽다. 하지만, 이 책이 그 과정에서 프랑스 청년들에 대한 몇 가지 편견을 깨부수고 2020년대를 살아가는 그들의 모습을 부분적으로나마 담아내는 데 성공했으면 하는 바람이다.

17세 고등학생인 안나는 팬데믹이 한창일 때 내게 가장 먼저 편지를 보내온 사람이다. 그녀는 비록 내 책에서 자리를 차지하기에는 '너무 어리지만', 나는 이 결론에서 그녀에게 한자리를 남겨두고 싶다. 그녀가 편지에 쓴 문구는 내가 이 책을 쓰는 내내 나와 함께했기 때문이다.

"전 피곤해요. 겁이 납니다. 화도 나고요. 그리고 지쳤습니다. 이 글을 읽으실 분들께, 뭐라도 하실 수 있는 분들에게 간청합니다. 뭐라도 좀 해주세요."

안나는 두려움과 분노, 연대의 필요성, 집단행동 요구 등 모든 것을 다 언급했다. 그것은 수년 동안 내 안에서 끓어오르던 것들이었다. 엄청난 분노와 섞인 깊은 절망은 적어도 체념을 막을 수 있는 장점이 있다.

환경운동가 카미유 에티엔[325]은 세대 간 전쟁이 함정이라는 사실을 재빨리 깨달았다. 즉 그것은 '가짜 전쟁'이라는 것이다. **그녀를 유명하게 만든 단편영화를** 보면, 그녀는 팬데믹의 와중에서 큰 목소리로 다음과 같이 말한다.

"우리는 지구 온난화의 결과를 경험한 첫 세대이자 그 결과에 맞서 무슨 일이라도 할 수 있는 마지막 세대입니다."

그녀는 이 영화가 시작되고 나서 몇 분 동안 미디어의 스포트라이트를 받으면서 세대 간 문제를 제기한다.

"선포하지도 않은 전쟁을 치르고 있다는 이상한 느낌이 듭니다. (...) 아무 말도 하지 않는다는 것은 곧 동의한다는 뜻입니다. 그리고 아무것도 하지 않는다는 것은 곧 상황이 바뀌는 것을 원하지 않는다는 뜻입니다. 우리의 운명을 소수의 부머 세대에게 맡기는 것은 위험한 도박입니다."

이 단편영화에서 카미유 에티엔은 어제와 마찬가지로 오늘도 우리보다 나이가 많은 소수의 사람들이 세상을 이끌어가는 정치적 거버넌스의 문제를 지적한다.

다시 한 번 강조하지만, '부머'는 하나의 단어일 뿐이다. 부머 이후 세대도 무한성장과 생산주의, 불평등의 증가, 지구 반대편에 있는 다른 민족을 착취해 축적하는 부, 그리고 우리의 이익을 위해 지구를 체계적으로 파괴하는 등 구세계와 그것의 환상을 여전히 옹호할 수 있다.

반면, 노년층도 문제를 파악할 수 있다. 1933년에 태어난 프랑수아 드 클로제는 이런 사람 중 한 명으로, 자신의 책에 '세대를 화해시키고 싶다'는 소망을 부제로 달았다. 나 역시 '부머'들로부터 응원의 메시지를 받는다. 이들은 자기들이 혜택을 받은 시스템에 의문을 제기할 힘이 있는 사람들이다. 나는 그들의 용기에 무한히 감사한다. 그들 중 일부는 기후행동에 동참하고, 물적, 재정적으로 시민운동을 지지하고 있다. 아직은 미미한 이 같은 추세가 앞으로 몇 년 동안 더 확산되기를 진심으로 바란다. 그들은 인구통계학적 비중이(따라서 정치적 비중도) 높고, 재정적 수단도 있기 때문에 이것은 매우 중요한 문제다.

틱톡에서 사진작가 브리앙 블라파르의 동영상[326]은 백만 건의 조회수와 수천 개의 댓글을 기록했다. 그는 길거리에서 우연히 만난 80대 노인에게 다가가 20세 청년에게 어떤 조언을 해줄 것인지 묻는다. 이 노인은 자신을 촬영하고 있는 휴대폰 카메라에 주저 없이 반응한다.

"우리는 연합운동을 시작해야 해요. 이전 세대가 지구를 망가뜨려 놓았기 때문이지요. 그래서 우리 아이들과 손자들에게 황폐한 지구를 물려줄 것이기 때문이지요. 청년들은 변화가 필요하다는 사실을 잘 알고 있습니다. 우리가 살고 있는 세상은 더 이상 사람들을 행복하게 만드는 곳이 아니에요."

댓글에서 일부 청년들은 이 노인의 생각에 동의하고 그가 상황을 정확히 파악하고 있다고 강조하지만, 또 일부는 무력감을 표현하며 도움을 요청한다. 그리고 나는 그들 모두에게 동의한다. 새로운 세대가 해결해야 할 도전 과제를 냉철하게 바라보면 단순히 '해보자'라고 말해서 풀릴 문제가 아니다. 이 문제는 엄청난 불안을 유발한다. 같은 맥락에서 에세이스트이자 유럽의회 의원인 라파엘 글뤽스만은 〈모든 것을 바꿀 세대에게 보내는 편지〉를 쓴다. 이 편지에서는 청년들에 대한 배려와 공감이 느껴지기는 하지만… 우리 청년세대가 '모든 것을 바꿀' 책임을 질 수는 없다. 어쨌든 우리만 그 책임을 질 수는 없는 것이다.

내 생각에는 브뤼노 라투르가 2019년 파리 정치대학 학생들에게 연설할 때 했던 말처럼 '혁명의 한 가운데에 있는 것은 이 세대의 비극이자 행운'이라고 보는 것이 더 정확하다. '혁명의 한가운데'라는 말은 우리가 이 혁명을 우리 힘으로만 완수해야 한다는 것을 의미하지는 않는다!

우리는 신자유주의 시스템에서 벗어나는 것에 대해 이야기하고 있기 때문에 이것은 매우 중요한 문제다. **여기서 '우리'는 무엇보다도 생산주의 시스템과 단절해야 할 필요성이나 경제지표 변화의 시급성을 주장하는 최신 IPCC 보고서 3부 저자들을 의미한다.**[327] 이처럼 엄청난 변화의 성취를 청년들에게만 맡기는 것은 유토피아적이고 무책임한 일이다. 상황이 긴급하기 때문에 더더욱 그렇다. 우리는 자유주의의 끊어진 안전벨트를 신속하게 재검토해야 한다. **이는 과학자들의 주장으로, 그들은 특히 〈르몽드〉의 다음 기사에서 말한다.**[328]

"우리 정부는 사전 예방 원칙을 무시하고 유한한 자원을 가진 지구에서의 무한한 성장이 막다른 골목에 부딪혔다는 사실을 인식하지 못함으로써 이런 상황에 연루된다. 정부가 옹호하고 있는 경제 성장의 목표는 우리가 지체없이 착수해야 하는 경제 및 생산 모델의 급진적인 변화와 완전히 상충된다."

기후위기를 인식하는 것은 의견이 아니다. 우파나 좌파의 입장도 아니다. 이는 불행하게도 우리가 통제할 수 없는 과학적 사실이다. 우리가 할 수 있는 것은 이 상황에 적응하는 것뿐이다. 이것은 특정 세대의 일이 될 수 없다. 세대 간 협력은 지구에서 사람이 살 수 있는 가능성을 유지하기 위한 조건 중 하나다.

모든 티핑 포인트를 지나버리면 뭐가 됐든 바람직한 것을 재건할 수 없다. 우리 모두는 조만간에 폭염과 폭풍, 냉해, 화재, 민주주의의 실패, 기후 이동, 물 부족, 식량 부족, 에너지 부족 등 우리가 이미 겪고 있으며 내가 앞에서 언급했던 위기의 영향을 받을 것이다. 따라서 이 현상의 규모와 우리 사회의 안정성에 대한 위협을 고려할 때 이는 확실히 세대의 문제가 아니며, 장기적으로는 사회계층의 문제도 아니다(물론 가장 취약한 계층이 맨 먼저 영향을 받게 되겠지만).

이 필요하고 시급한 혁명을 청년들(학생이든 아니면 전문가든)이 경제와 산업, 정치를 담당할 때까지 기다렸다가 일으킬 수는 없다! 우리의 원로들, 특히 부유하고 영향력 있는 사람들이 이미 문제의 규모를 파악하고 문제 해결에 적극적으로 참여하고 있는 사람들을 지원해야 한다. 이는 '순진'하거나 '이상적'인 생각이 아니라 엄연한 현실이다. 집단적 생존이 걸린 일이다.

피터 칼 무스 같은 과학자들은 여러 세대가 단결해 함께 행동하기를 기다리면서 인간들의 무책임에 절망하고, 우리의 현실이 영화 〈돈 룩 업〉보다 더 나쁘다는 느낌을 받았다고 한다.[329] 지구의 시스템은 지금 엄청난 속도로 붕괴되고 있다. 기후과학자들은 〈돈 룩 업〉의 천문학자들보다 훨씬 더 극복하기 어려운 대중과의 소통이라는 문제에 직면해 있다. 기후 파괴는 하늘의 혜성처럼 즉각적, 가시적이지 않으며 수십 년에 걸쳐 이뤄지기 때문이다. 지구의 기후 파괴는 실제로는 매우 빠르게 진행된다. 하지만, 미디어는 지구의 기후 파괴가 매우 느리게 이뤄지는 것처럼 보도한다.

이것이 바로 문제의 핵심으로, 왜 우리가 변화하지 않는지 설명해줄 수 있다. 리더들과 시대를 앞서가는 소수의 미래지향적인 사람들은 이미 수십 년 전에 환경 비상사태에 대해 알고 있었지만, 과학자들은 부모, 심지어 조부모님 시대부터 대중의 심각한 정보 부족을 초래하는 '대중 소통'의 벽에 직면해 있다.

객관적으로 볼 때, 기성세대가 프랑스 사회와 지구 전반을 황폐화시켰다는 것은 부인할 수 없는 사실이다. 따라서 책임자는 기성세대다. 그러나 대다수의 기성세대는 당시 자신의 생활방식이 어떤 결과를 가져올지 알지 못했기 때문에 무죄다. 특히 정보가 부족했던데다가 **1970년대 초 토탈 석유회사 같은 기업들이 강력한 로비에 의해 적극적으로 정보를 조작했기 때문에 더욱 그렇다.**[330]

1990년대생인 나는 기후위기에 깊은 관심을 가지고 있다. 그러나, 내가 1950년대에 태어났다면 무한성장의 꿈을 품었을 것이다. 그렇기에, 나는 기성세대를 탓하지 않는다. 이 책은 기성세대에 대한 신랄한 비판이 아니다. 오히려, 기성세대에게 내미는 손이다. 도와달라는 외침이다.

나는 청년들에게 매우 힘들 것으로 예상되는 미래에 대한 용기를 불어넣을 뿐만 아니라 우리를 비판하는 세대가 청년들을 바라보는 시각을 바꾸고, 우리가 전례 없는 어려움을 겪고 있으며, 우리 중 일부가 주장하는 대의가 근거 없는 것이 아니고, 마지막으로 앞으로 다가올 격변을 최대한 예방하고 거기 대처하기 위해서는 그들의 도움이 필요하다는 사실을 그들이 깨닫도록 하고 싶다. 우리에게는 그들의 노력이, 그리고 이 책을 읽고 있는 여러분의 노력이 절실히 필요하다. 우리는 여러분에게 의지할 수 없다는 사실에 실망했다. 우리 중 많은 사람들은 앞으로 다가올 비극에 직면해 여러분 중 일부의 무심한 태도에 불안을 느끼고 자기가 버려졌다고 느낀다.

중요한 것은 과거에 아무것도 하지 않았다는 게 아니다. 이 책을 읽은 후 무엇을 할 것인지다.

중요한 것은 여러분이 누구에게 투표하고 어디에 돈을 투자하고 무엇을 소비하고 우리와 어떻게 소통하는지다.

중요한 것은 여러분이 어떻게 우리의 유토피아에 동참하고 '청년세대의 이상주의'와 다시 관계를 맺을 것인가이다.

중요한 것은 여러분이 지금부터 어떤 식으로 자녀와 손주들에게 다가갈 것인가이다.

그 방법을 통해 당신은 그들에게 손을 내밀고 그들의 손을 잡을 수 있게 될 것이다.

———

참고 미주

1) Totale-Energies(토탈에너지)는 석유와 가스에 자금의 90% 이상을 투자하는 기업이다. 탄자니아와 우간다에 세계 최대 규모의 가열 송유관을 건설하는 일명 이콥(Eacop)이나 틸렝가(Tilenga) 프로젝트는 금세기 최대의 큰 환경재앙을 초래할 수 있다.

2) 그날 그곳에 있던 환경운동들 중 대다수가 28세 이하 청년이던 반면, 주주들은 60대가 많았다.

3) 라루스 사전과 프티로베르 사전은 시니어를 '50세 이상의 사람(들)'로 정의한다. 그러나, 나는 이런 숫자, 절대적 숫자에 한정 짓지 않는다. 아카데미 프랑세즈는 시니어를 '나이가 더 많은 사람'으로 정의한다. 시니어들은 이런 상대적 기준에 근거해 자신이 시니어라고 주장한다.

4) 내가 여자이기 때문일지도 모른다. 이 주제만 가지고도 책을 한 권 쓸 수 있겠지만, 그것은 내가 이 책에서 다루려는 주제가 아니다.

5) David Perrotin, 'Journalistes influenceurs: Le circuit de la copie d'un tweet est presque aussi rigoureux que celui d'un article영향력 있는 저널리스트 : 트윗의 복사회로는 거의 기사의 그것만큼이나 엄밀하다', www.lanetscouade.com 2021년 4월 30일.

6) Le Groupe d'experts Intergouvernemental sur l'Évolution du Climat, 기후 변화에 관한 정부 간 전문가 그룹

7) 차체가 높고 크며, 연료가 주행거리에 비해 엄청나게 드는 특징을 지닌 자동차. WWF(World Wide Fund for nature, 세계자연기금)의 보고서는, 이 자동차가 프랑스 탄소 배출량 증가의 두 번째 원인이라고 지적했다.

8) 'Trafic aerien : une hausse quasi continue depuis trois decennies항공 교통량: 30년 동안 거의 지속적으로 증가', 〈Libération〉, 2019년 10월 10일.

9) 'Le dynamisme recent des importantes est-il surprenany?상품 수입이 활기를 띠고 있는 것은 놀라운 현상인가?', 프랑스 은행(Banque de France), 〈Bloc-notes éco〉, 2011년 11월 6일.

10) 안전한 생태계 내 인류의 지속가능한 삶을 위해 지켜야 할 한계선. 이를 넘어서면 상황이 크게 악화될 수 있다. 이 행성 한계는 기후 변화뿐만 아니라 생물다양성의 파괴, 물의 사용량이나 화학적 오염의 증가와도 관련된다. https://www.stockholmresilience.org/research/planetary-boundaries.html

11) Michel Faure, 'Les jeunes contre les Boomers'베이비붐 세대 대 청년 세대, 〈Contrepoints〉, 2022년 7월 30일.

12) 'Génération Y, génération narcissique Y세대는 자기애적 세대다', 〈Le Point〉, 2015년 2월 26일.

13) https://atlantico.fr

14) 〈Le Figaro〉, 2019년 4월 9일.

15) 〈Nouvel Observateur〉, 2019년 7월 24일.

16) 〈Le Figaro〉 2018년 5월 5일.

17) 〈Le Point〉 2013년 5월 13일.

18) https://legrandcontinent.eu/fr/ 2020년 3월 30일.

19) Anne-Marie Métailié, Jean-Marie Thiveaud, 『Les jeunes et le premier emploi 청년세대와 취업』Paris, Association des Âges, 1978년 1월 1일.

20) 나는 이 주석을 대학 3학년 때 강의를 들었던 사회학 교수님께 보여드리고 싶다.

21) https://www.insee.fr/fr/statistiques/4238379

22) Arthur Rimbaud, 〈Roman소설〉, 1870년 9월 29일.

23) "젊음과 늙음 사이의 경계는 모든 사회에서 투쟁의 문제다. (…) 젊음 또는 늙음이라고 말할 때 나는 그 관계를 가장 공허한 형태로 받아들인다. 우리는 항상 누군가에게는 청년이거나 노인이다. (…) 청년과 노인을 구분하는 이데올로기적 표상은 젊은 사람들에게는 많은 것을 부여하고 나이든 사람들에게는 그 대가로 많은 것을 남겨준다." Pierre Bourdieu, '젊음은 하나의 단어에 불과하다(La jeunesse n'est qu'un mot)'.

24) 청년들을 사회적 단위로, 공통 관심사를 가진 구성된 집단으로 정의하고, 이 관심사를 생물학적으로 규정된 연령과 관련시키는 것은 명백한 조작이다. 최소한 청년들 간의 차이를 분석해야 할 것이다.' Pierre Bourdieu, '젊음은 하나의 단어에 불과하다(La jeunesse n'est qu'un mot)', 『Questions de sociologie 사회학의 문제들』(Éditions de Minuit, 초판 1981년)에서 발췌.

25) 나는 프랑스의 해외도(海外道 DOM, Départent d'Outre-Mer) 특유의 청년 문제에 대해서는 잘 모르기 때문에, 이에 적합한 분석을 하기 위해서는 시간이 훨씬 더 많이 필요했을 것이다.

26) Benoît Floc'h, 'Chômage des jeunes : le mal français청년 실업 : 프랑스의 질병', 〈Le Monde〉, 2009년 4월 23일.

27) 국립 통계 경제 연구소(INSEE, Institut National de la Statistique et des Études Économiques)

28) https://www.cairn.info/revue-projet-2017-6-page-10.htm

29) 사회적 사다리의 '고장'은 사회과학에서 논란을 불러일으키는 주제다. 일부 연구자들은 역사상 능력주의가 존재했다는 사실 자체에 이의를 제기한다. 확실한 것은, 지난 10년 동안 사회 이동이 증가하지 않았다는 사실이다. 참고 기사: Yves Besançon, 'La mobilité sociale est tombée en panne 사회적 이동 기능은 망가졌다', 〈Alternatives économiques〉, 2017년 3월 1일.

30) 관리직과 중간직의 비율은 1961~1977년 6%p 증가했다. 하지만 이 비율은 1983~1997년 절반으로 줄었다. Vincent Troger, 'L'école n'est pas seule responsable de la panne de l'ascenseur social 교육은 사회적 사다리 고장의 유일한 원인은 아니다', 〈르몽드〉, 2020년 1월 7일.

31) 나탈리 쿠티네 보건 분야 경제학자와 안 제르베 의사의 2022년 5월 블라스트 TV와의 회견: "국가 재정이 붕괴되지 않게 하려면 공공 부채를 상환해야 됩니다." "가스와 전기, 식료품 부족에 대비해야 하고, 여름에는 식수 소비를 제한해야 합니다."

32) 2022년 여름, 두브 지방과 바르 지방, 특히 이제르 지방의 마을들은 가뭄으로 인해 수돗물이 끊겼다.

33) Platon, 『La République공화국』.

34) William Shakespeare, 〈Le Conte d'hiver겨울 이야기〉, 1611년.

35) 이 신문은 황제가 청년들에 대해 하는 말을 보도한다.

36) 'The Conduct of Young People젊은이들의 행동' 〈Hull Daily Mail〉, 1925. 이 기사를 2017년 10월 3일 〈BBC〉에서 인용함.

37) 'Scottish Rights of Way: More Young People Should Use Them스코틀랜드의 우선순위 : 더 많은 젊은이들이 그것들을 사용해야 한다' 〈Falkirk Herald〉, 1951.

38) Kevin Dupont, 'La juvénophobie, ou quand nous aimons détester les jeunes청년세대 혐오증 혹은 우리가 청년세대를 혐오하는 것을 좋아할 때', 2021년 2월 10일, www.moustique.lalibre.be

39) Alain Vergnioux, Marc Lemonnier,『(Les adolescents des années soixante :salut les copains! 60년대의 청소년: 안녕, 친구들』(Le Télémaque, 2010/2, n° 38, DOI : 10.3917/tele.038.0087).

40) 〈Bouillon de Culture〉, '문화의 용광로'라는 뜻으로, 1991~2001년 〈France2〉방송에서 주 1회 방영된 토크쇼 문화 프로그램.(-역주)

41) 1992년 3월 15일 일어난 사건으로, 다음 영상 참조. 'Menace de suicide chez Bernard Pivot 베르나르 피보의 방송에서 있었던 자살 위협', 〈INA Clash TV〉, https://www.youtube.com/watch?v=rOaHwxOwqiY

42) 세계적인 여론조사기관.

43) Luc Bronner, 'Le jugement sévère des Français sur la jeunesse젊은이들에 대한 프랑스인들의 가혹한 평가', 〈르몽드〉, 2011년 11월 23일.

44) 'Les jeunes salariés, individualistes et moins efficaces', 〈L'Express〉, 2012년 1월 16일.

45) 'PÉNURIE DE MAIN D'ŒUVRE, LES JEUNES SONT-ILS PARESSEUX?' 〈RMC〉, 2022년 5월 11일.

46) Hortense Goulard, 'Sur TikTok, des défis innocents, stupides ou dangereux', 〈Les Echos〉, 2022년 7월 20일.

47) Bertille Duthoit, 'Les enfants d'aujourd'hui rêvent plus d'être Youtubeur qu'astronaute', 〈Huffingtonpost〉, 2019년 7월 19일.

48) Samuel Piquet, 'Narcissisme exacerbé, incapacité à gérer ses émotions, individualisme : les symptômes d'une génération fragile', 〈Marianne〉, 2020년 6월 27일.

49) 'Covid-19 : de plus en plus de relâchement chez les jeunes, qui font la fête', 2021년 6월 14일, https://www.francetvinfo.fr/

50) Mikaël Libert, 'Nord : Ils font la fête entassés à 35 dans un studio de 20 m2', 2021년 2월 2일, https://www.20minutes.fr/

51) 'Ces jeunes qui veulent à tout prix faire la fête', 2020년 8월 30일, https://www.tf1info.fr/

52) 여기서 '어리석은 이데올로기'란, 인종차별과 성차별을 타파하고 평등을 제도화하려는 움직임을 말한다. https://www.valeursactuelles.com/

53) Joseph Thouvenel, 'Non, notre pays n'a pas de "dette" envers sa jeunesse', 2021년 8월 1일. https://www.valeursactuelles.com/

54) Alain Bentolila, 'Langue des jeunes : un rétrécissement linguistique', 2022년 2월 11일. https://www.valeursactuelles.com/

55) 'Louis Boyard, Swann Périssé, Bilal Hassani…Le désespérant visage de la jeunesse', 2022년 7월 8일. https://www.valeursactuelles.com/

56) Echo Chamber, 원래 방송이나 녹음을 할 때 인공 메아리를 만드는 방을 뜻함. 한편, 자신과 유사한 정치적 견해를 가진 사람들과의 소통에만 그칠 경우, 자기 생각에 빠지는 것을 의미함(-역주)

57)   Alexandre Devecchio, 'Elisabeth Lévy : Les jeunes, c'était mieux avant', 2018년 5월 5일. https://www.lefigaro.fr/vox/

58)   https://twitter.com/OlivierBabeau/

59)   Caroline Fourest, 『Génération offensée. De la police de la culture à la police de la pensée』(Paris, Grasset, 2020년. 포켓북으로도 출간됨)

60)   Barbara Lefebvre, 『Génération « J'ai le droit » : la faillite de notre éducation』(Paris, Albin Michel, 2018년).

61)   Brice Couturier, 『Ok Millennials !: Puritanisme, victimisation, identitarisme, censure...L'enquête d'un « baby boomer » sur les mythes de la génération woke』, (Editions de l'Observatoire, 2021년)

62)   https://injep.fr/wp-content/uploads/2018/09/CA35.pdf

63)   Campagne "Bienvenue aux idéalistes 이상주의자' 환영 캠페인, 2021년 8월, https://www.amnesty.fr/actualites/bienvenue-aux-idealistes

64)   Sirinelli, Jean-François, 『Génération sans pareille. Les baby-boomers de 1945 à nos jours 비교 불가 세대 : 1945년부터 현재까지의 베이비붐 세대』(Paris, Tallandier, 2015).

65)   Jean Fourastié,『Les Trente Glorieuses, ou la révolution invisible de 1946 à 1975 영광의 30년, 혹은 1946년에서 1975년까지 보이지 않는 혁명』(Paris, Fayard, 1979)

66)   1945년에서 1975년까지를 의미함.(-역주)

67)   실업률은 노동인구(노동자와 구직활동자) 내 실업자 비율을 말한다. 이 숫자에는 구직활동을 하지 않는 사람(64세 이전 은퇴자, 전업주부, 장애인 등)은 빠져있다.

68)   https://ses.ens-lyon.fr/articles/donnees-taux-de-chomage

69)   https://www.insee.fr/fr/statistiques/2532173

70)   국립 통계 경제 연구소(INSEE, Institut National de la Statistique et des Etudes Economiques) 2021년도 고용 실태 조사.

71)   Luc Chagnon, 'Pourquoi le chômage des jeunes est-il au plus bas 청년 실업률이 사상 최저치를 기록하는 이유는 무엇인가?', 2022년 2월 18일, https://www.francetvinfo.fr/

72)   취업률은 취업연령 인구 대비 취업자 수를 말하며, 실업률과 달리 구직활동을 하지 않는 사람들도 포함된다.

73)   https://data.oecd.org/fr/unemp/taux-de-chomage.htm

74)   https://hal.archives-ouvertes.fr/hal-03125713/document

75)   https://www.insee.fr/fr/statistiques/2019653

76)   Antoine Krempf, 'Le vrai du faux. Plus de 75% des jeunes qui entrent sur le marché du travail ne sont pas en CDI거짓의 진실. 노동 시장에 진입하는 청년의 75% 이상이 정규직이 아니다', 2017년 6월 28일, https://www.francetvinfo.fr/

77)   이 불안정고용률에는 임시직과 특정기간계약(CDD), 인턴십 제도가 포함된다.

78)   https://www.inegalites.fr/

79) 반면, 베이비부머 세대는 1960년대의 주택난 해소 후 높은 인플레이션과 낮은 실질금리, 적극적인 공공정책 등 주택소유에 유리한 조건을 누렸다.

80) Camille Peugny,『Pour une politique de la jeunesse 청년세대 정책을 위해』(Seuil, 2022)의 저자. 이 책에는 '불안정의 조수(潮水)'라는 제목의 장이 있다.

81) 카미유 푀니는 부모 세대의 노동시장보다 악화된 노동시장의 피해를 입은 X세대의 데이터를 기반으로 이런 결론을 내린다. 그는 첫 번째 직장의 노동조건이 열악할 경우 두 번째, 세 번째 직장도 마찬가지인 경우가 많다는 것을 파악했으며, 이런 불안정고용의 연속성은 청년세대가 특히 많이 겪는다는 사실을 관찰했다.

82) 2010년에 졸업한 청년들은, 2018년에 노동시장에 진입한 청년들보다 더 높은 초봉을 받고 직장생활을 시작하는 경우가 많았다.

83) https://www.insee.fr/fr/statistiques/4238409 출처: Numéro Oblik: 'Génération No future?', 〈Alternatives économiques〉 2022년 봄호.

84) https://www.insee.fr/fr/statistiques/4238409?sommaire=4238781

85) Louis Chauvel, 저서『Destin des générations 각 세대의 운명』(PUF, 2014)에서 청년세대의 상황을 다뤘다.

86) Alice Raybaud, 'Même un master n'offre plus la certitude d'une entrée facile sur le marché de l'emploi심지어는 석사 학위조차도 더 이상 취업 시장에 쉽게 진입할 수 있다는 확신을 제공하지 못한다.', 〈Le Monde〉, 2019년 1월 14일.

87) Marie Duru-Bellat,『L'inflation scolaire. Les désillusions de la méritocratie 학교 인플레이션. 능력주의의 환멸』(Seuil, 2006).

88) 부르디외는 그의 시대에 이것을 다음과 같이 설명했다. "고등학교에 간다는 것은 교사, 의사, 변호사, 공증인 등의 직업을 가지려는 것을 의미한다. 학교 제도가 주는 희망(이전의 학교 제도에 맞춰져 있는)과 그 제도가 실제로 보장하는 기회 간의 괴리가 실망의 원인이다."

89) 총리 산하의 정부기관 〈프랑스 스트라테지(France stratégie)〉가 2019년 발표한 연구결과에 따르면, 청년들은 다른 연령대에 비해 불법노동에 더 많이 노출되는데, 특히 남성의 경우 이 비율이 높다. https://www.strategie.gouv.fr

90) Vincent Mongaillard, 'Restos du cœur : plus de la moitié des bénéficiaires ont moins de 26 ans' 2019년 11월 25일, https://www.leparisien.fr/

91) Marc Lazar, Olivier Galland, 'Une jeunesse plurielle enquête auprès des 18-24-ans자선 식당 손님 중 절반 이상이 26세 이하', 2022년 2월, https://www.institutmontaigne.org/

92) 2018년도 국립 통계 경제 연구소(INSEE) 자료.

93) 'Comment réformer la fiscalité des successions 상속세를 어떻게 개편할 것인가' France Stratégie, 2017년 1월. https://www.strategie.gouv.fr/

94) Pierre Bourdieu et Jean-Claude Passeron,『Les Héritiers : Les étudiants et la culture 상속자들 : 대학생과 문화』, (Paris, Minuit, 1964).

95) Felicia Sideris, 'Détresse psychologique et financière : après l'immolation d'un étudiant, les chiffres de la précarité estudiantine심리적, 경제적 고통 : 어느 대학생의 분신자살 이후 대학생들의 불안정에 대한 수치', 2019년 11월 12일. https://www.tf1info.fr/

96)   2020년도 지표, http://www.ove-national.education.fr/

97)   실업 개혁 이후로는 6개월

98)   Cindy Reist, 'Les jeunes ni en études, ni en emploi, ni en formation (NEET) : quels profils et quels parcours공부도 하지 않고 일도 하지 않고 직업교육도 받지 않는 청년들(NEET): 이들은 어떤 사람이며 어떤 길을 걸어왔는가?', 2020년 2월 7일, DARES ANALYSES N°006, https://dares.travail-emploi.gouv.fr/

99)   2018년, 프랑스 마크롱 대통령은 일자리를 찾는 한 청년에게 "길을 건너기만 하면 일자리가 널렸다"라고 말했다.(-역주)

100) https://www.aefinfo.fr/depeche/661708

101) Guillaume Echelard, 'Pénurie de profs : des plans B insolites pour recruter교사 부족: 채용을 위한 특이한 플랜 B', 2022년 8월 24일. https://www.challenges.fr/

102) 채용 전 응시자들에게 자기소개를 하게 하는 행사.(-역주)

103) https://www.institutmontaigne.org/ (91)번 각주와 동일.

104) Adrien de Tricornot, 'Le pessimisme et la défiance de la jeunesse atteignent des records청년세대의 비관론과 불신, 사상 최고 수준까지 치솟다.', 〈Le Monde〉, 2016년 12월 15일.

105) Numero Oblik: 'Generation No future미래가 없는 세대?', 〈Alternatives economiques〉 2022년 봄호.

106) https://www.insee.fr/

107) 이 수치는 중학교 1학년 학생이 고등학교 1학년에 올라갈 확률과 일치한다. 마티유 이슈(Mathieu Ichou), '중고등학교에서의 불평등의 진행 : 사회적 기원과 단계(Évolution des inégalités au lycée : originesociale et filières)' in 〈학교는 사회적 불평등과 이동의 불평등을 어떻게 증폭시키는가 (Comment l'école amplifie les inégalités sociales et migratoires?)〉(CNESCO, 2016)

108), 296), 299) Laurent Lardeux, Vincent Tiberj, 『Générations désenchantées ? Jeunes et démocratie 실망한 세대? 청년과 민주주의』, INJEP, 2021년.

109) Numero Oblik: 'Generation No future?', 105번 각주와 동일.

110) 'En France, les inegalites scolaires s'aggravent', 2023년 9월 18일, https://www.avise.org/

111) 프랑스에서는 졸업 후 빈곤층(최하위 10%)에서 벗어나 평균소득 수준에 도달하려면 6세대를 거쳐야 한다. 〈A Broken Social Elevator? How to Promote Social Mobility〉, 2018년 6월 15일, OCDE.

112) 'Nés sous la même étoile ? Origine sociale et niveau de vie같은 별 아래서 태어나는가? 사회적 출신과 생활 수준', https://www.strategie.gouv.fr/

113) '사회적 불평등에 대한 무지는 모든 불평등을, 특히 지적 성취에 대해 자연적/재능의 차이로 인식하게 만든다.' Pierre Bourdieu et Jean-Claude Passeron, 『Les Héritiers :Les étudiants et la culture 상속자들 : 대학생과 문화』, (Paris, Minuit, 1964).

114) 'Éducation : dégradation des conditions de travail des directeurs de collèges et lycées, selon une étude교육 : 한 연구에 따른 중등학교 교장들의 근무 환경 '악화'', https://www.sudouest.fr/

115) Violaine Morin, 'Un rapport sénatorial pointe la dégradation des conditions de travail des

enseignants상원 보고서는 교사들의 근무 환경 악화를 강조한다', 〈Le Monde〉, 2021년 11월 23일.

116)   Carla Monaco, 'Enseignement supérieur : les formations privées attirent de plus en plus d'étudiants고등 교육: 점점 더 많은 학생들이 사립 고등교육기관을 찾는다.', 〈Le Monde〉, 2022년 8월 8일.

117)   Jessica Gourdon, 'L'insolente santé de l'enseignement supérieur privé사립 고등 교육의 부적당한 상황', 〈Le Monde〉, 2022년 1월 17일.

118)   Maurice Midena, 『Entrez rêveurs, sortez managers : formation et formatage en école de commerce 몽상가로 들어갔다가 경영자가 돼 나오라 : 상경 계열 그랑제콜의 교육과 모델화』(La Découverte, 2021년 1월).

119)   고등교육부 자료에 따르면 2018~2019년 프랑스 고등교육 기관의 37.5%가 장학금을 받은 반면, 비즈니스 스쿨 학생들은 12.7%가 받았다.

120)   Alexandre Boulegue, 'Grandes manoeuvres en perspectives dans l'enseignement privé사교육 업계에 다가오는 주요 변화', 2021년 4월 12일, https://www.xerfi.com/

121)   Magliulo Bruno, 'Le boom du privé dans l'enseignement supérieur français프랑스 고등교육에서 일어나는 사립 고등교육의 붐', 2019년 5월 26일, https://www.educavox.fr/

122)   특히 1985~1990년 미국에서 수행된 STAR(Student-Teacher Achievement Ratio, 학생-교사 성취율) 프로젝트나 2011년 출판된 파스칼 브루수와 로랑 리마의 초등학교 1학년 실험 보고서를 인용할 수 있다.

123)   업종과 기업을 분석하는 사설연구소(-역주) https://www.xerfi.com/

124)   'RENTRÉE 2016 La France, championne du soutien scolaire2016년도 개학 : 프랑스, 과외의 챔피언 국가', 2016년 9월 2일. https://www.alternatives-economiques.fr/

125)   '어떤 기관에서 사교육을 받는가Quelle organisation pour le soutien scolaire ?' 2013년 1월 10일, 315번. https://strategie.archives-spm.fr/

126)   https://www.insee.fr/fr/statistiques/3315412

127)   'Repenser l'héritage(상속을 재고하다)' 경제분석 위원회(CAE), 2021년.

128)   https://www.youtube.com/watch?v=wZNFcfmz8MA

129)   https://www.ccomptes.fr/fr

130)   François Mitterrand, 'Discours à l'Assemblée nationale(하원 연설)' 1968년 5월 8일.

131), 132)   Camille Peugny, 『Pour une politique de la jeunesse청년세대 정책을 위하여』(Seuil, 2022).

133)   편부모 가정 출신이거나, 신청 전 3년 동안 2년 연속 풀타임 근무를 했어야만 이 정부지원금을 받을 수 있다. 이 조건을 충족하는 청소년은 극소수다.

134)   Léa Lima, 'Politiques d'insertion et citoyenneté socialedes jeunes 청소년의 통합 정책과 사회적 시민권', Valérie Becquet 편집, 『Politiques de jeunesse : le grand malentendu 청소년 정책: 큰 오해』(Champ social, 2012) 중에서.

135)   https://www.liberation.fr/

136)   Centre Régional des Ouvres Universitaires et Scolaires

137) 2014년 이후 총 12%가 줄었는데, 그중 절반은 마크롱 임기 5년 동안에 줄어든 것이다.

138) Claire Conruyt, AFP agence, 'Emmanuel Macron accusé de vouloir rendre l'université payante: les syndicats étudiants vent debout, 대학 등록금 유료화하려 한다고 비난받는 엠마누엘 마크롱 : 학생 노조, 강력 반대', 2022년 1월 17일, https://etudiant.lefigaro.fr/

139) Bertrand Bissuel, 'Pour la Cour des comptes, le très coûteux plan 1 jeune, 1 solution n'a eu qu'un résultat inégal감사원, 한 명의 청년에게 한 가지 해결책' 플랜은 불평등한 결과를 낳았을 뿐이라고 평가', 〈Le Monde〉, 2022년 2월 16일.

140) Florence Ihaddabene, 피카르디-쥘 대학 청년세대 노동사회학 전공 전임 강사.

141) 실업개혁은 2017년 실업자에 대한 보상이 '너무 후하다'라는 이유로 발표됐고, 2021년 12월 15일 국무회의에서 최종적으로 인준됐다. 이제 실업급여를 받으려면 최소 6개월을 일해야 한다.

142) 2021년 7월 1일에 시행되는 실업보험 개혁에 따라

143) https://www.telerama.fr/

144) 에마뉘엘 마크롱 정부가 2021년부터 15세~17세의 모든 시민에게 선택적으로 시행한 제도로, 원하는 시민은 한 달 동안 민간시설과 군사시설에서 공익활동을 수행할 수 있다.(-역주)

145) 'Qui est le youtubeur Michou, deuxième personnalité préférée des 7-14 ans 7~14세 어린이들이 두 번째로 좋아하는 유튜버 미슈는 누구인가?', 2022년 3월 30일, https://www.ouest-france.fr/leditiondusoir/

146) Lena Situations, 『Toujours plus, + = + 점점 더 많이』, Robert Laffont, 2020년.

147) Frédéric Beigbeder, 'Frédéric Beigbeder: Autobiographie d'une inconnue célèbre', "Le livre qui se vend le mieux en France est tellement sucré qu'il rend les doigts poisseux; nous en déconseillons sa lecture aux diabétiques. 프랑스에서 가장 많이 팔린 그 책은 손가락이 끈적해질 정도로 달콤합니다. 당뇨병 환자에게는 이 책을 권하지 않는 것이 좋습니다!" 2020년 11월 6일, https://www.lefigaro.fr/

148) 'Paris sportifs : les jeunes de banlieue directement ciblés par les opérateurs스포츠 베팅: 운영자의 직접적인 타겟이 되는 방리유의 청소년들' 2022년 2월 20일, https://www.francetvinfo.fr/

149) 'Tout pour la daronne : Winamax contraint de retirer sa publicité여성을 위한 모든 것: 위나멕스는 광고를 철회해야 했다.', 〈Le Parisien〉, 2022년 3월 17일.

150) 'Jeux d'argent et de hasard dans le baromètre de Santé publique France 2019 : description des joueurs, des pratiques et des problèmes en population adulte 2019년 프랑스 공중보건 지표에 나타난 도박: 성인 인구 중 도박꾼, 관행 및 문제에 대해', Santé Publique France(프랑스 공중보건센터).

151) Jeux d'argent : Les jeunes de plus en plus accros et exposés à l'addiction, 2022년 2월 19일, https://www.20minutes.fr/

152) Véronique Chocron, 'Au pays des cryptomonnaies, argent facile et désillusions pour les plus jeunes암호화폐의 나라, 젊은이들이 쉽게 돈을 벌고 환멸을 느끼는 이유', 2022년 5월 26일. 〈Le Monde〉.

153) 컨설팅기업 KPMGen이 2022년 1월 실시한 연구.

154) Dropshipping, 온라인 상점을 만들고 이 사이트를 통해 제품을 판매하는 유통 방식이다. 고객이 만족

하지 못할 경우 해당 제품을 만든 공급업체가 배송 및 반품을 처리한다.

155) Laurence Boisseau, 'Les jeunes de plus en plus victimes d'escroqueries financières sur les réseaux sociaux젊은이들이 소셜 네트워크에서 금융 사기의 희생양이 되는 경우가 점점 더 많아지고 있다.', 2021년 12월 13일. https://www.lesechos.fr/

156) 'L'influenceuse Nabilla paie 20 000 euros d'amende pour pratiques commerciales trompeuses sur Snapchat인플루언서 나빌라, 스냅챗에서 잘못된 상업적 관행으로 2만 유로 벌금 부과', 〈Le Monde〉, 2021년 7월 28일.

157) SugarDaddy, 젊은 이성에게 만남을 대가로 재정적 지원을 하는 중년 이상 남성을 뜻하며, 이런 만남을 슈가데이트(Sugar Date)라고 하는데 '슈가대디'도 슈가데이트를 주선하는 슈가데이팅 사이트 중 하나다. 2021년 4월 6일, 세계 최대 규모의 슈가데이팅 사이트 〈Seeking Arrangement〉에서는, "유럽에서 슈가대디가 가장 많은 나라는 프랑스"라고 밝혔다.

158) OnlyFans, 사진 및 동영상을 공유하는 유료 플랫폼.

159) https://www.varkeyfoundation.org/what-we-do/research/generation-z-global-citizenship-survey

160) Frédéric Dabi & Stewart Chau, 『La Fracture 단절』 Paris, Les Arènes, 2021년.

161) 인류 종말 시계는 냉전 시대의 맥락에서 1947년에 만들어진 개념적 시계로, 자정까지의 카운트다운을 비유해 인류를 위협하는 위험이 점점 더 가까워지고 있음을 나타낸다. 원래 이 시계는 세계 핵전쟁의 가능성을 측정했다. 그러나 이제 바늘이 운명의 자정에 가까워지도록 하는 것은 테러 행위와 기후 변화의 결과다.

162) Francis Fukuyama 저, Denis-Armand Canal 역, 『La Fin de l'Histoire ou le dernier homme 역사의 종말 혹은 최후의 인간』, Paris, Flammarion, 1992년.

163) 〈인사이드 잡(Inside Job)〉은 글로벌 금융위기의 원인을 분석한 다큐멘터리로 오스카상을 수상했다.

164) 1995년 여름, 총 6건의 공격이 프랑스를 강타했으며, 특히 파리에서는 1995년 7월 25일 이슬람 무장 그룹(GIA)이 저지른 폭탄 테러기 생미셸 RER 역에서 발생해 8명이 사망하고 119명이 부상당했다.(-역주)

165) 2000년 이후 여러 건의 테러가 이슬람과 연관돼 있다. 2000~2018년 프랑스인 263명이 테러로 사망했다. 2015년 11월 13일 금요일 밤 일련의 테러 공격으로 130명이 사망했고, 특히 파리와 생드니의 테러는 1945년 이후 프랑스에서 발생한 가장 치명적 사건이었다. 2016년 7월 14일 니스에서 발생한 테러는 개인이 저지른 가장 치명적인 사건으로 86명이 사망했다.(-역주)

166) 2018년 3월 23일 이슬람국가(IS)가 카르카손과 트레브의 쉬페르 U 슈퍼마켓에서 일으킨 테러로 4명이 사망하고 15명이 부상을 입었다.(-역주)

167) 2012년 3월, 모하메드 메라는 툴루즈와 몽토방에서 군인 3명과 유대인 학교 교사 1명, 어린이 3명을 죽였다.

168) Gérôme Truc, 『Sidérations. Une sociologie des attentats 쇼크. 테러의 사회학』 Paris, Presses universitaires de France, 2016년.

169) "테러는 그 심리적 결과가 순전히 물리적인 결과와는 비교가 되지 않을 정도로 엄청난 폭력행위다." Raymond Aron, 『Peace and War Between Nations 국가 간 평화와 전쟁』 Paris, Calmann-Lévy, 1962년.

170) Vincent Nouyrigat, 'Attentats terroristes : vivre dans l'angoisse, ce que la science dit du

traumatisme테러 공격: 불안과 함께 사는 삶, 과학이 말하는 트라우마에 대한 이야기', 2021년 9월 11일, https://www.science-et-vie.com/

171) https://www.memoire13novembre.fr/

172) Anne-Sophie Simpere et Pierre Januel, 『Comment l'État s'attaque à nos libertés. Tous surveillés et punis 국가는 어떻게 우리의 자유를 공격하는가. 모든 사람이 감시당하고 처벌받는다』, Paris, Plon, 2022년.

173) Alain Finkelkraut, 『La Seule Exactitude 유일한 정확성』 Paris, Stock, 2015년.

174) 'Comment a évolué la consommation média des affluents ces 20 dernières années지난 20년 동안 지류의 미디어 소비는 어떻게 변화했을까? ?' 2015년 6월 18일, https://www.ipsos.com/fr-fr/

175) Stéphane Legleye, Amandine Nougaret, Louise Viard-Guillot, '94 % des 15-29 ans ont un smartphone en 2021 2021년, 15~29세 인구의 94%가 스마트폰 보유.', 2022년 1월 24일, https://www.insee.fr/

176) 'Santé : 1 adolescent sur 4 est touché par un trouble anxieux généralisé건강: 10대 청소년 4명 중 1명이 불안장애의 영향을 받는다.', 2021년 11월 19일, https://www.ipsos.com/fr-fr/

177) 'Les jeunes et l'information : une étude du ministère de la Culture vient éclairer les comportements des jeunes en matière d'accès à l'information'젊은이들과 정보: 문화부의 한 연구는 정보에 접근하는 젊은이들의 태도를 조명한다., 2018년 7월 27일, https://www.culture.gouv.fr/

178) Julia Cagé, Nicolas Hervé et Marie-Luce Viaud, 『L'Information à tout prix 기필코 정보를』 Ina Éditions, 2017년.

179) 2015년 밤 파리 중심가에 있는 바타클랑 극장에서 발생한 총기 난사와 자살 폭탄 테러로 관객 90명이 현장에서 사망했다.(-역주)

180) 2016년 7월 혁명 기념일을 위해 니스의 영국인 산책로에 모인 군중을 향해 19톤 화물 트럭이 돌진하면서 86명이 사망, 458명이 부상을 입었다.(-역주)

181) Francis Eustache, 'Comment le 11 Septembre s'est imprimé dans nos mémoires9월 11일은 어떻게 우리의 기억에 각인되었는가' 2021년 9월 10일. https://theconversation.com/

182) 미국의 5대 IT기업 Google, Apple, Facebook, Amazon, Microsoft의 약자.

183) '폭력적이고 성적인 혐오 이미지에 노출된 청소년들 : 전략, 취약성, 치료. 정체성 구축에서 이미지의 역할과 일부 청소년의 취약성 이해"라는 주제로 진행된 이 연구는 권리와 사법 연구 센터(la Mission de recherche Droit et Justice), 프랑스 재단(la Fondation de France), 교육연합((la Ligue de l'enseignement), 전국가족협회연맹(Union Nationale des Associations Familiales), 위험과 환경, 이동 및 개발 연구 및 평가 센터(Le Centre d'études et d'expertise sur les risques, l'vironnement, la mobilité et l'aménagement)의 지원을 받아 수행됐다.

184) 국민연합(RN, Rassemblement National)을 말한다. 1972년 장 마리 르펜이 설립한 프랑스의 우익 대중주의, 내셔널리즘 정당이다. 본래 국민전선(FN, Front National)으로 불렸으나 2018년 3월 11일 당시 당수 마린 르펜이 당명을 현재의 당명으로 변경할 것을 제안했고, 전당대회에서 2018년 6월 1일 80.81% 득표로 '국민연합(RN)'으로 변경됐다.

185) Franck Johannès, 'Comment le Rassemblement national est devenu le premier parti de la génération des 25-34 ans RN당은 어떻게 해서 25-34세대를 대표하는 정당이 되었는가', 〈Le

Monde〉, 2021년 4월 5일.

186) Anne Muxel, 'Generation What? Une sociologue du CNRS dresse un portrait de la jeunesse française 어떤 세대? 프랑스 국립과학원(CNRS) 사회학자가 프랑스 젊은이들의 초상화를 그리다.', 2016년 12월 14일, https://www.inshs.cnrs.fr/

187) 여론조사기관 Ipsos가 〈Le Parisien〉의 요청으로 2022년 2월 5일 실시한 여론조사 결과

188) 2007년, 한 과학자 그룹이 1920년대 알래스카의 집단 무덤에 묻힌 시신에서 스페인 독감 바이러스를 발견했다. 수천 년 동안 묻혀 있던 박테리아가 모두 해빙되면 정말 끔찍한 일이 벌어질 것이다.

189) 그리스 신화에서 카산드라는 아폴로에게 예지력을 선물 받은 한편, 그의 호의를 거절했다는 이유로 아무도 그녀의 예언을 믿지 않는다는 벌을 받았다.

190), 328) 'L'appel de 1 000 scientifiques : Face à la crise écologique, la rébellion est nécessaire 과학자 1,000 명의 호소 : 생태 위기에 직면하여 저항이 필요합니다.', 〈Le Monde〉, 2020년 2월 20일.

191) Peter Kalmus, 'Climate scientists are desperate: we're crying, begging and getting arrested 기후 과학자들은 절망적이다 : 우리는 소리치고, 애원하고, 체포된다.' 2022년 4월 6일, https://www.theguardian.com/

192) https://twitter.com/ccesoir/status/1521232308686049280

193) Olivier Galloy, 〈Analyse et typologie des réactions individuelles aux discours catastrophistes 재앙론적 담론에 대한 개인의 반응 분석 및 유형학〉, ULB(Université Libre de Bruxelles, 벨기에 자유대학교), 2020년. https://mem-envi.ulb.ac.be/Memoires_en_pdf/MFE_19_20/MFE_Galloy_19_20.pdf

194) Kari De Pryck, 『GIEC : La voix du climat 기후의 목소리』(Paris, Pressesde Sciences Po, 2022.

195) 크리스토프 카수의 트위터 계정: https://twitter.com/cassouman40/

196) 'Julia Steinberger, auteure principale du rapport GIEC, commente les enjeux climatiques mis en avant dans son rapport IPCC 보고서의 주요 저자인 줄리아 스타인버거는 보고서에서 강조된 기후 문제에 대해 다음과 같이 언급합니다.', 2022년 4월 4일, https://www.rts.ch/play/tv/

197) 'Des manifestations de jeunes pour le climat à travers la France ce vendredi이번 주 금요일 프랑스 전역에서 열리는 청소년 기후 시위', 2022년 3월 25일, https://www.leparisien.fr/

198) Audrey Garric et Nicolas Chapuis, 'Extinction Rebellion, portrait du mouvement écologiste qui bloque des places et des ponts à travers le monde멸종 반란, 전 세계의 광장과 다리를 막는 환경 운동의 초상화', 〈Le Monde〉 2019년 10월 8일.

199) 'Les Français de plus en plus conscients de l'urgence climatique프랑스인들, 점점 더 기후 비상사태를 인식하고 있다.', 〈ADEME〉, 2022년 3월. https://infos.ademe.fr/

200) Eddy Fougier, 'Éco-anxiété analyse d'une angoisse contemporaine환경 불안, 현대인의 고뇌에 대해 분석하다', 2021년 11월 2일, https://www.jean-jaures.org/

201) Teaghan L. Hogg, Samantha K. Stanley, Léan V. O'Brien,Marc Wilson et Clare R. Watsford, 『The Hogg Eco-Anxiety Scale: Development and Validation of a Multidimensional Scale 호그 환경 불안 척도: 다차원 척도의 개발 및 검증』, Global Environmental Change, 2021년 11월.

202) Caroline Hickman, Elizabeth Marks, Panu Pihkala, Susan Clayton, Eric Lewandowski, Elouise E Mayall, 'Climate anxiety in children and young people and their beliefs about

government responses to climate change: a global survey어린이와 청소년의 기후 불안과 기후 변화에 대한 정부의 대응에 대한 믿음 : 글로벌 조사' 2021년 12월, https://www.thelancet.com/

203)   Antoine Pelissolo et Célie Massini, 『Les émotions du dérèglement climatique 기후 변화로 인한 감정 변화』, Flammarion, 2021년.

204)   물론 나는 물질적 수단과 걱정할 시간이 있는 사람들에 대해 이야기하고 있다. 이미 지구 온난화로 큰 타격을 받은 사람들, 이런 생각을 하기도 힘든 만큼 불안정한 상황에 처한 사람들로서는 환경문제에 대한 무관심이 무분별이 아니라, 불가능에 가까울 것이다.

205)   이 책은 2022년 발간됐다. 후에 혹시 내가 아이를 갖게 된다면(정말 지금은 가질 생각이 없다), "당신은 아이를 안 가질 거라고 했잖아요!"라고 따질 사람들을 위해 이 각주를 남긴다. 나는 생각을 바꿀 권리가 있으며, 언젠가는 부를 독점하고 재분배에 반대할 권리도 있다. 즉, 나도 늙을 권리가 있다(농담이다. 나는 새벽 4시에 졸음을 참으며 이 글을 쓰고 있다. 관용을 베푸시기를!).

206)   Matthew Schneider-Mayerson et Leong Kit Ling, 『Eco-reproductive concerns in the age of climate change 기후변화 시대의 생태생식 문제』, ClimaticChange, 2020년.

207)   Audrey Garric, 'Les trois quarts des 16-25 ans dans dix pays, du Nord comme du Sud, jugent le futur effrayant남반구와 북반구 10개국의 16~25세 인구의 4분의 3이 미래를 무섭다고 여긴다.', 〈Le Monde〉, 2021년 9월 14일.

208)   당시 큰 파문을 일으킨 한 연구에 따르면, 아이를 낳는다는 것은 연간 60톤의 이산화탄소를 배출하는 것을 의미한다. 그러나 엠마누엘 퐁은 저서 『지구를 살리기 위해 아이를 낳지 말아야 할 것인가? 사회문제와 개인의 선택』, (Paris, Payot, 2022년)에서 이 같은 주장을 반박한다.

209)   프랑스 국립 보건 당국에 따르면, 정관수술은 정관을 막아 정자가 고환을 떠날 수 없게 하는 수술이다. 이 방법은 돌이킬 수 없는 것으로 간주된다.

210)   이 책을 여기까지 읽은 사람이라면, 내가 수치 특히 통계를 좋아한다는 걸 눈치챘을 것이다.

211)   Sylvain Papon, Catherine Beaumel, 〈Bilan démographique 2020. 2020년 인구통계학적 검토 〉 Avec la pandémie de Covid-19, nette baisse de l'espérance de vie et chute du nombre de mariages코로나19 팬데믹으로 인해 기대 수명이 급격히 감소하고 결혼 건수가 감소, 2021년 1월 19일, https://www.insee.fr/

212)   '강간 문화의 신화'라는 챕터는 다음 기회에 쓸 것이다.

213)   언론인협회에 따르면 언론인의 평균연령은 44.8세, TV 뉴스에 출연하는 언론인 중 34세 미만은 18%에 불과하다. https://www.vie-publique.fr/

214)   'Comment les médias traitent-ils du changement climatique미디어는 기후 변화를 어떻게 다루는가?' 2020년 7월 7일, www.reportersdespoirs.org/climat

215)   Rémi Barroux et Audrey Garric, 'Projet de loi climat : des mesures nombreuses, mais pas à la hauteur des ambitions기후 법안: 많은 조치가 있지만 포부에 비해 충분하지 않다.', 〈Le Monde〉, 2021년 2월 10일. 프랑스는 2030년까지 온실가스 배출량을 1990년 수준 대비 40% 감축하겠다고 약속했다. 프랑스는 정량화 가능한 다양한 법적 조치를 통해 연간 약 1,200만 톤의 탄소 배출량을 감축했는데, 이는 목표 감축량의 10%에 그친다.

216)   'Lettre ouverte glyphosate : Cinq bonnes raisons de tenir vos engagements, Monsieur le Président글리포세이트와 관련한 공개 서한 : 대통령님이 하신 약속을 지켜야 하는 5가지 이유', 2017년 10월 20일. https://www.generations-futures.fr/

217)   'Pesticides : les ventes ont augmenté en 2020, mais l'exécutif prévoit d'inverser vite la

tendance실충제 : 2020 년 매출이 증가했지만 정부는 추세를 빠르게 반전시킬 계획이다.', 2021년 7월 30일, https://www.francetvinfo.fr/

218) Dr Valérie Masson-Delmotte 의 트위터 계정(@valmasdel), 2022년 6월 18일 오후 10:41 https://twitter.com/valmasdel/status/1538155011070476290

219) https://www.science.org/doi/10.1126/science.abi7339

220) Audrey Garric, 'Les trois quarts des 16-25 ans dans dix pays, du Nord comme du Sud, jugent le futur effrayant 남반구와 북반구 10개국의 16~25세 인구의 4분의 3이 미래를 무섭다고 여긴다, 〈Le Monde〉, 2021년 9월 14일.

221) 'Covid-19 : le relâchement des jeunes코로나19 : 젊은이들의 해이', 〈CNEWS〉, 2020년 7월 27일, https://www.youtube.com/watch?v=tqaqY2nc-wQ

222) Victor Dhollande et Angèle Chatelier, édité par Ugo Pascolo, 'Malgré une faible mortalité chez les jeunes, le Covid n'est pas sans conséquence젊은 층의 사망률은 낮지만, 코로나 19의 영향이 없는 것은 아니다.', 2021년 1월 30일, https://www.europe1.fr/

223) 자료 출처: 프랑스 공중보건 센터(Santé publique France), 국립 인구통계 연구소(l'Institut national d'études démographiques).

224) Direction de la Recherche, des Études, de l'Évaluation et des Statistiques

225) 'Une jeunesse égoïste이기적인 젊은이들', 2020년 4월 2일, https://www.lavoixdunord.fr/

226) European Value Survey, 기본적인 인간적 가치를 반복적, 단면적으로 조사연구하는 대규모 프로그램이다. 이 프로그램은 유럽인들의 생각과 신념, 선호도, 태도, 가치, 여론을 이해하도록 해준다.(-역주)

227) Pierre Bréchon, Frédéric Gonthier et Sandrine Astor(dir.), 『La France des valeurs. Quarante ans d'évolutions 가치의 프랑스. 40년간의 변화』, Presses universitaires de Grenoble, 2019년.

228) le Revenu de Solidarité Active, 장기 비소득자에게 주어지는 기본 소득

229) https://cop1.fr/

230) Amélie Petitdemange, 'Le chèque psy jugé insuffisant par les professionnels et les syndicats étudiants'전문가와 학생 노조는 무료 심리치료 바우처가 충분하지 않다고 생각한다, 2022년 2월 21일, https://www.letudiant.fr/

231), 232) Emilie Nguyen, 'Logement: aide de 1.000€ pour les actifs de moins de 25 ans, c'est déjà la fin 주택: 25세 미만 근로자를 위한 1,000유로 보조 계획, 하지만 이미 종료되었다.', 2021년 3월 26일, https://www.courrier-picard.fr/

233) 'Covid-19 : chute du nombre de stages en entreprise en 2020 Economie코로나19: 2020년에 기업 인턴십 수 감소 ', 2021년 4월 1일, https://www.vie-publique.fr/

234) CE QU'ON NE VOUS DIT PAS SUR LA CRISE ÉCONOMIQUE QUI VIENT다가오는 경제 위기에 대해 사람들이 우리에게 말해주지 않는 것들, 살로메 사케(Salomé Saqué)와 질 라보(Gilles Raveaud)의 인터뷰 동영상(유튜브에서 검색 가능), 2020년 12월 31일, #Crise #Économie #Covid https://www.youtube.com/watch?v=nXZyzb3xJa4&t

235) Association Pour l'Emploi des Cadres

236) Baromètre 2022 de l'insertion des jeunes diplômé.e.s, 2022년 4월, https://corporate.apec.fr/

237) 2019년 졸업생 중 졸업 후 12개월 내에 취업한 이들은 69%로 2018년의 85%에 비해 크게 감소했으며, 지난 10년 동안 최저 수준이다.

238) 재난 발생 시 경우 국민의 생명, 신체의 보호와 사회 기능의 유지에 필수적인 업무.(-역주)

239) European Region Action Scheme for the Mobility of University Students, 유럽연합(EU) 국가들 간 교환학생 프로그램. 1987년 6월 처음 채택됐으며 명칭은 네덜란드의 신학자 에라스무스(Desiderius Erasmus, 1466?~1536)에서 유래했다. 에라스무스는 견문을 넓히고자 파리, 케임브리지, 루벤 등을 돌아다니며 공부했고, 말년에 재산을 바젤대학에 환원해 이동학습 지원금을 마련하게 했다. 이런 에라스무스의 통찰을 계승하는 것이 이 프로그램의 취지다.

240) 2021년 10월, 여론조사 기관 OpinionWay가 어려움에 처한 학생들을 지원하는 단체 Apprentis d'Auteuil의 의뢰로 16~25세 2,500명 표본을 대상으로 실시한 설문조사 결과.

241) 'Rapport annuel sur les droits de l'enfant 2021 - Santé mentale : le droit au bien-être' 2021 아동권 연례 보고서 - 정신건강: 웰빙에 대한 권리, 2021년 11월 16일, https://www.defenseurdesdroits.fr/

242) Cédric Mathiot, Fabien Leboucq et Maïté Darnault, 'SOS d'une jeunesse en détresse: Explosion du nombre de gestes suicidaires chez les adolescentes en 2021 어려움에 처한 청소년을위한 SOS : 2021년에 십대 소녀들의 자살 행위가 급증할 것으로 예상., 2022년 1월 10일, https://www.liberation.fr/

243) Céline Delbecque, 'C'est un tsunami: en psychiatrie, l'explosion de nouveaux cas inquiète les médecins 그것은 쓰나미 : 정신과 의사들은 새로운 사례의 폭발적인 증가를 걱정하고 있다.', 2021년 3월 29일, https://www.lexpress.fr/

244) 'IPBES #PandemicsReport: Escaping the 'Era of Pandemics #팬데믹보고서: '팬데믹의 시대'에서 벗어나기', 2020년 10월 19일, https://ipbes.net/pandemics

245) 'Pourquoi les pandémies seront-elles de plus en plus fréquentes 팬데믹이 점점 더 빈번해지는 이유는 무엇인가?', 2022년 4월 28일, https://www.radiofrance.fr/

246) Paul Valéry, '우리 문명은 이제 우리가 멸망하리라는 것을 알고 있다', 『La Crise de l'esprit 정신의 위기』(1919년)에서 인용.

247) 'Air France va obtenir une nouvelle aide allant jusqu'à 4 milliards d'euros '에어프랑스, 최대 40억 유로의 추가 지원금 수령, 2021년 4월 6일, https://www.france24.com/fr/

248) 'Le plan de soutien à la filière automobile자동차 산업 지원 계획', 2020년 5월 27일, https://www.economie.gouv.fr/

249) 'Entre répression et criminalisation, les militants écologistes dans l'œil du cyclone탄압과 범죄화 사이에서, 폭풍의 중심에 선 환경 운동가들', 2021년 12월 17일, https://www.blast-info.fr/

250) Madeleine Bazin de Jessey, 'Bac 2022: En ignorant le sens du mot "ludique", certains lycéens confirment la baisse dramatique du niveau 2022: 2022년도 대학입학자격시험: '재미'라는 단어의 의미를 모르는 일부 고등학생들, 수준의 급격한 저하를 확인해주다.', 2022년 6월 15일, https://www.lefigaro.fr/

251) Charles de Laubier, 'Les jeunes réinventent les usages de la lecture젊은이들, 독서 방식을 재창조한다.', 〈Le Monde〉, 2022년 5월 29일.

252) Anne Muxel, 『Politiquement jeune 정치적으로 청년』, Éditions del'Aube/Fondation Jean-Jaurès, 2018년.

253)	Nicolas Gary, 'La France enfin décidée à investir dans le développement du livre audio프랑스, 마침내 오디오북 개발에 투자하기로 결정', 2021년 7월 9일, https://actualitte.com/

254)	특히 문장을 구성하고 논거를 제시하는 토론공간이기도 한 사적 교류에서

255), 256)	Julie Baillet, Lucie Brice-Mansencal, Sandra Hoibian (CRÉDOC) / Julie Bene, Chantal Dahan, Joaquim Timotéo (INJEP), 'De spectateurs à créateurs : multiplicité des pratiques culturelles et artistiques des jeunes관객에서 크리에이터로: 젊은이들의 다양한 문화 예술 활동', 〈INJEP Analyses & synthèses〉, 2019년 11월 27일, https://injep.fr/publication/

257)	이 영화의 원작은 3권으로 구성된 베스트셀러 문학 시리즈 〈The Hunger Games〉(2008년), 〈The Crush〉(2009년), 〈The Uprising〉(2010년)이다. 콘셉트는 후카사쿠 킨지 감독의 일본영화 〈Battle Royale〉(2000년)에서 영감을 받았지만, 리얼리티 방송으로 나오는 이 작품 속 '게임'이 더욱 혁신적이다.

258)	'〈Squid Game〉 génère plus de 17 Mds de vues sur YouTube et dépasse 〈Game of Thrones〉〈오징어 게임〉은 유튜브에서 170억 회 이상의 조회수를 기록하며 〈왕좌의 게임〉을 추월.', 2021년 11월 11일, https://fr.yna.co.kr/

259)	Stuart Jeffries, 'Squid Game's creator: I'm not that rich. It's not like Netflix paid me a bonus '오징어 게임'의 제작자: 저는 그렇게 부자가 아닙니다. 넷플릭스가 보너스를 준 것도 아니고요", 2021년 10월 26일, https://www.theguardian.com/tv-and-radio/

260)	〈Chute libre 자유낙하〉, 시즌3, 에피소드1.

261)	Victoria Gairin, L'Effondrement, la série qui avait tout prédit ?, 2020년 3월 27일, https://www.lepoint.fr/

262)	Sciences de la vie et de la Terre

263)	최초고용계약(CPE, Contrat première embauche)은 2006년 3월 9일 찬성 179표, 반대 127표로 의회를 통과해 2006년 4월 말부터 발효될 예정이었던 프랑스 노동법이다. 사용자가 26세 이하의 노동자를 채용할 경우 2년의 수습기간 내에는 정당한 사유 없이 해고할 수 있는 사용자 중심의 법으로, 사용자가 해고의 정당성을 입증해야 하는 것이 아니라, 노동자가 해고의 부당성을 증명하도록 했다. 2006년 4월 10일, 도미니크 드 빌팽 총리는 자크 시라크 프랑스 대통령이 10일 전에 공포한 이 법의 철회를 이끌어냈다. 이는 프랑스에서 청년과 노동조합이 협력해 승리한 최근 사례다.

264)	주로 이민자 출신들이 모여 사는 대도시 주변의 저소득층 주거지역(-역주)

265)	Defenseur des Droits; 시민권 옹호, 아동권 제고, 내부 고발자 보호 등을 위해 설립된 프랑스의 독립 행정기관

266)	Centre National de la Recherche Scientifique

267)	Sebastian Roché, 『La Nation inachevée. La jeunesse face à l'école et la police 미완의 국가. 청소년과 학교, 경찰』(Paris, Grasset, 2022)의 저자.

268)	Ariane Griessel, 'Contrôles "au faciès" en France : six associations françaises et internationales saisissent le Conseil d'État'프랑스의 인종 프로파일링: 6개 프랑스 및 국제 협회가 이 문제를 국무회의에 회부", 2021년 7월 22일, https://www.radiofrance.fr/

269)	Patrick Balkany, 파리 북부 도시 르발루아-페레 시장을 지냈다.(-역주)

270)	Meme, 리처드 도킨스의 저서 『The Selfish Gene 이기적 유전자』(1976년)에서 유래했다. 그리스어 'Mimema(복제된 것)'에서 나온 'Mimeme'을, 유전자(Gene)와 유사한 한 음절 단어로 만든 것이다.

'밈(Meme)'이라는 단어는 독일 라마르크파 생물학자 리하르트 제몬의 저서 『The mneme 밈』(1904년)에서 처음 등장했다고 보고 있다.(-위키백과) 여기에서는 SNS를 통해 웹에 유포되는 이미지를 말한다. 노골적인 사진과 아이러니한 문구 등으로 구성되며, 큰 흰색 글꼴로 작성된다.(-역주)

271) 'Frappées et insultées par la police lors de la manif féministe du 7 mars3월 7일 페미니스트 시위 중 경찰에게 구타 및 모욕을 당하다', 〈Le média Konbini〉, 2020년 3월 11일, https://www.facebook.com/Konbini/

272) Olivier Vogel, 'Strasbourg : l'adolescent blessé au visage par un tir de LBD est toujours immobilisé chez lui 스트라스부르 : 경찰이 쏜 고무탄에 맞아 부상당한 청소년, 여전히 집에서 꼼짝 못하고 있다', 2019년 3월 11일, https://www.francebleu.fr/

273) 국제엠네스티, 국경없는의사회, 국제인권감시기구, 유토피아56(https://utopia56.org/) 등의 단체가 웹사이트를 통해 난민에 대한 경찰의 폭력을 폭로했다.

274) 〈20 Minutes〉 신문이 2020년 12월 18일 여론조사기관 OpinionWay에 의뢰해 실시한 조사 결과를 참조할 경우.

275) 시위진압용 고무탄 발사기로 발사한 고무탄은 많은 신체손상을 일으킨다.

276) https://www.sciencespo.fr/

277) Ludovic Séré, 'Contre le racisme et les violences policières, les jeunes en première ligne인종차별과 경찰 폭력에 맞서 최전선에서 싸우는 젊은이들', 2020년 6월 12일, https://www.la-croix.com/

278) 여론조사기관 Ipsos, Sopra Steria가 〈Radio France〉,〈France Télévisions〉, 〈France24〉, 〈RFI〉, 〈MCD〉, 〈LCP-Assemblée nationale〉, 〈Le Parisien-Aujourd'hui en France〉의 의뢰를 받아 실시한 여론조사 결과, 2022년 4월 10일.

279) 여론조사기관 Ipsos, Sopra Steria가 〈Radio France〉,〈France Télévisions〉의 의뢰를 받아 실시한 설문조사 결과, 2022년 6월 12일.

280) Anthony Audureau, 42% CHEZ LES 18-24 ANS: LES JEUNES ONT PLÉBISCITÉ LA NUPES (ET L'ABSTENTION) AU 1ER TOUR DES LÉGISLATIVES, 2022년 6월 13일, https://www.bfmtv.com/

281), 296) Vincent Tiberj, 『Les citoyens qui viennent. Comment le renouvellement générationnel transforme la politique en France 찾아오는 시민들. 세대 변화가 프랑스의 정치를 변화시키는 방법』(Paris, PUF, 2017).

282) Paul Sugy, 'Vers un mélenchonisme des beaux quartiers상류층의 멜랑콜리즘을 향해', 2022년 6월 17일. https://www.lefigaro.fr/

283) Antoine Bristielle, Tristan Guerra, 'DÉCLINISME ET NOSTALGIE : UN COCKTAIL FRANÇAIS 쇠퇴주의와 향수: 프렌치 칵테일', 2021년 10월 21일, https://www.jean-jaures.org/

284) Anthony Audureau, 42% CHEZ LES 18-24 ANS: LES JEUNES ONT PLÉBISCITÉ LA NUPES (ET L'ABSTENTION) AU 1ER TOUR DES LÉGISLATIVES, 2022년 6월 13일, https://www.bfmtv.com/

285) 2024년 현재 프랑스의 대통령인 에마뉘엘 마크롱의 소속 정당, 즉 집권 여당은 하원에 310석을 차지하고 있다. 2017년 프랑스 총선 이전에는 전진!(En Marche ! 앙 마르슈! 약칭은 LREM 또는 LaREM)이라고 했으며, 2017년부터 2022년까지는 전진하는 공화국![5](프랑스어: La République En Marche ! 라 레퓌블리크 앙 마르슈![*], 약칭은 LREM 또는 LaREM)라는 당명을 사용했었다. 총선을

앞둔 2022년 5월 5일, 당명을 '르네상스(Renaissance)', 5월 10일에 '대통령 선거 과반을 위해 함께 (Ensemble pour la majorité présidentielle)'로 변경했다.

286) Filter bubbles, 인터넷 정보제공자가 이용자에 맞추어 필터링한 정보를 이용자에게 제공함으로써 이용자가 이미 필터링된 정보만을 접하게 되는 것

287) 프랑스와 유럽인들이 비유럽인, 주로 북아프리카인들에 의해 대체된다고 주장하는 극우파의 음모론.(-역주)

288) Fenêtre d'Overton. 오버톤 창은 특정 사회에서 사회적으로 허용되는 담론의 범위를 상징한다. 따라서 "오버톤 창을 연다"라는 것은 지금까지 사회적으로 허용되지 않던 새로운 담론, 예를 들어 반(反)워크 (즉, 반진보) 담론을 이 범위로 허용한다는 의미다.(-역주)

289) Fachosphère, 모든 파시스트 정당과 운동, 더 일반적으로는 극우파를 지칭하는 신조어.

290) Bahar MAKOOI, 'Présidentielle 2022 : la "mal-inscription" sur les listes électorales, un mal français'2022년 대통령 선거: 선거인 명부의 '부실 등록', 프랑스의 문제, 11/12/2021년 12월 11일, https://www.france24.com/

291) 지난 지방 선거에서는 18~35세의 82%가 기권했다.

292) 프랑스 여론연구소(IFOP)가 2021년 6월 20일 수행한 조사 : https://www.ifop.com/

293) 전 프랑스 국민의회 의원

294) 'Vidéo – Législatives 2022 : "Il y avait un vote aujourd'hui ?" Notre reportage à Marseille동영상 – 2022년 국회의원 선거: "오늘 투표가 있었나요?" 마르세유에서의 보고서', 2022년 6월 12일, https://www.laprovence.com/

295) 'Programmes et ressources en enseignement moral et civique – voie GT'도덕 및 시민 교육 강의 계획서 및 리소스 – GT 스트림, https://eduscol.education.fr/

297) 'Une jeunesse plurielle Enquête auprès des 18-24 ans 18~24세의 다양한 젊은 층을 대상으로 한 설문조사', 2022년 2월, https://www.institutmontaigne.org/

298) 2017년과 2018년, 프랑수아 드 뤼기 하원의장이 업무와 무관한 디너파티를 국회의장 관저에서 열면서 비싼 랍스터 요리와 와인, 샴페인을 내놓아 문제가 된 사건.(-역주)

300) 프랑스인들의 평균 연령은 41.2세, 프랑스의 정치 대표자들의 평균 연령은 이보다 높다. https://www.assemblee-nationale.fr/dyn/vos-deputes

301) 'Y a-t-il un âge en politique ? Parcours de jeunes maires en France정치에 나이가 있나? 프랑스의 젊은 시장들', 2020년 1월, https://injep.fr/

302) François de Closets, 『La Parenthèse boomers 괄호 속의 부머들』Paris, Fayard, 2022년.

303) Stéphane Beaud et Gérard Mauger, 『Une génération sacrifiée ? Jeunes des classes populaires dans la France désindustrialisée 희생된 세대? 탈산업화된 프랑스의 노동계급 청년들』 Paris, Rue d'Ulm, 2017년.

304) 뱅상 티베르즈는 이런 청년들을 '밀려난 자들'이라고 부른다.

305) Sophia Aram의 트위터 계정, 2022년 4월 14일, https://twitter.com/SophiaAram/

306) 'Population par groupe d'âges연령대별 인구', 2024년 2월, https://www.ined.fr/

307) 'La participation politique et associative des jeunes젊은이들의 정치 참여와 협회 참여', 2018년

9월, https://injep.fr/

308)   Mansoor Iqbal, 'TikTok Revenue and Usage Statistics틱톡 수익 및 사용 통계', 2024년 4월 18일, https://www.businessofapps.com/

309)   'STOP à la destruction des océans해양 파괴를 멈추라.', 2023년 2월 24일, https://act.wemove.eu/

310)   'Les réseaux sociaux, terrain incontournable de l'engagement politique des jeunes소셜 네트워크: 젊은이들의 정치 참여의 핵심 무대', 2021년 1월 31일, https://buzzles.org/

311)   Sea Shepherd Conservation Society

312)   World Wide Fund for nature

313)   Laura Corbet, 'Quelles raisons poussent les 18-24 ans à changer de fournisseur/produit 18~24세가 공급업체/제품을 변경하는 이유는 무엇인가?', 2021년 10월 1일, https://fr.yougov.com/

314)   Anne Muxel, 『Politiquement jeune』, Éditions de l'Aube, 2018년.

315)   Centre de Recherche pour l'Étude et l'Observation des Conditions de Vie

316)   Direction de la Jeunesse, de l'Éducation Populaire et de la Vie Associative.

317)   'Le périphérique parisien bloqué par des militants écologistes de Dernière rénovation'데르니에르 레노비사옹의 환경운동가들이 막은 파리 순환도로, 2022sus 7월 16일, https://www.ouest-france.fr/

318)   〈C8〉 방송의 생방송 토론 프로그램(-역주)

319)   'MILITANTS CLIMAT : LES MÉDIAS VEULENT DES JEUNES FEMMES APEURÉES기후 운동가 : 미디어는 겁에 질린 젊은 여성을 원한다.', 2022년 6월 25일, https://www.arretsurimages.net/emissions

320)   Marie Desplats et Florence Pinaud, 『Manager la génération Y. Travailler avec les 20-30 ans Y세대 관리하기. 20~30대와 함께 일하기』, Paris, Dunod, 2015년(초판: 2011년).

321), 323) Institut national de la jeunesse et de l'éducation populaire(국립 청소년 및 대중교육 연구소), 『청년과 일 : 격차를 반영하는 양면적인 시각(Les jeunes face au travail, un regard ambivalent reflet de disparités)』(2019).

322)   IOANA DOKLEAN, '65 % des jeunes prêts à renoncer à postuler dans une entreprise qui ne prend pas assez en compte l'environnement 65%의 젊은이들은 환경을 충분히 고려하지 않는 기업에는 입사 지원을 포기할 준비가 되어 있다.', 2022년 3월 29일, https://www.aefinfo.fr/

324)   Anne-Thérèse de Marguenat de Courcelles(1647~1743), 작가.(-역주)

325)   Camille Étienne, 1998년생, 제작한 영화로 〈Pourquoi on se bat〉, 〈Réveillons-nous〉, 〈Glacier〉, 〈It's Our Time! Time to Question〉, 〈Génération〉 등이 있다.

326)   Bryan Blaffart의 틱톡 계정, 2022년 7월 12일, https://www.tiktok.com/@bryanblaffart/

327)   GDP를 웰빙지수로 대체하는 등의 변화를 말한다.

329)   Peter Kalmus, 'I'm a climate scientist. Don't Look Up captures the madness I see every day 나는 기후 과학자다. 영화 〈돈 룩 업〉은 내가 매일 보는 광기를 포착한 영화다.', 2021년 12월 29

일, https://www.theguardian.com/

330) 1971년에 이미 토탈 석유회사는 자사의 활동이 지구 온난화의 직접적인 원인이라는 사실을 알고 있었
다. 하지만, 이 회사는 이러한 사실을 알면서도 활동을 계속했고, 심지어는 과학의 신뢰를 떨어뜨려 사
람들이 정말 기후 파괴가 이뤄지는지 의심을 품도록 조작하는 데까지 나아갔다. 이 석유회사는 또 공격
적인 로비를 통해 까다로운 기후 정책에 의해 활동이 규제를 받지 않도록 온갖 방법을 동원했다.

펀딩에 참여해주신 분들께 진심으로 감사드립니다.

가혜민	강지혜	국제스포츠학교
권병혁	김윤아	김창모
동동	류봉열	문희영
박근영	박근태	박수빈
박지욱	박효원	배수현
보라키미 은채	산	송민성
송현우	신광주	심재현
안수빈	우현범	유병국

펀딩에 참여해주신 분들께 진심으로 감사드립니다.

이승하	이유선	이윤영
이종현	이지우	이지혜
임연주	장승우	조준희
차수인	최주연	홍서희
박선영	김진주	뽀미니
:)	ep	Etienne Son
Eugene Mayu Kim	GNR	JH
Jun	SNW	

옮긴이 이재형

한국외국어대학교 불어불문학과 박사과정을 수료한 뒤, 현재 프랑스에 머물며 프랑스어 전문 번역가로 일하고 있다. 옮긴 책으로『가벼움의 시대』『달빛 미소』『나는 걷는다 끝.』『어느 하녀의 일기』『군중심리』『사회계약론』『꾸뻬 씨의 행복 여행』『프로이트: 그의 생애와 사상』등 100여권이 있으며, 지은 책으로『프랑스를 걷다』『나는 왜 파리를 사랑하는가』등이 있다.

젊으니까 입 닥치라고?
청년세대를 비판하는 이들에게 고함

초판 1쇄 발행	2025년 4월 25일
지은이	살로메 사케 (SALOMÉ SAQUÉ)
옮긴이	이재형
발행인	성일권
편집인	이종훈
펴낸곳	㈜르몽드코리아
커뮤니케이션	김유진 이재민 조은수
디자인	강금채
교열	김진주
인쇄·제작	디프넷
주소	서울특별시 마포구 양화대로 1길 83 석우 1층
출판등록	2009. 09. 제2014-000119
홈페이지	www.ilemonde.com
대표전화	02-777-2003
SNS	https://www.facebook.com/ilemondekorea
전자우편	info@ilemonde.com
ISBN	979-11-92618-69-2

Cet ouvrage a bénéficié du soutien des Programmes d'aide à la publication de l'Institut français.
이 책은 프랑스 해외문화진흥원의 출판번역지원프로그램의 도움을 받아 출간되었습니다.